Verhandlungen, Mitteilungen

und

Berichte

des

Centralverbandes Deutscher Industrieller.

№ 109.

Herausgegeben

von

H. A. Bueck, geschäftsführendem Mitglied im Direktorium,

Berlin W., Karlsbad 4a.

Telephon: Nr. 2527, Amt VI

April 1908.

Berlin 1908.

J. Guttentag, Verlagsbuchhandlung,

G. m. b. H.

I.

Sitzung des Patentausschusses

des

Centralverbandes Deutscher Industrieller

zu Berlin am 9. und 10. März 1908.

II.

Grundzüge des preußischen Entwurfs eines Wassergesetzes.

III.

Eingaben und Rundschreiben

des

Centralverbandes Deutscher Industrieller

aus den Jahren 1907 und 1908.

Inhaltsverzeichnis.

Sitzung des Patentausschusses

des

Centralverbandes Deutscher Industrieller

zu Berlin im Hotel de Russie.

Erster Tag.

Montag, den 9. März 1908, vormittags 11 Uhr.

Vorsitzender Geheimer Regierungsrat **Koenig**-Berlin: Hochgeehrte Herren! Namens des Direktoriums des Centralverbandes Deutscher Industrieller erlaube ich mir, die Sitzung der Patentkommission hiermit zu eröffnen. Die Herren wissen alle, daß zu dem umfangreichen Interessengebiet, mit welchem sich der Centralverband beschäftigt, von jeher auch das deutsche Patentrecht gehört hat, und die Herren wissen, daß neuerdings, das heißt vor etwa 3 Jahren, der Centralverband von neuem zur Reform des Patentrechts seine Arbeiten aufgenommen hat. Sie wissen auch, daß damals das Direktorium des Centralverbandes beschloß, zunächst in einer Rundfrage festzustellen, inwieweit in den Kreisen der im Centralverband vereinigten Industrien Wünsche auf Abänderung des Patentgesetzes und der dazu gehörigen Gesetze vorhanden sind. Die damals veranstaltete Umfrage fand in sehr vielen Kreisen unserer Mitglieder Interesse und Beteiligung; es wurde damals mit der Beantwortung der Umfrage gleichzeitig der Wunsch dringend laut, auf Grundlage der schriftlichen Erörterungen eine mündliche Aussprache unter den Interessengruppen stattfinden zu lassen. Auch das geschah. Es wurden die sämtlichen körperschaftlichen Mitglieder des Centralverbandes und die Firmen, die Interesse an der Sache hatten, zu einer Konferenz am 16. März v. J. eingeladen. Diese Konferenz fand statt. Es wurde von Anbeginn jede Spur von Konkurrenz mit der Arbeit anderer Vereine, namentlich des Vereins zum Schutze des gewerblichen Eigentums, beseitigt, indem darauf hingewiesen wurde, daß es die Pflicht der industriellen Interessengruppen selbst sei, zu der Frage das

Wort zu ergreifen, daß die Industrie nicht darauf verzichten könne, ihre Ansichten als solche zum Ausdruck zu bringen; der Centralverband Deutscher Industrieller sei dazu berufen, diese Interessen zu vertreten, wie von anderen Vereinen andere Interessen vertreten werden. Die verschiedenen Auffassungen innerhalb der Interessengruppen alsdann auszugleichen, das würde zu den Aufgaben des Vereins zum Schutz des gewerblichen Eigentums gehören: ein Zusammenarbeiten sei durch das beiderseitige Interesse geboten. Von diesem Gesichtspunkte ausgehend, hat die Konferenz am 16. März die einzelnen Fragen, die durch die Wünsche der Interessengruppen gezeitigt waren, durchberaten, und das Ergebnis war, daß diese Konferenz den Zentralverband ersuchte, zum Zwecke eingehender Prüfung der bezüglich einer Abänderung des Patent-, Musterschutz- und Warenzeichenrechts bestehenden Wünsche eine Kommission zusammenzusetzen und die betreffenden Interessengruppen unter Berücksichtigung der damals zu Tage getretenen Ansichten zu berücksichtigen. Der Centralverband hat diesen Wünschen Rechnung getragen. Über die Bildung der Kommission wird Herr Regierungsrat Leidig berichten. Ich habe die Ehre, Sie alle zu gemeinsamer Arbeit herzlich willkommen zu heißen. Eine besondere Freude ist es für uns, daß wir, wie bei den Verhandlungen am 16. März v. J., so auch heute die Herren Vertreter des Vereins zur Wahrung der chemischen Industrie unter uns begrüßen dürfen. Hand in Hand mit diesem hochansehnlichen Verein und mit dem ebenso hochgeschätzten Verein zum Schutz des gewerblichen Eigentums werden wir, so hoffe ich, positive Arbeit schaffen. Mit diesem Wunsche, in dieser Hoffnung wollen wir nun an die Arbeit gehen.

Berichterstatter Regierungsrat Prof. Dr. **Leidig**-Berlin: Entsprechend den Wünschen, die in der letzten Kommission geäußert wurden, sind sämtliche Vereine, die dem Zentralverbande angehören, und bei denen irgendwie ein Interesse am Patentrecht vorhanden schien, ersucht worden, Vertreter für diese Kommission zu ernennen. Das ist auch in sehr umfangreichem Maße geschehen. Wir hatten außerdem uns an eine Reihe von einzelnen Herren, von denen wir wußten, daß sie eine größere Patenterfahrung haben, gewandt. Selbstverständlich lag es im Interesse der Verhandlungen, den Kreis nicht allzu weit zu ziehen, da ja sonst ein Parlament entsteht, das zu Verhandlungen in diesen Fragen kaum recht geeignet ist. Mit besonderer Freude und Genugtuung dürfen wir es begrüßen, daß auch wieder der Verein der chemischen Industrie und insbesondere Herr Justizrat Dr. Häuser sich an den weiteren Beratungen beteiligt; wir wissen, daß wir schon im vorigen Jahre einen erheblichen Vorteil davon gehabt haben.

Wenn ich nun auf die Sache selbst eingehen darf, so haben wir ja, wie Herr Geheimrat **Koenig** hervorhob, die ganze Frage neulich provisorisch schon durchgesprochen. Es bestand aber allgemein der Wunsch, daß einmal in den einzelnen Fragen eine größere Vertiefung eintrete, und die Stellung der Industrie zu diesen Fragen festgelegt werde. Ich möchte daran erinnern, daß auf Wunsch und Veranlassung des Vereins zum Schutze des gewerblichen Eigentums die verschiedensten Organisationen, namentlich der mit der Industrie, wenn ihr auch nicht angehörende, so doch in naher Berührung stehende Verein Deutscher Ingenieure in seinen Bezirksvereinen, und ebenso eine Reihe anderer Organisationen bereits zu einer Anzahl von Streitfragen des Patentrechts Stellung genommen haben, und daß es deshalb wünschenswert ist, doch auch in diesem Interessentenkreise von einem bestimmten Gesichtspunkte aus das Patentrecht zu erörtern.

Wir haben nun geglaubt, bei der Auswahl der Punkte, die Ihnen vorgelegt worden sind, zunächst diejenigen Gegenstände herausgreifen zu sollen, die in letzter Zeit gerade im Verein zum Schutze des gewerblichen Eigentums behandelt worden sind oder in der Behandlung stehen; das trifft beispielsweise auf Nr. 3 zu und auf Nr. 1, die in Düsseldorf verhandelt worden sind und dort zu Gegensätzen innerhalb des Vereins geführt haben. Dann ist eine Frage, die sich der Entscheidung wohl nähert, die Frage zu 2, die von verschiedenen Seiten auch auf dem Düsseldorfer Kongreß behandelt worden ist. Aehnlich liegt es mit 4, und endlich ist es eine Frage, in der eine Stellungnahme der Industrie gerade im gegenwärtigen Augenblick dringend notwendig ist, die Frage zu 5, namentlich auch mit Rücksicht auf Erklärungen, die der Herr Staatssekretär des Innern vor wenigen Tagen im Reichstage zu dieser Sache abgegeben hat. Es würde wünschenswert sein, gerade bezüglich dieses Punktes eine Reihe von taktischen Erwägungen vorzunehmen.*)

Endlich darf ich mit Zustimmung des Herrn Vorsitzenden Ihnen vielleicht schon jetzt den Vorschlag machen, daß wir, wenn es die Zeit irgend erlaubt, noch einen Punkt auf die Tagesordnung nehmen, das ist die Frage der Angestellten-Erfindungen. Verschiedene Parteien haben bei der ersten Lesung der Gewerbeordnungs-Novelle die An-

*) Die Punkte der Tagesordnung sind folgende:
1. Die Gestaltung des Vorprüfungsverfahrens.
2. Die Patentgebühren.
3. Die Gerichtsbarkeit in Patentsachen.
4. Die Abhängigkeit der Patente.
5. Der Ausübungszwang unter Bezugnahme auf die englische neueste Gesetzgebung.

schauung vertreten, daß versucht werden solle, die Angestellten-Erfindungen bei der in den nächsten Wochen stattfindenden Kommissionsberatung der Gewerbeordnungs-Novelle in der Gewerbeordnung zu ordnen, und es gibt ja eine Reihe von Gesichtspunkten, von denen man diese Materie auch in der Gewerbeordnung ordnen kann. Infolgedessen ist es wünschenswert, daß, wenn irgend möglich, in diesem Kreise Stellung genommen wird, zumal auch der Verein zum Schutze des gewerblichen Eigentums sich mit dieser Frage gerade beschäftigt. Wir haben in der vorigen Woche in der Kommission dort eine sehr interessante Sitzung gehabt, an der auch ich teilgenommen habe. Aber es ist zu befürchten, daß, wenn die Sache hingeschoben wird, bis der Verein zum Schutze des gewerblichen Eigentums zur Behandlung dieser Angelegenheit kommt, der sie nicht einmal jetzt auf dem Leipziger Kongreß im Herbst behandeln will, daß man dann einen Posttag zu spät kommt, und die Sache dann schon gesetzlich geordnet ist. Man hat angeregt, sie zusammen mit der Konkurrenzklausel zur Erledigung zu bringen, — es sind ja noch eine ganze Reihe von Dingen im Reichstage in Aussicht genommen, sodaß sich im Laufe der kommissarischen Beratung die Gewerbeordnungsnovelle noch erheblich erweitern wird — wir müssen jedenfalls in dieser Frage en vedette sein, um, falls sie an uns herantritt, einen Rückhalt an diesem Sachverständigen-Kreise zu haben. Wir haben uns deshalb erlaubt, Ihnen vorzuschlagen, sich, falls die Zeit es gestattet, auch mit dieser Frage zu beschäftigen. Die Herren sind ja alle über die Frage unterrichtet.

Vorsitzender: Was diese letzten Ausführungen betrifft, so haben wir darüber schon gesprochen, und auch ich war der Ansicht, und zwar aus den Gründen, die der Herr Regierungsrat vorgetragen hat, daß es gut wäre, wenn wir auch diesen Punkt heute mit auf die Tagesordnung setzten. Wenn sich kein Widerspruch erhebt, so nehme ich an, daß die Herren das wünschen. Wir werden dann ja sehen, wie wir mit der Zeit auskommen.

Wir würden nun vor der Frage stehen, wie die einzelnen Punkte der Tagesordnung hintereinander behandelt werden sollen. Es ist Brauch, daß die Punkte der Tagesordnung so behandelt werden der Reihe nach, wie sie auf die Tagesordnung gesetzt sind. Das würde ich auch diesmal tun, falls nicht aus der verehrten Versammlung der Wunsch nach einer Aenderung rege werden sollte. Eventuell würde ich den Punkt über die Angestellten-Erfindungen als 6. Punkt auf die Tagesordnung setzen; Herr Regierungsrat Professor Dr. Leidig hat bereits die Güte gehabt, zu erklären, daß er ein kurzes Referat dazu übernehmen wird.

Es werden Wünsche nicht geäußert. Ich werde also die Tagesordnung so erledigen, wie sie hier aufgeführt ist, und als letzten Punkt die Angestellten-Erfindungen hinzufügen.

Wir treten nunmehr in die Tagesordnung selbst ein und kommen zum Punkt:

1. Die Gestaltung des Vorprüfungsverfahrens.

Hier hat das Referat Herr Regierungsrat Leidig übernommen.

Berichterstatter: Regierungsrat Prof. Dr. **Leidig**-Berlin: In diesem sachverständigen Kreise darf ich mich ja in meinen einleitenden Bemerkungen sehr kurz fassen. Die Frage der Gestaltung des Vorprüfungsverfahrens ist in der Industrie und in den Kreisen, die sich für das Patentrecht interessieren, bereits seit einer Reihe von Jahren erörtert worden, und auch in unserer vorigen Sitzung ist darüber bereits gesprochen worden. In weiten Kreisen der Industrie hatte sich im Laufe der Jahre eine gewisse communis opinio herausgebildet, glaube ich, einmal nach der Richtung hin: das Vorprüfungsverfahren an sich ist beizubehalten; es besteht keinerlei Wunsch, nach Maßgabe einzelner ausländischer Gesetze oder des früheren Zustandes wieder zum Anmeldeverfahren zurückzukehren. Die Situation, um die es sich wesentlich handelt, ist nun die: Einmal sind gewisse Wünsche ausgesprochen worden hinsichtlich der internen Verwaltungsbehandlung der Vorprüfung im Patentamt selbst, namentlich inwieweit Hilfskräfte herangezogen werden sollen oder nicht. Ich glaube, über diese Frage kann man wohl verhältnismäßig kurz hinweggehen. Auf dem Düsseldorfer Kongreß hatte der Präsident des Patentamts ja Aenderungen zugesichert, die inzwischen, wie die Herren, die sich für den Reichsetat interessieren, wissen, im Etat schon zur Erscheinung gekommen sind. Die Hilfskräfte sollen danach zum Teil in Wegfall kommen, andererseits soll eine selbständigere Stellung der Vorprüfer eingerichtet werden. Weiter sollen den Vorprüfern Personen zur Verfügung gestellt werden, die sie von der, ich möchte sagen, wesentlich mechanischen Sammlung des Materials entlasten sollen. Es sind ja in Zeitungen und Zeitschriften in letzter Zeit hiergegen auch gewisse Bedenken erhoben worden, Bedenken, die sich aber im wesentlichen gegen persönliche Härten richten, die aus dieser Neuorganisaton entstehen können und uns hier weniger interessieren.

Wichtiger und bedeutungsvoller — und das ist der Grund, weshalb wir uns erlaubt haben, die Frage noch einmal zur Erörterung zu stellen — ist die zweite Frage. In großen Kreisen der Industrie hat sich, wenigstens soweit ich die Verhältnisse übersehe, die Ansicht herausgebildet, daß die Stellung des Vorprüfers, insoweit er die Vorbereitungen trifft und dann über die Anmeldung entscheidet, geändert werden solle nach der Richtung einer größeren Selbständigkeit des Vorprüfers, wie es vom Verein zum Schutze des gewerblichen Eigentums seinerzeit in Düsseldorf beschlossen ist:

„Die Prüfung der Erfindung erfolgt durch ein technisches Mitglied des Patentamtes. Dasselbe entscheidet in erster Instanz.

Im Einspruchsverfahren ist die Anmeldeabteilung in erster Instanz zuständig."

Dieser Beschluß geht über den Vorschlag der Kommission, welche die Verhandlungen in Düsseldorf vorbereitete, noch hinaus. Die Kommission hatte nämlich beschlossen:

„Die Prüfung der Erfindung erfolgt durch ein technisches Mitglied des Patentamts. Lediglich in den Fällen, in denen der Prüfer ein Patent versagen zu müssen glaubt, tritt auf Antrag der Partei ein Verfahren vor der Anmeldeabteilung ein, das auf Verlangen der Partei kontradiktorisch sein muß."

Diese Regelung war ziemlich unglücklich; sie ist in Düsseldorf mit Recht abgelehnt worden, aber auch gegen den zum Beschluß erhobenen Antrag machte in Düsseldorf der Präsident des Patentamts sehr lebhafte und meines Erachtens auch schwerwiegende Bedenken geltend. Er wies darauf hin, daß durch diese Aenderung des Vorprüfungsverfahrens die patentrechtlichen Interessen unter Umständen einer ganzen Industrie in die Hand eines einzelnen Mannes gelegt würden, eines Mannes, der vielleicht, je tüchtiger er ist, umso leichter sich in eine bestimmte Richtung hineindrängen läßt, der von bestimmten technischen Voraussetzungen und — lassen Sie mich einmal den Ausdruck gebrauchen — Vorurteilen ausgeht. Derartige Fälle liegen vor. Ich möchte gerade aus den letzten Tagen aus den Verhandlungen des Vereins der Maschinenbau-Anstalten an das „System Riedler" erinnern, wo auch ein tüchtiger Mann zu einer ganz bestimmten Richtung gekommen ist, die ihn zu den Interessen der Industrie in Gegensatz gebracht hat. Diese Befürchtung wurde gerade von dem Präsidenten des Patentamts ausgesprochen, und weiter lebhaft hervorgehoben, daß eine gewisse Einseitigkeit leicht hervortreten könne, die jetzt in der kollegialischen Beratung ihr Gegengewicht finde. Der Präsident des Patentamts war der Meinung, daß die selbständige Stellung des Vorprüfers nicht zu einer Besserung im Sinne der Industrie, sondern zu sehr lebhaften Klagen der Industrie führen würde, weil eben die absolute Herrschaft eines einzelnen Mannes auf sehr großen Gebieten der Industrie und der Technik herbeigeführt werde.

Von anderer Seite sind Vermittelungsvorschläge angeregt worden. Ich selbst hatte vorgeschlagen, die Vorprüfung ähnlich zu gestalten, wie wir in unserem Preußischen Verwaltungsrecht den Vorbescheid bei den Verwaltungsgerichten geordnet haben, wonach zunächst der Vorsitzende und der Referent entscheiden, gegen diesen Bescheid aber nach Wahl kollegialische Entscheidung verlangt oder sogleich das Rechtsmittel an die höhere Instanz eingelegt werden kann.

Das sind die Möglichkeiten, die ich mir erlauben wollte, hier einleitend hervorzuheben. Ich glaube, gegenüber dem gewichtigen Protest des Präsidenten des Patentamts ist es doch notwendig, die Gestaltung des Vorprüfungsverfahrens noch einmal im Kreise der Industrie zu prüfen, und deshalb haben wir uns erlaubt, diese ja schon in den letzten Jahren erörterte Frage noch einmal zur Erörterung zu stellen.

Vorsitzender: Bevor ich die Diskussion zu diesem Punkte eröffne, möchte ich bitten, eine prinzipielle Frage zu entscheiden. Die Herren erinnern sich, daß wir in der Besprechung am 16. März v. J. Beschlüsse nicht gefaßt haben; weshalb, das brauche ich Ihnen nicht zu wiederholen. Es war damals angezeigt. Die Frage wird nun sein, ob wir heute zu den einzelnen Punkten Beschlüsse fassen sollen. Ich habe aus den Ausführungen des Herrn Referenten geschlossen, daß er der Ansicht ist, daß das zunächst zu Punkt 1 der Tagesordnung erwünscht wäre. Auch ich glaube, daß wir, wenn wir heute praktische Arbeit machen wollen, dann auch zu Beschlüssen kommen sollten. Ob über jeden Punkt und eventuell über welche Punkte, das wird die Erörterung der einzelnen Punkte ergeben. Ich wollte das jetzt von vornherein bemerken, weil danach die Diskussion sich einrichten dürfte. Wir können nun in die Erörterung des Punktes 1 eintreten. Am Schlusse desselben werden wir sehen, ob diese Erörterung zu einer Resolution führt.

Justizrat **Haeuser**-Hoechst a. M.: Ich gestatte mir, zuerst das Wort zu ergreifen, weil ich glaube, Veranlassung zu haben, die Ausführungen des Herrn Referenten noch in einiger Hinsicht ergänzen zu können. Der Herr Referent hat betont, wie schwerwiegende Bedenken der Präsident des Kaiserlichen Patentamts gegen die in Düsseldorf angenommene Regelung gehabt hat. Ich kann auf der anderen Seite darauf hinweisen, daß der Präsident des Patentamts selber diese Regelung ursprünglich ins Auge gefaßt hat aus welchem Grunde er dann später von diesem seinem eigenen Plan abgekommen ist, das ist nicht vollständig ersichtlich. Ich möchte aber danach doch annehmen, daß die Bedenken nicht absolut durchschlagend und schwerwiegend sind, denn sonst hätte er nicht selbst längere Zeit diesen Gedanken verfechten können. Ich glaube auch nicht zu weit zu gehen, wenn ich darauf hinweise, daß die Regelung, wie sie in Düsseldorf der Kongreß angenommen hat, bei der Reichsregierung Aussicht auf großes Entgegenkommen besitzt. Ich glaube, wenn die Interessenten eine derartige Regelung für gut finden, daß die Reichsregierung gegen die Einführung derselben keine erheblichen Bedenken erheben wird.

Was ist nun der Inhalt des Beschlusses in Düsseldorf? Meine Herren, man hat mit diesem Beschlusse zweierlei Wünschen Rechnung tragen wollen. Einmal ist der Wunsch laut geworden, daß der Anmelder einer Erfindung eine dritte Instanz haben solle. Heute wird über seine Anmeldung in zwei Instanzen entschieden. Man sagte sich, bei den großen Interessen, die auf dem Spiele stehen, ist es richtig, dem Erfinder auch noch eine dritte Instanz zu gewähren. Nun war eine erhebliche Schwierigkeit vorhanden, die dritte Instanz, was ja vielleicht das Natürlichste gewesen wäre, obenauf zu setzen. Das wäre die Einführung des sogenannten Patentgerichtshofes gewesen, dessen Einführung sehr tiefeinschneidende Aenderungen mit sich bringen dürfte. Man sagte sich: Kann man aber nicht die dritte Instanz vielleicht in sehr einfacher Weise vorbehaltlich einer späteren Abänderung — natürlich kann alles später geändert werden, wenn die Verhältnisse sich ändern — doch dadurch schaffen, daß man diese Instanz unten vorschiebt? Das Letztere ist angenommen worden. Man sagte sich, die heutige Vorprüfung, der ganze Verkehr des Vorprüfers mit dem Anmelder, stellt ja eigentlich schon eine Instanz dar; es fehlt nur, daß diese Instanz ein Entscheidungsrecht hat. Nun kann ich Ihnen aus meinen Erfahrungen und auch aus recht zahlreichen Unterhaltungen mit Mitgliedern des Patentamtes sagen, es liegt das ja auch vollständig in der Natur der Sache, daß der Vorprüfer, der an sich nur eine beratende Stimme besitzt, in den meisten Fällen den Ausschlag gibt, und es ist mir gesagt worden, daß in den verhältnismäßig seltenen Fällen, wo das Votum des Vorprüfers von irgend einem Mitglied angezweifelt wird, es sich herausgestellt hat, daß das Mitglied in der Geschwindigkeit die Sache nicht genügend erfaßt hat, und die Anzweiflung keinen anderen Erfolg hatte, als eine zwecklose Hinausschiebung der Beschlußfassung. Wenn Sie aber dem Vorprüfer tatsächlich eine solch überwiegende Stellung bei der Anmeldung geben, dann ist es, glaube ich, richtig, dem Betreffenden auch die ganze formelle Verantwortung nach außen hin zu geben. Nun ist eingeworfen worden — das ist ja ein Bedenken, das nicht unbeachtet bleiben darf — daß der Vorprüfer als einzelne

Persönlichkeit in eine gewisse Einseitigkeit verfallen könnte, die dann nicht ihr Korrektiv durch die kollegiale Beratung fände. Ich glaube aber, das Korrektiv findet sich in der Beschwerde an die Anmeldeabteilung, und ich glaube, wenn ein Vorprüfer einseitig ist, und er wird mehrmals von der Anmeldeabteilung korrigiert, dann wird er schließlich doch zu einer anderen Auffassung kommen, wenn er nicht riskieren will, daß ihm auf dem Disziplinarwege deutlich gemacht wird, daß man doch schließlich nicht dazu da ist, sich in eine einseitige Richtung hineinzuarbeiten, sondern in den ganzen Kreis der Anschauungen sich einzufügen hat, Anschauungen, wie sie schließlich ja für den Anmelder in bindender Weise festgelegt werden durch die sogenannten Plenarbeschlüsse des Patentamts. Ich glaube aber, der Vorprüfer wird in dem Gefühle der vollen Verantwortlichkeit nur besser und sorgfältiger arbeiten, wenn er eine selbständige Instanz ist. Wir haben aber bei dieser Regelung nach meiner Ansicht außer einer sorgfältigeren Prüfung dann noch den weiteren Vorteil, daß Zeit gespart, und daß die Anmeldeabteilung entlastet wird. Nach der neuen Regelung würde der Vorprüfer, falls er die Sache für spruchreif hält, einfach den Beschluß herausgeben. Nach der jetzigen Regelung legt er die Sache erst dem Vorsitzenden der Anmeldeabteilung vor; dieser schreibt sie auf die Tagesordnung einer bestimmten Sitzung; in dieser Sitzung wird sie durchgesprochen, der Referent muß sie vortragen, und wenn dies noch so rasch gemacht wird, wie es nur denkbar ist: Sie werden mir zugeben, die Sache beansprucht immerhin Zeit; denn wenn die Anmeldeabteilung überhaupt für etwas da sein soll, so muß die Sache auch einigermaßen übersichtlich vorgetragen werden. — So wird kostbare Zeit für eine schließlich ziemlich überflüssige Manipulation verloren. Ich glaube deshalb, daß die Regelung, wie sie in Düsseldorf beschlossen worden ist, einem Bedürfnis entspricht. Ich möchte nur noch darauf hinweisen, dieselbe Regelung war ja auch im Kommissionsbeschluß des Vereins zum Schutze des gewerblichen Eigentums vorgeschlagen worden, nur mit dem Unterschiede, daß der Vorprüfer zu einer selbständigen Instanz nur in den Fällen gemacht werden sollte, in denen er sich zugunsten des Bewerbers aussprechen, nicht aber in den Fällen, in denen er das Patent versagen, die Auslegung, die Bekanntmachung also nicht bewilligen wollte. Dagegen hat der Präsident des Patentamts allerdings mit Recht geltend gemacht: entweder gibt man dem Manne ein Entscheidungsrecht oder man gibt es ihm nicht; aber lediglich zugunsten des Erfinders es ihm zu geben und zu dessen Ungunsten nicht, das ist ein halbes Ding, das der Berechtigung entbehrt und zu ungünstigen Konsequenzen führen könnte. Auch die jetzt vorgeschlagene Regelung enthält ja ein Element in gewissem Sinne zugunsten des Erfinders, denn wenn der Vorprüfer sich für die Bekanntmachung der Anmeldung ausspricht, dann ist damit die Möglichkeit der Beschwerde beseitigt, während, wenn er die Patentfähigkeit zunächst verneint, er sich immer dem aussetzt, daß sein Beschluß wieder aufgehoben wird. Und nun kann ich Ihnen auch aus meiner Erfahrung in der Rechtsprechung der Gerichte mitteilen: Es ist den entscheidenden Beamten durchaus nicht einerlei, ob ihre Ansicht von der höheren Instanz gebilligt wird oder nicht. Jeder hat unwillkürlich das Bestreben, mit seiner Ansicht durchzudringen und recht zu behalten und nicht immer von der höheren Instanz korrigiert zu werden. Das ist ja auch ganz begreiflich. Wenn ein Beamter fortgesetzt in seinen Beschlüssen korrigiert wird, dann ist in der Regel das Resultat, daß er für einen minderwertigen Beamten angesehen wird, der seine Sache nicht versteht, während, wenn er regelmäßig den Beifall seiner Kollegen in der höheren Instanz findet, er einen berechtigten Stolz empfindet, daß er das Richtige getroffen hat. Also wir werden die sorgfältigste Prüfung zu erwarten haben. Ich habe damals in Düsseldorf auch hervorgehoben, wie außerordentlich wohltätig es ist, die persönliche Verantwortlichkeit zur Geltung zu bringen. Wir haben in dieser Hinsicht eine Erfahrung gemacht aus Anlaß der Verordnung des Präsidenten des Patentamts, wonach die Vorprüfer die von ihnen erlassene Vorprüfung mit ihrem Namen zu unterschreiben haben. Es hat sich gezeigt, daß in dem Moment, wo der Vorprüfer mit seinem Namen hervortreten mußte — früher wußte man nicht, wer von den zahlreichen Vorprüfern die Vorprüfung vorgenommen hatte — und die Verfügung selbst persönlich zu vertreten hatte, die Verfügungen sorgfältiger, eingehender und besser wurden.

Diese Vorstufe von unten hat noch den Vorteil, daß wir auf diese Weise das Verfahren für den Erfinder verbessern. Wir schaffen damit für den Anmelder noch eine weitere Sicherheit, daß ihm sein Patent nicht zu Unrecht versagt wird. Der Gegner des Anmelders hat ja heute schon Instanzen genug, denn er hat die zwei Instanzen im Einspruchsverfahren und die zwei Instanzen im Nichtigkeitsverfahren. Ihm brauchen wir nicht noch eine Instanz im Erteilungsverfahren zu geben. Der Einspruch soll also auch künftig nicht an den Vorprüfer, sondern, wie bisher, an die Anmeldeabteilung gehen, und es gibt dann nur noch die eine Instanz der Beschwerde im Einspruchsverfahren. So, glaube ich, würde die Sache ganz praktisch und zweckentsprechend geregelt sein, und ich möchte die Herren bitten, dem Beschlusse, der in Düsseldorf gefaßt ist, auch Ihrerseits zuzustimmen.

Fabrikbesitzer Dr. **Goldschmidt**-Essen: Von Herrn Justizrat Haeuser haben wir gehört, daß der Herr Präsident des Patentamts selbst der Ansicht gewesen ist, daß der Vorprüfer zu einer selbständigen Instanz erhoben werden soll. Der Herr Präsident hat seine Ansicht geändert, und daraus ziehe ich den gegenteiligen Schluß, wie Herr Justizrat Haeuser, nämlich den, daß er gute Gründe gehabt hat. Die Gründe hat er in Düsseldorf mitgeteilt, und sie sind immerhin von einer erheblichen Anzahl der Anwesenden anerkannt worden; darauf ist dann der Beschluß gefaßt, der mit einer verhältnismäßig kleinen Mehrheit angenommen ist. Er führte als einen der Gründe an, daß innerhalb des Patentamts jetzt ein anderes Verfahren angeordnet sei, indem dem Vorprüfer nicht mehr von Hilfsarbeitern vorgearbeitet wird, sondern daß er von Anfang an die Patentanmeldung selbständig durchzuarbeiten und somit die vorhandene Literatur selbst durchzulesen hat und sie nicht von anderen empfängt. Wie dieses neue Verfahren wirken wird, hat er erst abzuwarten, sachlich und zeitlich. Das war der eine Grund. — Es wurde dann angeführt von den Befürwortern der selbständigen Instanz des Vorprüfers, daß er heutzutage eigentlich schon so gut wie selbständig wäre, denn er ist der einzige, der den Gegenstand vollständig beherrscht. Er hat ihn bearbeitet und referiert darüber. Es wurde betont, daß in einer Sitzung 60 bis 70 Sachen erledigt würden, und herausgerechnet, daß auf jede Sache 3 bis 4 Minuten kämen — mathematisch richtig und sachlich unrichtig, denn unter den 60 bis 70 Sachen sind eine Reihe von Sachen, die nur formell verhandelt werden. Es ist ja auch selbstverständlich, daß der Vorprüfer, der seine Entscheidung erläßt, dem Anmelder mitteilt, ob er die Auflegung beantragen wird, so etwas nicht tut, wenn er nicht eine gewisse Rückendeckung hat, wenn er nicht sicher ist, daß die Anmelde-Abteilung ihn nachher nicht Lügen strafen wird. Er wird also gezwungen sein, mit dem Vorsitzenden oder einem der Beisitzer der Anmelde-Abteilung vorher Fühlung zu nehmen, und darauf ist der größte Wert zu legen, weil dadurch eine gewisse Gleichmäßigkeit in der Behandlung der Anmeldungen eintritt. Jeder, der beim Patentamt in verschiedenen Abteilungen zu tun hat, weiß, daß an der Persönlichkeit des Vorprüfers die Sache hängt. Es würde dadurch der Einfluß der Persönlichkeit mehr ausgeglichen werden.

Das waren so im großen und ganzen die Gesichtspunkte, die der Herr Präsident angab, und denen doch ein Teil der Versammlung gefolgt ist. Ich meinerseits stehe auf dem Standpunkt, daß die Frage nicht von so sehr großer Bedeutung ist, denn, wie Herr Justizrat Haeuser anführte, haben wir ja, wenn auch noch nicht ganz ausgebildet, die dritte Instanz schon jetzt. Denn wenn wir mit dem

Vorprüfer verhandeln können und er auch nicht formell entscheidet, so hat er doch ein Urteil gesprochen, das von der Anmelde=Abteilung so ohne weiteres nicht umgeworfen wird. Umgekehrt, wenn er nicht auflegen will, so hat die Anmelde=Abteilung die Beschlüsse zu fassen, und es ist ja schon häufiger vorgekommen, daß, wenn er sagt, ich bin gegen die Auflegung der Anmeldung, die Anmelde=Abteilung es doch getan hat. Wir haben eine dritte Instanz in den Rudimenten also schon vorhanden. Ich lege wahrhaftig keine große Bedeutung dem bei, ob wir es so oder so machen. Es ist ja symmetrisch ganz schön gesagt: Wir haben drei Instanzen. Für mich waren die Gründe des Präsidenten so durchschlagend, daß ich sage: Ich bin vorläufig für die Beibehaltung des jetzigen Systems, um zu sehen, wie die Wirkung der veränderten Prüfung sein wird, die ja erst neuesten Datums ist.

Regierungsrat Professor Dr. **Leidig**=Berlin: Ich muß ja auch sagen, ich persönlich bin nach Düsseldorf gekommen als Anhänger der Einführung einer selbständigen Stellung des Vorprüfers, ich bin aber durch die von den beiden Herren hervorgehobenen Ausführungen des Präsidenten des Patentsamts in dieser Frage ganz ungemein zweifelhaft geworden. Ich kann aus meiner eigenen, doch ziemlich langen Erfahrung innerhalb der Verwaltung nicht ganz die günstigen Ansichten teilen, die Herr Justizrat Häuser über die Bedeutung der Einzelverantwortlichkeit ausgesprochen hat. Ich habe doch auch entgegengesetzte Erfahrungen gemacht in der preußischen Verwaltung, und ich finde, daß die kollegiale Ausgleichung und kollegiale Beratung im Interesse des Publikums ihre sehr große Berechtigung hat, und daß der Einzelbeamte vielfach zu einer gewissen Leichtfertigkeit, dann aber häufig namentlich zu einem gewissen Eigensinn auf gewissen Gebieten kommt. Der hauptsächlichste Grund, der meines Erachtens in den Ausführungen des Präsidenten des Patentamts zum Ausdruck kam, war der auf Grund der Erfahrung seiner Behörde immer wieder und wieder hervorgehobene und jetzt auch von Herrn Dr. Goldschmidt betonte, daß die Gleichmäßigkeit innerhalb des Patentamt leiden würde, sobald der Vorprüfer als Einzelprüfer endgültig als erste Instanz eingesetzt ist; und das werden die Herren ja zugeben, daß es ungemein viel schwieriger ist, durch eine zweite, eine Prüfungsinstanz, eine Gleichmäßigkeit herbeizuführen, namentlich da es von den Zufälligkeiten des Einspruchs abhängt, wie weit die zweite Instanz eingreift oder nicht. Das sind Gründe, die meines Erachtens gegen die Einführung der Selbständigkeit des Vorprüfers sprechen.

Wie verschieden die Frage beurteilt wird, das sehen wir hier: zwei Herren der chemischen Industrie sind entgegengesetzter Anschauung, und dasselbe war auch in Düsseldorf der Fall, wo Herr Haeuser dafür eintrat und Herr Prof. Duisberg mit all der Lebhaftigkeit des Temperaments, die ihm eigen ist, dagegen war. Ich stimme mit Herrn Dr. Goldschmidt aber auch darin überein, daß es für die Industrie keine so sehr große Bedeutung hat, ob der Vorprüfer selbständig gestellt wird. Solange man nicht sagt, das jetzige Verfahren hat zu Unzuträglichkeiten geführt, die nicht zu ertragen sind, und dieser Beweis, der doch gegenüber dem Widerstreben der Behörde erst geführt werden müßte, ist bisher nicht geführt worden, ist eigentlich das Verlangen nach Änderung des jetzigen Zustandes nicht ganz zu rechtfertigen. Deshalb möchte ich persönlich mich dazu neigen, daß es doch zweifelhaft ist, ob die Industrie sich dem Beschluß von Düsseldorf ohne weiteres anschließen soll.

Ingenieur **Gondos**-Cöln: Mit Herrn Reg.-Rat Leidig bin ich der Ansicht, daß die Frage, ob der Vorprüfer zu einer selbständigen Instanz gemacht werden soll, vom Standpunkt der Industrie keine große Bedeutung hat. Andererseits befürchte ich, daß wir mit der Vermehrung der Instanzen dieselben Erfahrungen machen werden, wie bei den ordentlichen Gerichten: die unteren Instanzen werden sehr unsorgfältig arbeiten. Der ohnedies überlastete Vorprüfer wird Milde walten lassen und so manche Patente zu Unrecht erteilen; wir haben doch mit dem Einspruch schon genug zu tun. Gerade in dieser persönlichen Fühlungnahme, in dem Zwang, seine Sache vor einem Kollegium vertreten zu müssen, finde ich ein wichtiges Korrektiv der Vorprüfung. — Mit der Selbständigkeit der Vorprüfer bekommen wir nur mehr Instanzen, aber ich glaube nicht zum Vorteil der Industrie.

Direktor **Langen**-Cöln-Deutz: Ich möchte mich dem anschließen, aber ich bin der Ueberzeugung, daß es für die Industrie ziemlich belanglos ist, ob wir noch eine dritte Instanz bekommen, nach der ja in erster Linie verlangt wird. Was wir uns weiterhin von der Veränderung versprechen, ist eine sorgfältigere Prüfung. Wir haben eben gehört, der eine glaubt, es wird eine sorgfältigere Prüfung erzielt werden, der andere glaubt, gerade das Gegenteil wird eintreten. Eine schnellere Erledigung ist dann das dritte, was man für die Veränderung des Vorprüfersystems anführen könnte. Aber auch darüber sind keine außergewöhnlichen Klagen zu verzeichnen. Es ist also nicht einzusehen, weshalb wir unbedingt zu Aenderungen kommen sollten. Den Vorschlag, den Herr Regierungsrat Prof. Leidig gemacht hat, betrachte ich als einen Kompromißvorschlag. Wenn wir einmal dazu übergehen, noch einen zweiten hinzuzuziehen, so fehlt nicht viel, und wir haben den dritten auch dabei. Ich glaube also nicht, daß sehr große Aussichten bestehen, auf diesen Vorschlag einzugehen.

Herr Geheimrat König sprach vorher davon, ob wir heute Beschlüsse fassen sollen. Diesen Punkt möchte ich als den ersten bezeichnen, über den wir keinen Beschluß fassen sollten, denn ein dringendes Interesse, einen Beschluß zu fassen, liegt nicht vor.

Regierungsrat Prof. Dr. **Leidig**-Berlin: Ich möchte doch glauben, daß wir jedenfalls zu einem Beschluß kommen sollten. Wenn aber die Auffassung weiter verbreitet ist, die von drei Herren vertreten ist: es läßt sich so machen und so — dann würde ich persönlich aus taktischen Gründen vorschlagen, dann sollten wir uns auf den Standpunkt des Düsseldorfer Kongresses stellen. Der Düsseldorfer Kongreß ist einberufen von dem doch zweifellos verdienstvollen Verein zum Schutze des gewerblichen Eigentums. Er hat sich an die weitesten Kreise, auch an die Industrie gewandt. Es sind auch in sehr starkem Maße andere Elemente vertreten gewesen: Patentanwälte, Rechtsanwälte — alles doch sehr sachkundige Kreise. Aber wenn wir sagen, sehr erheblich berührt die Frage die Interessen der Industrie nicht, dann möchte ich sagen, ist es zweckmäßig, daß wir nicht eigene Wege gehen, sondern daß diejenigen, die andere Anschauungen haben, sich der allgemeinen Anschauung, wie sie dort ausgesprochen ist, anschließen und dadurch allerdings die Bedeutung des Beschlusses, gegen den sich eine wesentliche Minorität erhob, verstärken. Die Tagesordnung der heutigen Sitzung ist in der Oeffentlichkeit bekannt gegeben. Es würden also diejenigen, die sich dafür interessieren, falsche Folgerungen ziehen, wenn wir zu diesem Punkte der Tagesordnung gar keine Resolution fassen, während wir im übrigen Resolutionen beschließen.

Vorsitzender: Ich wiederhole, daß ich dem, was Herr Regierungsrat Leidig zuletzt sagte, zustimme, nämlich daß ich meine, wir müßten einen Beschluß fassen.

Ingenieur **Edmund Levy**-Berlin: Zu meiner Aktivlegitimation: Ich erscheine als Vertreter des Vereins deutscher Motorfahrzeug-Industrieller und spreche für diejenigen Firmen, die in dieser Korporation vereinigt und hier nicht erschienen sind.

Wir haben zu diesem Punkt eine Enquete veranstaltet, und mit bedeutender Majorität ist die deutsche Automobil-Industrie der Meinung, daß die selbständige Stellung des Vorprüfers sehr zu wünschen ist. Wenn wir hier gehört haben, daß die Industrie kein Interesse daran habe, so glaube ich, liegt das daran, daß es Industrien sind, die alle sehr gefestigt sind, in ihrer wissenschaftlichen Entwickelung auf breiter Basis stehen und es wesentlich leichter haben, ihre Patente so zu bekommen, wie es im Interesse der Industrie wünschenswert ist, als solche Industrien, die sich ihre Werte erst selber schaffen müssen, wie es bei der Automobil-Industrie der Fall ist. Ich glaube, ein Punkt dürfte dabei eine nicht unbedeutende Stellung beanspruchen. Herr Justizrat Haeuser hat vorhin ausgeführt, wenn der Vorprüfer sich für die Erteilung des Patents ausspricht, so sei für den Anmelder alles recht gut und schön. Wer die Praxis mitgemacht hat, der weiß, daß es damit häufig noch recht unschön und gar nicht gut ist; dann kommt nämlich das Bestreben, die Anmeldung zu teilen in möglichst verschiedene Erfindungen. Die Beschwerde-Instanz wäre ja gewiß ein gutes Korrektiv für solche Entscheidungen, die dem Anmelder nicht passen, wenn es in der Beschwerde-Instanz möglich wäre, mehr Fachleute von den einzelnen Branchen zu haben, als vermutlich aus berechtigten Gründen finanzieller Natur möglich ist. Da das nicht der Fall ist, so glauben die im Verein deutscher Motorfahrzeug-Industrieller inkorporierten Firmen in ihrer Mehrheit, daß es sehr wünschenswert wäre, den Herrn Vorprüfer auch äußerlich erkennbar auf diesen selbständigen verantwortlichen Posten zu stellen, damit man weiß, mit wem man es zu tun und gegen wen man eventuell persönlich zu kämpfen hat.

Fabrikbesitzer Dr. **Goldschmidt**-Essen: Nur ein Wort zur Frage der Abstimmung. Gründe werden bei uns schwerer wiegen als Mehrheiten, vor allem Mehrheiten, die nicht allzu bedeutend sind. Deshalb erachte ich den Beschluß in Düsseldorf für nicht so schwerwiegend, als wenn er mit großer Einstimmigkeit gefaßt worden wäre. Wenn wir hier Beschlüsse fassen, die zeigen, daß die Industrie einstimmig oder nahezu einstimmig ist, so wird das unsere Beschlüsse stützen. Wenn wir aber Beschlüsse fassen, in denen die Industrie auseinandergeht, so ist das ohne Bedeutung für die durchschlagende Kraft unserer Beschlüsse.

Ich möchte noch ein Mißverständnis berichtigen. Wenn ich gesagt habe, ich halte es nicht für so wichtig, ob wir den Vorprüfer selbständig stellen oder nicht, so habe ich gemeint, es ist keine Lebensfrage für die deutsche Industrie, wie etwa die Frage der Patentgebühren oder die Frage der Angestellten-Erfindungen, die äußerst wichtig sind. Ich bin gegen eine Aenderung, weil man am Bestehenden nicht ändern soll, wenn's nicht absolut notwendig ist. Wenn der Versuch gemacht wird, auf Grund des Bestehenden eine lebensfähige Organisation zu schaffen — in dem Stadium befinden wir uns nach dem Versprechen des Präsidenten —, und wenn dieser Versuch sich nicht bewähren sollte, so haben wir immer noch Zeit zum Aendern. Es geht vorläufig auch so. Das ist der Grund, weshalb ich dagegen bin, und da haben mich die Ausführungen des Herrn Präsidenten in einer Beziehung doch überzeugt, im Gegensatz zu Herrn Justizrat Haeuser. Ich war früher auch der Ansicht, es ist praktisch, den Vorprüfer selbständig zu machen, heute bin ich gegensätzlicher Ansicht.

In Düsseldorf waren die verschiedenen Interessenten vorhanden: Patentanwälte usw. Die Industrie ist dort sicherlich nicht in ihrer Mehrheit zum Ausdruck gekommen. Wir könnten aber auch zu dem Beschluß kommen, daß es für die Industrie nicht wichtig ist, definitive Stellung zu nehmen, zumal die Ansichten auseinander gehen. Das wäre ja auch ein Beschluß.

Justizrat **Haeuser**-Hoechst a. M.: Ich wollte genau denselben Standpunkt vertreten, den der verehrte Herr Vorsitzende in seinen letzten Worten geäußert hat. Ich meine, wir sollten in einer verhältnismäßig so unwichtigen Sache uns einer bestimmten Stellungnahme enthalten; denn die Majorität gibt, wenn nach Köpfen abgestimmt wird, doch kein richtiges Bild. (Sehr richtig!) Es kommt auf die Bedeutung der Industrien an, und dabei ist noch im Zweifel, ob die einzelnen Herren hier die ganze Industrie hinter sich haben oder nicht. Ich habe durchaus nicht zum Ausdruck gebracht, daß die chemische Industrie einer Meinung über diesen Punkt ist; aber ich stimme dem bei, daß es sich nicht um eine Lebensfrage einer Industrie handelt. Daher meine ich, wir sollten namens der Industrie Stellung zu nehmen vermeiden und anheim geben, wie weit bei der Revision des Patentrechts die Reichsregierung auf die Beschlüsse des Düsseldorfer Kongresses Rücksicht nehmen will oder nicht, und die Herren, die sich auf den Präsidenten des Patentamts bezogen haben, werden doch die Genugtuung haben, daß die Reichsregierung an dem Gutachten des Patentamts sicherlich nicht vorbeigehen wird.

Vorsitzender: Herr Langen hat den Antrag gestellt: „Eine Aenderung des Vorprüfungsverfahrens erscheint der Kommission nicht dringend. Wenn doch Aenderungen vorgenommen werden sollten, so sind die Düsseldorfer Beschlüsse 1 und 2 zu billigen." *)

---

*) Die Düsseldorfer Beschlüsse besagen:

I. Die Einführung eines Einzelprüfers.

Die Prüfung der Erfindung erfolgt durch ein technisches Mitglied des Patentamts. Dasselbe entscheidet in erster Instanz.

Im Einspruchsverfahren ist die Anmeldeabteilung in erster Instanz zuständig.

II. Schaffung einer weiteren Instanz im Erteilungsverfahren.

Es ist wünschenswert, daß im Patenterteilungsverfahren drei getrennte Instanzen bestehen.

Das würde ein dritter Ausweg sein. Ich hatte mir vorhin gedacht, daß vielleicht beschlossen werden könnte, die Versammlung hält die Aenderungen für nicht so wichtig, um bei auseinandergehenden Meinungen hierüber einen Beschluß zu fassen; aber ich halte auch den letzten Vorschlag für einen guten Ausweg.

Ingenieur **Ingrisch**-Düsseldorf: Der Präsident des Patentamts hat auf dem Düsseldorfer Kongreß, in dem ja für die Einführung des Einzelprüfers von verschiedenen Seiten warm eingetreten wurde, nicht etwa gesagt, daß man mit dem Einzelprüfer schlechte Erfahrungen gemacht hätte, sondern er hat nur betont, daß das Moment, auf das die größte Bedeutung gelegt wurde, die Zeitersparnis, nicht eingetreten wäre. Ich muß aus meiner eigenen Erfahrung sagen, daß tatsächlich mit dem Einzelprüfer die Prüfung einer Anmeldung manchmal noch länger dauert, als nach dem bis vor kurzem ausschließlich angewendeten System der Prüfung der Anmeldung durch den von einem technischen Hilfsarbeiter unterstützten Vorprüfer und mit Beschlüssen durch ein Kollegium. Andererseits habe ich auch wieder die Erfahrung gemacht, daß gerade in dem Industriezweig, in dem ich zu arbeiten habe, sich doch die Einzelprüfung sehr gut bewährt hat. Wir bekommen sehr gut durchgearbeitete Vorbescheide, und die Herren, die mit der Einzelprüfung zu tun haben, geben sich nach meinem Dafürhalten sehr viel Mühe. Diese Prüfungen sind häufig besser als Prüfungen durch Vorprüfer, die sich auf ihre technischen Hilfsarbeiter verlassen, sich einfach von diesem ein Referat über die vorliegende Sache machen lassen und dieses Referat der Anmeldeabteilung vorlegen, die sich dann natürlich in den allermeisten Fällen auf die Seite des Vorprüfers stellt. Dieses Verfahren halte ich für nicht so gut wie die Prüfung durch den Einzelprüfer, und aus diesem Grunde möchte ich Sie bitten, die Frage der Einführung des Einzelprüfers sehr sorgfältig zu erwägen und eventuell für dessen Einführung sich zu entscheiden. Natürlich würde das sehr schwerwiegend auf den Etat des Kaiserlichen Patentamts einwirken; es müßte eine ganze Anzahl tüchtiger Leute aus der Praxis herangeholt werden, und die werden sich natürlich schwer hüten, aus der Praxis herauszugehen, um ein solches Amt für 4000 M. oder wenig mehr zu übernehmen. Aber wenn man die Mittel dazu bewilligen würde, dann würden sich vielleicht auch Leute finden, die ein solches Einzelprüferamt übernehmen.

Ich möchte Ihnen daher empfehlen, sich in diesem Punkte auf den Standpunkt des Düsseldorfer Kongresses zu stellen.

Landtagsabgeordneter Dr. **Beumer**-Düsseldorf: Der Wert unserer heutigen Beratung wird ja darin liegen, daß der Centralverband

Deutscher Industrieller, wie ich voraussetze, in einer Denkschrift den verbündeten Regierungen mitteilen wird, welche Ansichten sich hier herausgebildet haben, und ich meine, aus einer solchen Denkschrift wird ja die Zwiespältigkeit des Standpunktes, die heute hier zutage getreten ist, ohne Zweifel auch zur Kenntnis der verbündeten Regierungen gebracht werden. Wir könnten uns also darauf beschränken, die Gründe, die „für", und die Gründe, die „gegen" geltend gemacht sind, in der Denkschrift niederzulegen. Aber mittlerweile hat der Antrag Langen einen Mittelweg gefunden, den ich für meine Person sehr begrüßen würde. Wenn Sie also den Antrag Langen annehmen, so wird dadurch doch auf die Bedeutung der Düsseldorfer Beschlüsse etwas mehr hingewiesen, als es sonst der Fall sein würde. Ich spreche mich also für den Antrag Langen aus.

Regierungsrat Professor Dr. **Leidig**-Berlin: Ich wollte nur gegenüber Herrn Ingrisch geltend machen, daß das, was er wünscht, ja schon zum 1. April geschehen wird. Alle die Wünsche, die er bezüglich der Praxis ausspricht, sind ja seitens der Reichsverwaltung als berechtigt anerkannt und im Etat ist eine anderweitige Organisation geschaffen worden. Aber hier handelt es sich um etwas anderes, und diese Vorprüfer, die hier selbständig gestellt werden, werden eine größere Verantwortlichkeit, auch nach außen zu übernehmen haben, sie sollen eine rechtlich selbständige Instanz werden, so daß die Anmeldeabteilung, die jetzt die erste Instanz ist, künftig die zweite Instanz sein soll. Darin bewegt sich lediglich die Differenz unserer Anschauungen hier. Für beide Fälle sind ja wichtige Gründe angeführt worden, und ich möchte auch meinerseits empfehlen, dem vielleicht noch etwas zu formulierenden Antrag Langen sich anzuschließen. Ich glaube, daß damit allen Wünschen entsprochen und die vorhin von Herrn Justizrat Haeuser und Herrn Dr. Goldschmidt gewünschte Einstimmigkeit herbeigeführt wird.

Ingenieur **Goudos**-Cöln: Ich bitte, über den Antrag Langen nicht en bloc, sondern Punkt für Punkt abstimmen zu lassen. — Es sind da mehrere Wünsche zum Ausdruck gebracht, bei denen, wenn en bloc abgestimmt wird, die Ansicht über das einzelne nicht zum Ausdruck kommt.

Vorsitzender: Die Rednerliste ist geschlossen. Wir kommen zur Abstimmung.

Ich darf zunächst konstatieren, daß die Herren der Ansicht sind, es soll ein Beschluß gefaßt werden. Ich konstatiere das. Dann würde ich zur Abstimmung bringen den Vermittelungsvorschlag des Herrn Direktor Langen. Auch das genehmigen die Herren. Der Vermittelungsvorschlag lautet:

„Eine Veränderung des Vorprüfungsverfahrens erscheint der Kommission nicht dringend; wenn jedoch Aenderungen vorgenommen werden sollten, so sind die Düsseldorfer Beschlüsse 1 und 2 zu billigen."

Es ist der Antrag gestellt worden, über diese Sätze des Antrags getrennt abzustimmen. Diesem Antrage wird nicht widersprochen. Ich werde also abstimmen lassen über den ersten Teil: „Eine Veränderung des Vorprüfungsverfahrens erscheint der Kommission nicht dringend." Der zweite Teil würde dann sein: „Wenn jedoch Aenderungen vorgenommen werden sollten, so ist der Düsseldorfer Beschluß 1 zu billigen," und der dritte lautet: „so ist der Düsseldorfer Beschluß 2 zu billigen."

Regierungsrat Professor Dr. **Leidig**-Berlin: Das läßt sich gar nicht trennen.

Ingenieur **Gondos**-Cöln: Nein, 1 und 2 zusammen.

Vorsitzender: Sind die Herren mit dieser Art der Abstimmung einverstanden, daß also der zweite Teil heißt: „so sind die Düsseldorfer Beschlüsse 1 und 2 zu billigen"? — Das ist der Fall.

Also zunächst der erste Teil. Ich bitte die Herren, die dagegen sind, die Hand zu erheben. Der Antrag ist einstimmig angenommen.

Der zweite Teil des Antrags — gegen 2 Stimmen angenommen.

Damit ist dieser Punkt der Tagesordnung erledigt. Wir kommen zu dem weiteren Punkte:

2. Die Patentgebühren.

Herr Justizrat Wandel hat die Freundlichkeit gehabt, das Referat zu übernehmen.

Berichterstatter Justizrat **Wandel**-Essen: Meine Herren! Die Frage der Patentgebühren ist schon in unserer ersten Besprechung berührt worden. Es ist heute meine Aufgabe, Ihnen den Stand der Angelegenheit etwas eingehender darzulegen und Vorschläge für die Stellungnahme des Centralverbandes zu machen.

Ich brauche die gesetzlichen Bestimmungen über die Patentgebühren in diesem Kreise nicht zu wiederholen und darf auch als bekannt voraussetzen, daß die laufenden Jahresgebühren, die nach dem deutschen Patentgesetz zu zahlen sind, die höchsten sind, welche die Gesetzgebung irgend eines Staates, ich glaube mit alleiniger Ausnahme von Rußland, kennt. Was nun die Beurteilung der Patentgebührenfrage anlangt, so kommen darin die beiden Standpunkte zum Ausdruck, die in der Frage nach der Berechtigung des Patentschutzes überhaupt eine Rolle spielen. Ist man der Meinung, daß der Erfinder für seine geistige Leistung unter möglichst günstigen und billigen Bedingungen den Patentschutz erlangen und behalten solle und daß das im Interesse der gesamten nationalen Wirtschaft liegt, so wird man natürlich für eine mäßige Bemessung der Patentgebühren sein und die vorhandenen Gebühren zweifellos als zu hoch erachten. Steht man aber auf dem Standpunkt, daß die weitgehende Entwickelung des Patentwesens im letzten Ende eine Hemmung für die freie Bewegung in der Industrie mit sich bringe, daß also die Erlangung und Erhaltung des Patentschutzes eher zu erschweren als zu erleichtern sei, so wird man nicht dieser Ansicht sein. Es ist nun nicht ohne Interesse, sich in einem kleinen historischen Rückblick zunächst zu vergegenwärtigen, welche Stellung im Laufe der Jahre die beteiligten Kreise, insbesondere auch der Centralverband Deutscher Industrieller, in dieser Frage eingenommen haben.

Der Centralverband hat sich, so viel ich sehe, mit dem Patentgesetz zuerst im Jahre 1886 beschäftigt. Damals stand, wie heute, die Patentreform auf der Tagesordnung. In der Ausschußsitzung vom 19. September 1886 ist nun die Frage der Patentgebühren überhaupt nicht berührt worden. Das geschah erst in den Verhandlungen der vom Ausschuß zur weiteren Beratung der Angelegenheit eingesetzten besonderen Kommission. In der Sitzung dieser Kommission vom 24. Oktober 1886 wurden die vom Bundesrat aufgestellten 22 Fragen zur Patentreform erörtert. Die Frage lautete:

> „Lassen die bisherigen Erfahrungen eine Erhöhung oder Ermäßigung einzelner Sätze:
>
> a) der Gebühren im Erteilungsverfahren,
>
> b) der Jahresgebühren
>
> geboten erscheinen?“

In der ganz kurzen Debatte sprachen sich zwei Redner dahin aus, daß die Jahresgebühren zu hoch seien. Es wurde dann aber schließlich mit sehr großer Mehrheit, und zwar auf Antrag des Düsseldorfer wirtschaftlichen Vereins, der in der Sitzung durch unseren hochverehrten Herrn Bueck persönlich vertreten war, beschlossen, daß eine Aenderung nicht geboten erscheine. Ebenso wie die Kommission des Centralverbandes sprach sich die von der Regierung im Jahre 1886 eingesetzte Enquetekommission, in der sich ja auch hervorragende industrielle Sachverständige befanden, gegen eine Ermäßigung aus.

Etwas anders lag die Sache schon 1891, als es sich um den Erlaß der Novelle zum Patentgesetz handelte. Soviel ich sehe, hat sich allerdings der Centralverband damals mit der Frage der Patentgebühren nicht beschäftigt. Dagegen kam in der Kommission, die der Reichstag zur Vorberatung des Regierungsentwurfs eingesetzt hatte, eine sehr lebhafte Strömung für die Ermäßigung der Patentgebühren zum Ausdruck. Die Regierung wußte zwar durch ihren energischen Widerspruch zu verhindern, daß ein bezüglicher Beschluß vom Reichstag gefaßt wurde. Es wurde aber dem § 8 des Gesetzes der bekannte letzte Absatz angefügt, durch welchen dem Bundesrat die Ermächtigung übertragen wird, die Patentgebühren zu ermäßigen. Es wurde ferner eine Resolution beschlossen dahin, daß der Bundesrat die Patentgebühren ermäßigen solle, wenn die Einnahmen aus denselben die unmittelbaren und mittelbaren Ausgaben der Verwaltung dauernd und erheblich übersteigen sollten.

Seit 1891 hat nun die Ueberzeugung, daß die bestehenden Patentgebühren zu hoch sind, immer weitere Kreise erobert. Das beweist einerseits das Ergebnis der letzten Umfrage des Centralverbandes bei seinen Mitgliedern, andererseits erweisen es die Verhandlungen des im vorigen Jahre stattgehabten Düsseldorfer Kongresses des deutschen Vereins für den Schutz des gewerblichen Eigentums. Bei der Umfrage des Centralverbandes haben sich, wie Herr Prof. Dr. Leidig uns mitgeteilt hat, mit einer einzigen Ausnahme sämtliche Befragte, die sich überhaupt zu diesem Punkte geäußert haben, dahin ausgesprochen, daß die Patentgebühren dringend einer Ermäßigung bedürften. Die Verhandlungen des Düsseldorfer Kongresses wurden, wie den Herren bekannt sein wird, vorbereitet durch eine besondere Kommission, und in dieser Kommission war die Gegnerschaft gegen die bestehenden Patentgebühren so weitgehend, daß der Beschluß gefaßt wurde, überhaupt von dem System der Jahresgebühren abzugehen. Es wurde vorgeschlagen, nach dem Vorgang des amerikanischen Patentgesetzes an die einzelnen Akte des Verfahrens: Anmeldung, Bekanntmachung und Erteilung eine Gebühr von je 50 M. zu knüpfen, so daß für die ganze Patentdauer lediglich eine Gebühr von 150 M. zu zahlen wäre. Diesem radikalen Beschlusse ist dann zwar der Kongreß nicht beigetreten, er hat aber einem Antrag des Vereins Deutscher Chemiker zugestimmt, der dahin ging, daß die Gebühren für die ersten fünf Jahre gleichbleibend auf je 50 M. bemessen und erst vom sechsten Jahre ab jährlich um 50 M. gesteigert werden sollten. Das würde zur Folge haben, daß statt 5300 M. nur 3500 M. für die ganze 15jährige Schutzfrist erhoben werden würden. Bezeichnend ist, daß in den ausführlichen Verhandlungen des Düsseldorfer Kongresses sämtliche Redner, die aus den Kreisen der Industrie, der Patentanwälte und der Rechtsanwälte zu Worte gekommen sind, sich darin einig waren, daß eine Ermäßigung grundsätzlich zu fordern sei. Die Ansichten gingen nur darüber auseinander, in welcher Weise die Ermäßigung zu erfolgen habe, ob durch Einführung einer Einheitsgebühr oder durch Ermäßigung der Jahresgebühren, und schließlich wurde mit sehr großer Mehrheit der schon erwähnte Weg empfohlen.

Es hat sich also seit 1886 ein vollständiger Umschwung der Meinungen vollzogen, und es ist jetzt, wie man wohl sagen kann, die einstimmige Ansicht der Beteiligten, insbesondere auch der industriellen Kreise, daß die bestehenden Gebühren zu hoch sind. Ich glaube, daß uns hiermit die Stellungnahme zu der Frage schon vorgezeichnet ist und daß ich die einzelnen Argumente nicht zu wiederholen brauche. Nur folgendes möchte ich hervorheben. Es kann wohl kaum bestritten werden, daß eine große Reihe nützlicher Patente infolge der übermäßigen Höhe der Patentgebühren vorzeitig verfällt und daß bei vielen anderen Patenten die Aufrechterhaltung in hohem Maße erschwert wird. Man ist auch in den Kreisen der Industrie fast allgemein auf dem Standpunkt angelangt, daß die Ausbildung und weitere Entwickelung des Patentschutzes grundsätzlich gefördert werden muß und daß schon deshalb eine Ermäßigung der Patentgebühren zu erstreben ist. Ich möchte noch betonen, daß in der Frage der Patentgebühren meiner Ansicht nach kein Gegensatz besteht, wie er früher öfter betont worden ist, zwischen der Großindustrie einerseits und der kleinen und mittleren Industrie bezw. dem einzelnen Erfinder andererseits. Heutzutage muß das großindustrielle Werk bestrebt sein, sich auf einem bestimmten Gebiet ein Monopol zu sichern und dieses besondere Gebiet durch Patente systematisch für sich auszubauen. Man ist ferner bei der internationalen Bedeutung des Erfindungsschutzes genötigt, auch im Auslande in großem Umfange Patente zu nehmen. Auf diese Weise spielt das Patentkonto auch bei den größten Werken eine erhebliche Rolle, und es wäre deshalb eine Ermäßigung der deutschen Patentgebühren auch für die Großindustrie von immerhin beträchtlicher Bedeutung.

Ich bin also der Meinung, daß unsere Kommission sich für eine Ermäßigung der Patentgebühren auszusprechen hat, und es würde sich nun weiter fragen, in welcher Weise der Beschluß zu fassen wäre. Dabei müßte nach meiner Ansicht von vornherein ausgeschieden werden, was keine Aussicht auf Annahme hat, das ist die Einheitsgebühr. Sie würde einerseits in finanzieller Beziehung eine grundstürzende Wirkung ausüben, andererseits würde bei ihrer Annahme mit dem bisher stets und ganz besonders auch von der Regierung vertretenen Gedanken gebrochen werden, daß die steigende Jahresgebühr erforderlich ist, damit der Patentinhaber von Jahr zu Jahr prüft, ob sich die Aufrechterhaltung des Patentes auch noch wirtschaftlich rechtfertigt (sehr richtig!), wodurch die Jahresgebühr die Funktion hat, gewissermaßen automatisch das deutsche Wirtschaftsleben von überflüssig gewordenen Patenten zu entlasten. Diese beiden Gesichtspunkte lassen es vollständig ausgeschlossen erscheinen, daß die verbündeten Regierungen einem Vorschlage, die Einheitsgebühr einzuführen, zustimmen könnten. Es kann sich also nur darum handeln, die Jahresgebühr entsprechend zu ermäßigen, und da erscheint der Vorschlag, den der Düsseldorfer Kongreß zum Beschluß erhoben hat, recht zweckmäßig. Einmal wird auf diese Weise ja in der Tat eine erhebliche Herabminderung der Gebühren erzielt; ich habe schon darauf hingewiesen, daß die Gesamtgebühr von 5300 M. auf 3500 M. zurückgeht. Ich halte ferner den Gedanken für recht glücklich, daß für die ersten fünf Jahre eine gleichmäßige Gebühr erhoben werden und erst später eine Steigerung eintreten soll. In den ersten fünf Jahren wird so der Patentinhaber nicht sehr erheblich in Anspruch genommen durch die Zahlung der Gebühr und kann seine finanziellen Kräfte auf die weitere Ausbildung der Erfindung konzentrieren. Später tritt mit den steigenden Gebühren das Moment hinzu, daß er alljährlich prüft, ob die Aufrechterhaltung sich lohnt im Hinblick auf die wirtschaftliche Bedeutung des Patentes.

Wenn ich hiernach meine, daß die Kommission sich grundsätzlich auf den Boden stellen soll, den der Düsseldorfer Kongreß betreten hat, so würde ich weiter fragen, ob wir uns einfach diesen Beschlüssen anschließen oder nur die Grundlinien für die gewünschte Ermäßigung der Gebühren festlegen sollen. Ich möchte mich mehr für das letztere aussprechen, und zwar deshalb, weil die Gebührensätze, die in Düsseldorf beschlossen worden sind, doch nicht die einzige Möglichkeit darstellen. In der Kongreßverhandlung selbst wurde vorgeschlagen, die Steigerungssätze nicht auf 50 M., sondern auf 30 M. festzulegen, und es wäre auch ein Mittelweg denkbar, oder es könnten sonst andere Modifikationen empfohlen werden. Ich glaube daher, der Zentralverband könnte sich damit begnügen, das Prinzip auszusprechen, und brauchte sich nicht auf bestimmte Sätze festzulegen.

Von diesem Grundgedanken ausgehend habe ich mir erlaubt, einen Beschluß zu entwerfen, der folgendermaßen lautet:

„Die Kommission hält eine Herabsetzung der Jahresgebühren, welche durch ihre einzig dastehende Höhe die gesunde Weiterentwickelung des Patentwesens hemmen und eine schwere Belastung des deutschen Wirtschaftslebens darstellen, für dringend geboten. Die Herabsetzung würde zweckmäßig in der Weise stattfinden, daß steigende Gebühren erst vom sechsten Jahre der Patentdauer ab erhoben werden.“

Vorsitzender: Meine Herren! Nach den so überaus klaren Ausführungen des Herrn Referenten habe ich das Empfinden, daß es sich bei uns mehr darum handeln wird, in welcher Weise die Gebühren herabzusetzen sein dürften, als darüber, ob überhaupt eine Ermäßigung erfolgen solle. Ich glaube, über die letztere Frage dürfte Einmütigkeit herrschen, wie sie ja auch in Düsseldorf annähernd gewesen ist.

Regierungsrat Professor Dr. **Leidig**-Berlin: Ich stimme dem Herrn Berichterstatter in allem bei; nur in einer Richtung möchte ich, wenn ich so sagen darf, einen schärferen Akzent in etwas legen. Daß das System der steigenden Jahresgebühren von der Industrie zu billigen ist, darüber herrscht wohl Einstimmigkeit, und da möchte ich den Herrn Berichterstatter bitten, sich damit einverstanden zu erklären — ich stehe auf dem Standpunkt (Zuruf: Wir wohl alle!) —, im Eingang zu sagen: das System der steigenden Jahressätze liegt im Interesse der deutschen Industrie, und dann erst fortzufahren. Wir haben einen taktischen Grund dazu. Eine industrielle Körperschaft, der Bund der Industriellen, hat ja vor einer Reihe von Monaten eine Umfrage veranstaltet, und der Bund vertrat auf Grund dieser Umfrage auf dem Düsseldorfer Kongreß die Auffassung, daß die Industrie Einheitsgebühren wünsche. Das ist auf dem Düsseldorfer Kongreß von der großen Mehrheit und meines Erachtens mit durchaus durchschlagenden Gründen, die ja Herr Justizrat Wandel eben vorgeführt hat, abgelehnt worden, und man hat sich meiner Ansicht nach durchaus berechtigter Weise für das System der steigenden Jahresgebühren ausgesprochen. Gegenüber diesem Vorgang aber, dann auch namentlich gegenüber der sehr scharfen und lauten Agitation, die von gewissen Kreisen für das Einheitsgebühren-System und zwar für eine möglichst niedrige Einheitsgebühr geführt wird, ist es doch notwendig, daß gerade die industriellen Kreise prinzipiell zu dieser Frage wieder einmal Stellung nehmen, und zwar, wie ich in Uebereinstimmung mit dem Herrn Referenten glaube, dahin, daß wir sagen: das System der steigenden Jahresgebühren liegt durchaus im Interesse der Industrie, um ebenso, wie es in Düsseldorf gesagt ist, einmütig die Meinung der Industrie klarzulegen.

Justizrat **Haeuser**-Hoechst a. M.: Ich möchte auch bitten, dem Antrag des Berichterstatters mit dem Amendement des Herrn Regierungsrat Leidig sich einstimmig auzuschließen. Ich glaube, daß im Interesse der Industrie damit das Richtige getroffen ist, und ich darf noch hinzufügen, daß auf dem Düsseldorfer Kongreß meiner Erinnerung nach von industrieller Seite keine Einwendung dagegen erhoben worden ist. (Zuruf: Bund der Industriellen!) — Richtig, das war mir entfallen. Dann muß ich diese Bemerkung als nicht ganz zutreffend zurücknehmen.

Ich hätte nur noch den Wunsch bei der Formulierung des Antrages, daß wir uns den Düsseldorfer Beschlüssen überhaupt anschließen sollen. Es ist ja richtig, es ist ein bestimmter, ziffernmäßiger Vorschlag, der ebenso gut in einer oder der anderen Beziehung noch geändert werden könnte. Aber ich glaube, es ist in taktischer Hinsicht doch wichtig, daß, wenn man an die Regierung herantritt, ein bestimmter Vorschlag von allen beteiligten Kreisen getragen wird. Das macht mehr Eindruck, als wenn man sagt: wir wünschen eine Herabsetzung; dann hat die Regierung einen außerordentlichen Spielraum und kann sagen: was wird denn eigentlich gewünscht, wir können es auch anders machen, und schließlich wird den Wünschen der beteiligten Kreise nicht genügend entsprochen. Aus diesen Gründen heraus hat man sich auf einen bestimmten Betrag in Düsseldorf mit großer Mehrheit geeinigt, der schon vorher, von dem Verein Deutscher Chemiker, ich glaube einimmig, angenommen war. Ich möchte vorschlagen, einen Zusatz zu machen, wonach die in den Beschlüssen des Düsseldorfer Kongresses enthaltenen Sätze angemessen erscheinen (Herr Dr. Goldschmidt: Damit man keinen Gegensatz herausliest!) — als Grundlage der Erörterung; wenn die Regierung noch weitergehen sollte, würden wir es dankbar akzeptieren.

Fabrikbesitzer Dr. **Goldschmidt**-Essen: Die Ausführungen des Herrn Justizrat Wandel waren so erschöpfend und entsprechen so vollkommen dem, was die Industrie wünscht, daß ich nicht das Wort ergriffen hätte, wenn ich nicht einen Irrtum aufklären möchte über die Stellung der Industrie in Düsseldorf. Herr Justizrat Haeuser hat gesagt, sie wäre einstimmig der Ansicht, daß die Gebühren ermäßigt werden sollen, aber unter Beibehaltung des jetzigen Systems der steigenden Jahressätze. Von seiten des Bundes der Industriellen hat der Patentanwalt Dr. Rauter das amerikanische System befürwortet mit dem Satze von je 50 M. für Anmeldung, Offenlegung und Erteilung, damit sollte die Sache ihr Ende haben. Das ist ja freilich eine industrielle Seite, auf die sich Herr Dr. Rauter berief. Es wurde eine Statistik von ihm im Saale verteilt, aber es wurde von Herrn Dr. Klöppel von den Elberfelder Farben-Fabriken sofort darauf hingewiesen, wie unvollkommen dieses Material war. Eine Reihe von Firmen hat keine Erfahrungen auf Gebieten der Erfindung und ist nicht berufen, ein Gutachten darüber abzugeben.

Vorsitzender: Nach den Ausführungen des Herrn Regierungsrat Leidig, des Herrn Justizrat Haeuser und des Herrn Dr. Goldschmidt hat der Herr Referent seinen Antrag ergänzt. Ich glaube, diesen Antrag jetzt noch einmal verlesen zu sollen, damit die Herren

Redner denselben zu kritisieren in die Lage kommen. Der Antrag lautet jetzt: „Das System der steigenden Jahresgebühren liegt nach Ansicht der Kommission im Interesse der deutschen Industrie. Die Kommission hält aber eine Herabsetzung der Patentgebühren, welche durch ihre einzig dastehende Höhe die gesunde Weiterentwickelung des Patentwesens hemmen und eine schwere Belastung des deutschen Wirtschaftslebens darstellen, für dringend geboten. Die Herabsetzung würde zweckmäßig in der Weise stattfinden, daß steigende Jahresgebühren erst vom sechsten Jahre der Patentdauer ab erhoben werden."

Es hat dann Herr Gondos mir folgenden Satz überreicht: „Die Kommission ist der Ansicht, daß die Einführung einer Einheitsgebühr nicht im Interesse der Industrie liegt." Im Interesse der Einhelligkeit unserer Beschlüsse halte ich dafür, daß dieser Satz des Herrn Gondos, der negativ ausdrückt, was der einleitende Satz des Herrn Referenten positiv ausdrückt, in den Beschluß nicht aufgenommen wird und bitte Herrn Gondos, sich mit dem Antrag des Herrn Referenten einverstanden zu erklären.

Direktor **Langen**-Cöln-Deutz: Mit dem Antrag in der jetzigen Form bin ich durchaus einverstanden. Ich möchte nur darauf hinweisen, daß in die Frage der Patentgebühren auch die Frage der Anmeldegebühren hinzuzunehmen ist. Wenn wir jetzt die laufenden Gebühren herabsetzen, so ist es vielleicht zweckmäßig, die Anmeldegebühr zu erhöhen. Von verschiedenen Seiten ist mir dieser Wunsch geäußert worden; ich persönlich lege der Sache keinen großen Wert bei, aber ich glaube, es ist doch zweckmäßig, die Frage hier zur Sprache zu bringen.

Ingenieur **Gondos**-Cöln: Mein Vorschlag ist ja lediglich taktischer Natur. Dem Sinne nach sagt er dasselbe wie der Vorschlag des Herrn Justizrat Wandel. Ich bin nun der Meinung, daß wir das direkt aussprechen und nicht indirekt. Ich ziehe den Antrag zurück.

Direktor Dr. **Bruckner**-Stralsund: Es ist gewiß selten, daß über eine so wichtige Frage die Anschauungen so einheitlich sind, und ich will Ihre Beratung nicht wesentlich aufhalten durch Vertretung eines entgegengesetzten Standpunktes. Aber ich will nur kurz motivieren, weshalb ich die ästhetische Freude über diese Einigkeit stören muß, obwohl ich einsehe, daß Ihr Standpunkt für eine große Reihe von Industrien der richtige ist. Aber die Industrie, die ich heute mit zu vertreten die Ehre habe, die deutsche Zuckerindustrie, hat keinerlei Gründe, eine Herabsetzung der Patentgebühren überhaupt zu wünschen. Ich könnte also für den ersten Satz der Resolution stimmen, aber den Schlußsatz muß ich ablehnen. Ich beschränke mich darauf, dieses mein Votum hiermit zu begründen.

Regierungsrat Professor Dr. **Leidig**-Berlin: Nach dem, was eben Herr Dr. Bruckner sagt, ist das etwas schwer, was ich sagen will. Nachdem ich mit einigen Herren noch gesprochen habe, muß ich sagen, daß es doch notwendig sei, daß die Herabsetzung der Patentgebühren nicht bis zu dem späten Zeitpunkt hinausgeschoben wird, zu dem wir das neue Patentgesetz bekommen werden. Das ist bei diesem System der steigenden Jahresgebühren ja auch nicht notwendig. Nach dem jetzt geltenden Patentgesetz hat der Bundesrat das Recht, einen solchen Vorschlag, der ja von Sachkenntnis getragen ist, ohne weiteres zu dem seinigen zu machen. Nun aber haben die Herren, mit denen ich soeben gesprochen habe, gesagt: das ist rechtlich richtig, aber tatsächlich wird der Bundesrat diesen Weg nicht gehen. Ich habe es für notwendig gehalten, daß diese Ansicht geäußert wird und in den stenographischen Bericht hineinkommt, den ja die Mitglieder des Bundesrats zu Gesicht bekommen und den sie gewiß sorgsam und eifrig studieren werden, damit sie wissen, daß man den dringenden Wunsch hat, daß sie von den Kompetenzen des Bundesrats auch tatsächlich Gebrauch machen. Ob es geschieht, lasse ich dahingestellt, und ich will deshalb auch dahingestellt sein lassen, ob der Centralverband die Frage aufnehmen und die Herren vom Bundesrat auf diese ihre Kompetenz aufmerksam machen will. Wenn die Herren glauben, daß bei dem ja jetzt nicht gerade blühenden Zustand der Reichsfinanzen es nicht möglich sein wird, das zu erreichen, daß der Bundesrat auf 1½ Millionen Ueberschuß bei den Patentgebühren verzichtet, will ich es Ihnen überlassen, ob Sie diesen Zusatz aufnehmen. Immerhin könnte man den Versuch machen.

Vorsitzender: Die Rednerliste ist erschöpft. Es liegt nur ein Antrag vor, das ist der Antrag des Herrn Berichterstatters. Wünschen die Herren, daß ich ihn noch einmal verlese? — Das ist nicht der Fall. Wir schreiten zur Abstimmung. Ich bemerke, daß ich gedenke, derart abstimmen zu lassen, daß ich über den ersten Satz: „Das System der steigenden Jahresgebühren liegt nach der Ansicht der Kommission im Interesse der deutschen Industrie" zunächst abstimmen lasse.

Dieser Satz wird einstimmig angenommen.

Der zweite Satz heißt: „Die Kommission hält aber eine Herabsetzung der Patentgebühren, welche durch ihre einzig dastehende Höhe die gesunde Weiterentwickelung des Patentwesens hemmen und eine schwere Belastung des deutschen Wirtschaftslebens darstellen, für dringend geboten. Die Herabsetzung würde zweckmäßig in der Weise stattfinden, daß steigende Jahresgebühren erst vom sechsten Jahre der Patentdauer ab erhoben werden. Die von dem Düsseldorfer Kongreß vorgeschlagenen Sätze erscheinen angemessen."

Dieser Teil des Antrags des Referenten wird mit allen gegen eine Stimme angenommen.

3. Die Gerichtsbarkeit in Patentsachen.

Berichterstatter: Regierungsrat Professor Dr. **Leidig**-Berlin: Es geht bei uns etwas schneller als auf dem Kongreß in Düsseldorf, und um darin nicht zu stören, entspricht es, glaube ich, auch jetzt Ihren Wünschen, daß ich mich kurz fasse. Ich befinde mich allerdings in diesem Punkte in einer etwas eigenartigen Situation. Herr Justizrat Haeuser und ich gehören der Kommission des Vereins zum Schutze des gewerblichen Eigentums an, die sich im Laufe des Winters eingehend mit dieser Frage beschäftigt hat. Ich bin also über diese Beratungen und Beschlüsse unterrichtet. Nun wäre es eine etwas illoyale Konkurrenz, wenn wir dem Verein hier seine Beschlüsse und Gründe hinwegnehmen, und ich will deshalb nicht darauf eingehen, sondern mich hier an die Sache halten; natürlich in meinem Innern kann ich die Beschlüsse nicht wegstreichen.

Wir haben uns erlaubt, diesen Punkt hier auf die Tagesordnung zu setzen, gerade um deswillen, weil der Verein zum Schutze des gewerblichen Eigentums im Laufe dieses Jahres, im Herbst, in Leipzig einen Kongreß abhält, der sich im wesentlichen mit der Frage der Gerichtsbarkeit in Patentsachen beschäftigen soll — ein Thema, das ja schon jetzt erhebliche Gegensätze hervorgerufen hat, und bei dem es wünschenswert ist, daß vor diesem Kongreß innerhalb der deutschen Industrie selbst eine gewisse Einigung in den Grundsätzen erzielt wird.

Die Klagen, die über die Gerichtsbarkeit in Patentsachen erhoben werden, sind alt, wenn ich auch persönlich auf dem Standpunkt stehe, daß sie nicht in der Eigenheit der Patentsachen liegen. Sie gehen nach der Richtung hin, daß die deutschen Richter bei ihrer ganzen Ausbildung nicht in der Lage seien, in diesen Fragen zu entscheiden, die zum Teil in die tiefsten Geheimnisse der Technik eingreifen, und die geprüft und erkannt werden können nur auf Grund einer eingehenden naturwissenschaftlichen und technischen Kenntnis, vielfach sogar nur auf Grund einer höheren mathematischen Kenntnis, und daß nach dieser Richtung den deutschen Juristen die Möglichkeit zu geben sei, in das Sachverständnis dieser Materie einzudringen, so daß sie tatsächlich richtige Entscheidungen treffen können. Um deswillen ist seit langem der Wunsch ausgesprochen, eine andere Gestaltung unserer Gerichtsbarkeit in Patentsachen herbeizuführen, und auch da gehen die Anschauungen wieder nach zwei Richtungen: Eine Anschauung glaubt den Weg zum Bessern dahin gefunden zu haben, daß die Gerichtsbarkeit dem Patentamt selbst anzugliedern sei, daß also die ganze Materie der Patentstreitigkeiten aus dem ordentlichen Gerichtsverfahren herausgenommen und daß, so wie jetzt das ganze Verfahren der Patenterteilung und das Nichtigkeitsverfahren sich im Patentamt abspielt, auch die Streitigkeiten, die sich daraus ergeben, dort erledigt werden. Ich glaube, daß Herr Direktor Langen nachher auf diese Frage in seinem Referate eingehen wird.

Die zweite Anschauung geht dahin, nicht diesen radikalen Schnitt zwischen der ordentlichen Gerichtsbarkeit und den Patentsachen vorzunehmen, aber innerhalb der ordentlichen Gerichtsbarkeit eine Sonderorganisation einzurichten, in der das technische Element in anderer Weise als bisher mitwirken kann. Auch heute wirkt ja der Techniker mit, aber lediglich als Sachverständiger, und hier tritt nun eine zweite Frage ein, die nicht ganz umgangen werden kann, weil sie für die endliche Entscheidung von Wert ist, die Klagen, die in sehr lebhafter Weise über die Gestaltung des heutigen Sachverständigenwesens erhoben werden. Denn gerade daß heute aus der Industrie heraus behauptet wird, daß die Gestaltung des Sachverständigenwesens völlig unzulänglich ist, ist einer der Gründe, aus denen eine Aenderung der Organisation gewünscht wird. Ich habe mir erlaubt anzuführen, daß die Klagen nicht eigentlich etwas dem Patentrecht eigentümliches sind, sondern ebenso zutreffend oder nach derselben Richtung erhoben werden können hinsichtlich — ich möchte sagen — fast jedes einzelnen verwickelteren Rechtsstreits. In jedem Falle handelt es sich um Fragen, die aus dem wirtschaftlichen und sozialen Leben heraus dem Richter vorgelegt werden, und bei denen dem Richter klargelegt werden muß, wie der Streitstoff sich darstellt, auf den er das Gesetz juristisch anzuwenden hat. Das trifft nicht nur zu auf diese Fragen, die sich aus den Patentansprüchen ergeben, sondern auch auf verwickelte Fragen des Handelsrechts, des Schiffahrtsrechts, auf Fragen des Bauhandwerks und eine große Reihe von anderen Fragen. Dieselben schwierigen naturwissenschaftlichen Fragen können sich ja auch ergeben aus Streitigkeiten, die mit Patentsachen gar nichts zu tun haben, z. B. aus Lieferungsverträgen usw.; ich will nur hervorheben, bei den Lieferungsverträgen auf dem Gebiete der chemischen Industrie, der Halbfabrikation, können alle diese naturwissenschaftlichen und technischen Fragen zum Gegenstand des Streites werden, ohne daß die Frage des Patentrechts eine Rolle spielt. Ich stehe daher auf dem Standpunkt, daß die Klagen in Wirklichkeit aus der immer mehr zunehmenden Kompliziertheit unseres wirtschaftlichen Lebens hervorgehen. Es wird aber anerkannt werden müssen, daß auf dem Gebiete des Patentrechts sich diese Klagen mit besonderer

Wucht seit einer Reihe von Jahren erhoben haben, und daß es deshalb vom Standpunkt der Industrie aus notwendig ist, Wege zu suchen, auf denen eine Abhilfe geschaffen werden kann.

Nun, meine geehrten Herren, hat sich die preußische Justizverwaltung in der einem Teil der Herren ja bekannten dramatischen Entwicklung, die sich auf dem Düsseldorfer Kongreß bis in das Essen hinein abspielte, auf den Standpunkt gestellt, unter allen Umständen einer Abtrennung der Patentsachen von der ordentlichen Gerichtsbarkeit, als den Interessen der deutschen Rechtspflege auf das entschiedenste widersprechend, Widerstand entgegenzusetzen, und sie hat gleichzeitig in Düsseldorf durch den Mund des damaligen Kommissars des Justizministers angekündigt, daß man versuchen werde, diese Klagen, deren Berechtigung man an sich erkenne, dadurch zu beseitigen, daß durch verwaltungstechnische Maßnahmen in der Organisation der Gerichtsbehörde eine Abhilfe gesucht wird. Das ist inzwischen ja auch geschehen. Ich darf wohl annehmen, daß den meisten Herren die betreffende Verfügung des preußischen Justizministers bekannt geworden ist. Sie versucht eine Abhilfe der bestehenden Uebelstände nach zwei Richtungen: einmal dadurch, daß sie vorschlägt, bei den größeren Gerichten die Patentsachen in einer Kammer zu konzentrieren, bei den Landgerichten und bei den Oberlandesgerichten; das ist hier beim Landgericht I Berlin, welches bei weitem die meisten Patentsachen zu entscheiden hat, geschehen und, wie von den meisten Interessenten anerkannt wird, mit gutem Erfolg.

Eine zweite Abhilfe, auf die aber der Justizminister keinen Einfluß hat, wäre die, daß die Parteien sich auf eine Kammer verständigen, daß sie sich vereinigen, ihren Gerichtsstand bei dieser Kammer zu nehmen. Das geschieht ja auch; durchgängig diesen Erfolg zu erreichen, ist ausgeschlossen, und vor allem überall da, wo der Kampf von beiden Seiten mit großer Erbitterung geführt wird. Ebenso wenig wie es dann gelingt, ein Schiedsgericht herbeizuführen, wird es gelingen, eine solche Vereinbarung herbeizuführen. Es ist ja aber noch anders als beim Schiedsgericht; diese Einigung läßt sich nicht im friedlichen Zustand machen, sondern man tritt an die gerichtliche Austragung erst heran, wenn sich schon ein Gegensatz zwischen den beiden Parteien ergeben hat, der selten zu einem Ausgleich führt. Es ist nun natürlich möglich, die Kammer, der viele Patentsachen zur Entscheidung überwiesen sind, wie hier beim Landgericht I, so zu besetzen, daß man Richter auswählt, die für naturwissenschaftliche und technische Fragen Interesse und auch die Möglichkeit des Verstehens mitbringen, es ist möglich, daß sich diese Richter in langjähriger Tätigkeit in ähnlicher Weise, wie die juristischen Mitglieder des Patentamts, in diese Fragen hineinarbeiten und in sie eindringen. Das bleibt aber ausgeschlossen — und das ist die Klage, die in der Industrie erhoben wird — für alle diejenigen Kammern, bei denen vielleicht alle paar Jahre einmal ein solcher Patentstreit stattfindet. Da hängt es von dem Zufalle ab, wer Referent in diesem Patentstreit wird, und es hängt noch mehr von der Auswahl der Sachverständigen ab, weil die Richter ja unbeholfen und namentlich ohne jede Kenntnis der Personalien dastehen. Das sind Schwierigkeiten, die aber — ich möchte das auch hier wieder hervorheben — nicht etwas spezifisch Eigentümliches für das Patentrecht sind, sondern auch auf anderen Gebieten sich zeigen. Nehmen wir an, es kommt beim Landgericht Brandenburg oder Neu-Ruppin durch Zufall ein Prozeß vor, der sich auf Schiffahrtsfragen bezieht oder bei dem nach dem englischen Handels- und Seeschiffahrtsrecht zu entscheiden ist, so werden sich die Richter auch recht unglücklich gegenüber diesem ihnen ganz fremden Stoff verhalten.

Die Herren werden vielleicht schon aus meinem Referat als Untergrund meiner Auffassung erkannt haben, daß auch ich auf dem Standpunkt stehe, daß eine Entziehung der Patentsachen aus der ordentlichen Gerichtsbarkeit kaum möglich ist, auch schon aus einem prinzipiellen Grunde, den der Centralverband Deutscher Industrieller im Laufe der letzten Jahre ständig festgehalten hat. Wir haben uns immer gegen die zunehmende Zersplitterung unseres Gerichtswesens gewandt. Nachdem wir im Laufe einer vielhundertjährigen Entwickelung dazu gekommen sind, es endlich zu vereinheitlichen, und nachdem dies im Laufe des 18. und 19. Jahrhunderts glücklicherweise durchgeführt ist, da hat sich seit ein paar Jahrzehnten die Reaktion dagegen gezeigt, und wir sind dazu gekommen, immer neue Gebiete herauszunehmen und zu Standesgerichten, Sondergerichten überzuführen; ich erinnere an die Gewerbegerichte und Kaufmannsgerichte. Neben Gewerbegerichten und Kaufmannsgerichten haben wir noch eine Reihe anderer Gerichte; man könnte als solche auch das Patentamt selbst anführen in seiner Nichtigkeitsabteilung. Gegen diese Zersplitterung hat die Industrie auf anderen Gebieten lebhafte Bedenken erhoben, und wir im Zentralverband Deutscher Industrieller haben gerade mit aus diesem Gesichtspunkte damals gegen die Errichtung der Kaufmannsgerichte Bedenken erhoben und gewünscht, daß ein Sonderverfahren dem Amtsgericht angeschlossen werde. Ich glaube, daß wir annehmen dürfen, daß die Entwickelung in absehbarer Zeit diesen umgekehrten Weg wieder geht. Die Zivil-Prozeß-Novelle weist ja darauf hin, daß wir in absehbarer Zeit wieder auf diesen umgekehrten Weg kommen werden, nachdem die Vereinfachung des Verfahrens, wie sie die Gewerbegerichte und Kaufmannsgerichte gebracht haben, für den gesamten amtsgerichtlichen Prozeß verwertet worden ist. Deshalb meine ich, ist ein Ausweg aus diesen Schwierigkeiten nur dann gegeben, wenn wir uns auf den Standpunkt stellen, eine Organisation zu schaffen, die die Patentstreitigkeiten innerhalb der ordentlichen Gerichtsbarkeit beläßt und organisatorische Maßnahmen nur nach der Richtung trifft, daß Sachkundige für diese Prozesse genommen werden. Und da komme ich allerdings zu den Kammern für Handelssachen. Wir haben in den Kammern für Handelssachen ja ein Vorbild, wie man eine Anzahl in ihren Verhältnissen eigenartig gestalteter Streitsachen einer besonderen Organisation innerhalb der ordentlichen Gerichte überweisen kann. Dort sind die Wechsel- und Handels-Angelegenheiten einer besonderen Kammer des Landgerichts überwiesen worden, bei der nur der Vorsitzende ein Jurist ist und Herren als Mitrichter sitzen, die dem Kaufmanns- und gewerblichen Stande entnommen sind. Ich will nicht behaupten und ich würde da weiten Anschauungen innerhalb der Industrie und des Handels widersprechen, wenn ich sagen wollte, daß die Kammern für Handelssachen als nach allen Richtungen bewährte Institutionen anzusehen sind. Das ist nicht der Fall. Immerhin haben wir eine ganze Reihe Kammern für Handelssachen, die von großem Vertrauen der beteiligten Kreise getragen werden, und ich glaube, daß, wenn überhaupt eine Organisation geschaffen werden soll, sie an diese Einrichtung anknüpfen sollte.

Eine andere Organisation, die vorgeschlagen ist, die sich gleichfalls innerhalb des Rahmens der ordentlichen Gerichtsbarkeit halten würde und auf den ersten Blick etwas sehr Bestechendes hat, möchte ich ablehnen, eine Organisation nach dem Vorbilde der Schöffengerichte. Auch da finden Sie, daß an den Beratungen teilnehmen: ein Jurist und zwei aus den Kreisen des bürgerlichen Lebens entnommene Mitglieder. Man könnte ja sagen, es ist zweckmäßig, daß auch hier aus einer großen Liste — ähnlich wie auch bei den Schiedsgerichten für Arbeiterversicherung — zwei Personen herausgenommen werden, die mitentscheiden. Ich glaube, daß alles, was gegen die Schöffengerichte in ihrer jetzigen Gestaltung spricht, noch in viel höherem Maße in dieser schwierigen Frage geltend gemacht werden kann. Sie bekommen dann eine Anzahl von Herren, die ohne ständige Fühlung mit der Gerichtsbarkeit, ohne Kenntnis der Präjudizien und der ständigen Entscheidungen, von Zeit zu Zeit, vielleicht ein- oder zweimal im Jahre, herangezogen werden, die sich gegenseitig nicht kennen, nicht die Empfindung eines einheitlichen Kollegiums haben, die andererseits den Anforderungen des Juristen, der sie darauf hinweist, daß die Gleichmäßigkeit der Rechtsprechung erhalten werden muß, hilflos preisgegeben sind, und dadurch entsteht, daß im großen und ganzen die Schöffen vielfach nur eine ornamentale Beigabe des Amtsrichters sind. Ich will nun nicht behaupten, daß das in dieser Weise künftig auch bei den patentrechtlichen Schöffengerichten entstehen würde. Das ist ausgeschlossen, mit Rücksicht auf die anderweitige Qualifikation der Beisitzer. Ich möchte aber als einen der wesentlichsten Vorteile, gerade der Kammern für Handelssachen, den bezeichnen, daß dort die Handelsrichter auf längere Zeit bestimmt sind, daß ihnen Gelegenheit gegeben ist, dadurch, daß sie ziemlich häufig zusammen beraten, in ähnlicher Weise wie beim Patentamt sich einarbeiten zu können, daß sie zur Bildung einer ständigen Praxis und Tradition im Gerichtshof selbst beitragen.

Wenn deshalb — und ich muß zugeben, daß der Wunsch nach einer Heranziehung technischer Elemente in den Kreisen des gewerblichen Lebens sehr weit verbreitet und sehr lebhaft ist — wenn deshalb diesem Wunsche nach einer gewissen Richtung hin entsprochen werden soll, so würde ich mich dafür aussprechen, eine Organisation zu schaffen, ähnlich wie es bei den Kammern für Handelssachen der Fall ist, eine Organisation, die aber entsprechend der Bedeutsamkeit sowohl der juristischen wie der technischen Fragen hier abgehen sollte von der Organisation der Kammern für Handelssachen, bei denen es sich um einen Juristen und zwei Mitglieder aus den gewerblichen Kreisen handelt, sondern bei der es vielleicht zweckmäßig wäre, ein größeres Kollegium zu schaffen. Ich will allerdings nicht verkennen, daß, wenn man ein größeres Kollegium schafft, ein schärferer Eingriff in die ganze organisatorische Einrichtung der Gerichte erfolgt. Bei den Landgerichten entscheiden wir in der Besetzung von 3, bei den Oberlandesgerichten von 5, beim Reichsgericht von 7 Mitgliedern. Es würde sich also hier um ein Novum handeln, wenn man dazu käme, vielleicht in der unteren Instanz in der Besetzung von 2 Juristen und 3 Technikern oder 3 Juristen und 2 Technikern zu entscheiden, so daß eventuell von einem größeren Kollegium an ein kleineres zu apellieren wäre. Aber ich glaube, das sind Fragen, die uns im jetzigen Stadium der Erörterung eigentlich nicht so nahe berühren. Ich würde meinerseits glauben, daß es genügt, wenn wir als Grundsätze aufstellen einmal: die Abtrennung der Patentstreitigkeiten von der ordentlichen Gerichtsbarkeit ist nicht erwünscht; andererseits: eine Organisation innerhalb der ordentlichen Gerichtsbarkeit, welche den technischen Einfluß auf die Entscheidung selbst vermehrt, ist bei Patentstreitigkeiten erforderlich. Es handelt sich um die auf dem Gebiete der verwaltungsgerichtlichen Rechtsprechung ungemein bewährte Organisation, daß das sachverständige technische Element herangezogen werden soll, mit dem juristischen Elemente in einem Kollegium die Entscheidung zu finden. Nun tritt aber das eine ein, und das ist das einzige, was für die schöffengerichtliche Entscheidung spricht: es ist wahrscheinlich, daß sie, wenn sie den einzelnen aus einer größeren Liste herausziehen dürfen, Spezialsachverständige, wenigstens Sachverständige aus den Kreisen der betreffenden Industrie heranziehen können, während bei einer Organisation, bei der ähnlich wie beim Kreisausschuß oder Magistrat oder den Kammern für Handelssachen ein eng begrenzter Kreis von Mitgliedern besteht, die nun häufig herangezogen werden, oft nicht die Möglichkeit gegeben sein wird, Personen zu gewinnen, die auch auf dem Spezialgebiet sachkundig sind. Aber ich möchte glauben, daß dieses Verlangen auch zu weit geht. Damit negieren Sie die Möglichkeit einer Rechtsprechung überhaupt. Auch hier handelt es sich, wie bei jeder Rechtsprechung, darum, daß der durch die Parteien unter Mithilfe des Gerichts festgestellte Streitstoff unter juristische Gesichtspunkte gestellt wird und die Norm des Gesetzes darauf Anwendung zu finden hat, gleichgültig, ob es sich nun darum handelt — setzen wir den einfachen Fall einer Alimentenklage — oder um einen ganz verwickelten technischen Patentstreitstoff; wenn das so ist, dann genügt es, daß die technischen Beisitzer nur überhaupt in der Lage sind, sich in technische Tatsachen und Vorgänge hineinzudenken und aus ihrer gemeinschaftlichen Beratung mit den juristischen Mitgliedern zu einer gemeinschaftlichen und einheitlichen Auffassung zu kommen.

Die Auffassung, die in gewissen Kreisen vertreten wird, daß mit der Einführung der Techniker in das Richterkollegium Sachverständige überflüssig sein würden, ist aus allgemeinen und praktischen Gründen durchaus unrichtig; aus allgemeinen Gründen eben um deswillen, weil nach dem ganzen Aufbau der Zivil-Prozeß-Ordnung, die doch im wesentlichen auch bei einer Neuordnung diese Auffassung behält, die zivil-prozessualische Entscheidung auf dem Parteivorbringen beruht; aber auch aus praktischen Gesichtspunkten, weil die Parteien in ihrem eigensten Interesse niemals darauf verzichten können, ihre Anschauungen und ihre Ansprüche, die sie vertreten, durch das Mittel der Sachverständigen, die ihnen Recht geben — denn das ist doch der Zweck, daß ihre Auffassung sachverständig begründet wird —, zu befestigen und dem Gericht die Entscheidung zu erleichtern, oder doch zu erhoffen, daß die Entscheidung im günstigen Sinne ausfällt. Wenn dem so ist, dann genügt es, daß Techniker gefunden werden, die in der Lage sind, technischen Vorträgen mit Verständnis zu folgen. Daß dem so ist, und daß das genügt, dafür möchte ich auf einen anderen Stand hinweisen. Das ist die Medizin. Auch da hat sich eine immer weitergehende Spezialisierung herausgebildet, die zu ganz abgegrenzten Wissensgebieten führt; trotzdem ist die Möglichkeit gegeben, mit Hilfe der einzelnen Spezial-Sachverständigen zu richterlichen Entscheidungen zu gelangen, wobei die Sachverständigengutachten nachgeprüft werden, bei uns in Preußen vom Medizinal-Kollegium nachgeprüft werden können, obwohl es sich bei diesem Kollegium nicht um Spezialsachverständige handelt. Das ist ja nicht ganz dasselbe, aber es läßt sich doch dafür anführen. Es tritt ja allerdings — und es würde sich fragen, ob unsere Diskussion sich auch nach der Richtung bewegen soll — die eine Schwierigkeit hinzu: daß in weiten Kreisen behauptet wird, es gibt überhaupt keinen objektiven Sachverständigen. Und insbesondere befindet sich das Gericht, das doch im letzten Grunde die Bestimmung der Sachverständigen haben soll, in einer großen Reihe von Fällen völlig in die Hände der Parteien gegeben, die entweder vorher in der Lage sind — es findet sich ja in dem Büchelchen von Rathenau eine ganze Reihe von Beispielen dafür —, den Kreis der Sachverständigen zu beschränken, indem sie sich von einer Reihe Privatgutachten erteilen lassen und dadurch diese Reihe der Sachverständigen für die Dauer des Prozesses ausschalten, sei es, daß die Sachverständigen in geschäftlicher Beziehung mit der betreffenden Firma stehen, so daß die Möglichkeit, unparteiische Sachverständige zu finden, überhaupt nicht vorhanden sein kann. Das mögen ja Schwierigkeiten sein, die wiederum nicht unbedingt mit dem Patentrecht zusammenhängen; das ist aber, glaube ich, eine Frage, die eigentlich etwas abseits unserer jetzigen Erörterung liegt. Man hat vorgeschlagen, daß Hochschullehrer zur Abgabe von Gutachten verpflichtet werden sollen; aber gerade die letzten Erörterungen im Verein der deutschen Maschinenbauanstalten haben gezeigt, daß die Hochschullehrer doch auch nicht immer ohne weiteres als objektive Sachverständige bezeichnet werden können, und ähnlich wird es vielleicht auch auf anderen Gebieten der Industrie liegen. Der Wunsch, daß Beamte des Patentamts oder der physikalisch-technischen Reichsanstalt verpflichtet werden sollen, sich als Sachverständige vernehmen zu lassen, das sind ja Fragen, die mit der Organisation des Gerichtswesens nur in sehr mittelbarer Beziehung stehen. Ich habe aber geglaubt, sie erwähnen zu sollen, weil sehr lebhafte Klagen der Industrie hauptsächlich an das Sachverständigenwesen anknüpfen.

Ich glaube, Ihre Zeit schon etwas zu lange in Anspruch genommen zu haben, und möchte mich daher dahin resumieren: Ich möchte vorschlagen, daß die Herren sich dahin aussprechen, die Patentstreitigkeiten der ordentlichen Gerichtsbarkeit zu belassen. Es besteht aber der Wunsch, daß innerhalb der ordentlichen Gerichtsbarkeit eine anderweitige Organisation geschaffen wird, in der Weise, daß technisch vorgebildete Personen in das Richter-Kollegium hineingezogen werden. Weiter zu gehen, weitere Vorschläge zu machen für die Organisation dieser künftigen Kammern für Patentstreitigkeiten, wie ich sie einmal nennen will, scheint mir noch nicht die Aufgabe zu sein. Eine andere Frage, falls die Herren sich für diese Vorschläge aussprechen, wird dann allerdings zu erörtern sein. Ich bin nämlich der Meinung, daß, wenn man besondere Kammern für Patentstreitigkeiten schaffen will, es dann nicht möglich ist, an dem jetzigen Zustand der Dezentralisation festzuhalten; daß es nicht möglich ist, bei den jetzigen 174 deutschen Landgerichten überall eine Kammer für Patentsachen einzurichten, sondern daß es vielmehr notwendig ist, zu zentralisieren — was auch nicht unerhört ist —, wir haben es bei den Kammern für Handelssachen, beim Musterschutz usw. Stimmen die Herren dem zu, daß eine gewisse Zentralisierung eintritt, (wobei ich nicht so weit gehen will, zu sagen, daß nur 2 Kammern errichtet werden, etwa eine in Berlin und eine in Düsseldorf für ganz Preußen —, aber daß doch eine Reihe von Landgerichten herangezogen wird, dann kommen wir zu einer Organisation, die sich völlig systematisch einfügen läßt in unsere Gerichts-Organisation, und bei der sogar die Möglichkeit gegeben wäre, sie bei der jetzigen Novelle zur Zivil-Prozeß-Ordnung zu berücksichtigen. Soweit ich die Sache übersehe, sind besondere Bedenken gegen die Rechtsprechung des Reichsgerichts nicht erhoben, es würde dann also das Reichsgericht als letzte Instanz, und zwar lediglich als Revisionsinstanz, bestehen bleiben. (Beifall.)

Vorsitzender: Ich eröffne die Diskussion.

Ingenieur **Edmund Levy**-Berlin: Ich möchte den so erschöpfenden Ausführungen des Herrn Regierungsrat Leidig nur ein weiteres Argument hinzufügen, welches meiner Auffassung nach gerade für die Industrie von nicht unerheblicher Bedeutung ist. Wir leben im allgemeinen unter dem Zeichen des Schlagwortes „Schutz den wirtschaftlich Schwächeren", und unter diesem Schlagwort haben wir, glaube ich, wohl alle mit den Sondergerichtshöfen Erfahrungen gemacht, die nicht immer für uns besonders erfreulicher Natur gewesen sind. Ich glaube, so mancher hat schon das Gefühl gehabt, daß er zum Kaufmannsgericht gegangen ist als der wirtschaftlich Stärkere, und sich dort im Grunde als der wirtschaftlich Schwächere gefühlt und den Eindruck gehabt hat, daß dieser oder jener Angestellte, der den Prozeß angestrengt hat, ihm zwar schweres Unrecht zugefügt, aber zum Schluß Recht bekommen hat. (Zwischenruf.) Ich glaube, wir haben als Industrielle wenig Interesse daran, daß vor Gericht der Wunsch auftaucht, die kleinen Erfinder gegen die habgierigen großen Fabriken in Schutz zu nehmen. Und ich habe die Befürchtung, daß diese Anschauung ziemlich allgemein Platz greifen könnte, wenn wir Sondergerichte hätten, die abgetrennt sind von dem öffentlichen Gerichtsverfassungssystem. Ich möchte aus diesem weiteren Grunde heraus bitten, von der Schaffung der Sondergerichte abzusehen, möchte aber des weiteren bitten, wenn es angängig und im Rahmen der Verhandlungen und des taktischen Programms möglich ist, es doch als wünschenswert hinzustellen, daß eine Aenderung des Sachverständigenwesens in die Wege geleitet wird, wie das ja allerdings durch einen Erlaß des Justizministers bereits angestrebt wird. Wenn es gelingt, diesen Erlaß, welcher einen von allen wohl einmal am eigenen Leibe erfahrenen Uebelstand verbessert, überall in die Praxis umzusetzen, so glaube ich, daß dann nicht die geringste Veranlassung vorliegt, Sondergerichte zu schaffen, und daß des weiteren auch aus den von mir angeführten Gründen die Industrie in ihrer Gesamtheit die letzte ist, die den Wunsch haben sollte, sich durch Sondergerichtshöfe unter Umständen Schwierigkeiten im eigenen Hause zu schaffen.

Fabrikbesitzer Dr. **Goldschmidt**-Essen: Es ist wohl kein Zweifel, daß allseitig anerkannt wird, daß die Gerichtsbarkeit in Patentangelegenheiten und in allen besonders komplizierten technischen Fragen bei uns sehr unzulänglich ist. Die Ursache liegt sehr tief; sie liegt meiner Ansicht nach in der Ausbildung der Richter. Nur ein Teil der Richter, vielleicht nur ein kleiner Teil, ist infolge der Ausbildung imstande, schwierigen technischen Dingen zu folgen, sich in sie einzuarbeiten. Es ist ja zweifellos bereits ein erheblicher Fortschritt durch die Verfügung des Ministers erzielt, daß wir in Preußen eine Anzahl von Kammern haben, die nun speziell die Patentangelegenheiten behandeln sollen. In diesen Kammern können dann Richter sitzen, die in diesem Gebiete sich besonders einarbeiten und allmählich die Fähigkeit erhalten, zum Teil bereits besitzen, auf diesem Gebiete richtige Entscheidungen zu treffen. Natürlich ist das nur ein Notbehelf, denn es gibt selbstverständlich eine Anzahl Gegenden, in denen eine derartige Patentkammer gegenstandslos ist, weil an dem Ort so selten Patentstreitigkeiten vorkommen, daß die Kammer zwar immer dieselbe ist, aber die Richter, die in der Kammer sitzen, inzwischen gewechselt haben. Wir werden die Klagen über mangelhafte Fähigkeit der Richter, nicht nur in Patentsachen, sondern überhaupt in schwierigen technischen Sachen richtig zu urteilen, erst dann verringern und beseitigen, wenn wir ein anderes Richtermaterial zur Verfügung haben, mehr Richter haben, die in der Lage sind, sich hineinzuarbeiten in technische Fragen, und das wird sehr lange dauern, bis die Herren, die das Realgymnasium oder die Oberrealschule durchgemacht haben, Richter werden. Die werden zweifellos besser in der Lage sein, infolge der besseren Vorbildung in Naturwissenschaften, sich in diese Dinge zu vertiefen; denn das ist mir bekannt durch Unterhaltung mit tüchtigen Richtern, daß sie vor diesen technischen Dingen eine gewisse Angst haben. Sie sagen, in chemische Sachen können wir uns gar nicht einarbeiten, da sind wir ganz auf den Sachverständigen angewiesen. Und damit legt der Richter die Entscheidung, die ihm obliegt, in die Hand des Sachverständigen. Er muß die Fähigkeit haben, sich einzuarbeiten, und Sache der Parteien ist es, die Dinge so klarzulegen, daß der Richter die springenden Punkte erkennt und durch einen Sachverständigen sich belehren kann, nach welcher Seite er zu neigen hat.

Wir kommen ja da auf einen zweiten sehr schwierigen Punkt, das ist der Sachverständige. Es ist ja schon angeführt worden, daß heutzutage das Sachverständigenwesen in ganz unzulänglicher Weise geordnet ist. Der Grund liegt zum Teil darin, daß die Herren zu schlecht bezahlt werden. Es macht sich in den Gerichten ein Sachverständigenunwesen breit von Leuten, die eine gewisse Routine bekommen, und die der Richter dann für große Autoritäten hält, und die selbstverständlich auf den betreffenden Spezialgebieten Autoritäten gar nicht sind. Denn darüber sind wir uns doch auch alle klar, daß ein Mensch nicht auf allen Gebieten sachverständig sein kann, ein Ingenieur nicht in der Lage ist, auf allen Gebieten des Ingenieurwesens ein sachverständiges Urteil abzugeben, ebenso wenig wie ein Chemiker auf allen Gebieten der Chemie in gleicher Weise sachverständig ist.

Man könnte sich ja damit helfen, daß wir Kammern wie die Handelskammern schüfen, in denen neben den Richtern Sachverständige sitzen. Ich halte das nicht für eine günstige Lösung. Sie mögen mehr Fähigkeit haben als der Richter, sich in die technischen Dinge hineinzuarbeiten; dafür geht ihnen die Fähigkeit ab, Recht zu sprechen. Lassen Sie den Sachverständigen, wo er hingehört als Sachverständiger, und lassen Sie dem Richter sein Amt, zu entscheiden. Die Sachverständigen werden leichter zu erhalten sein, wenn wir sie besser bezahlen. Zweitens müssen wir jemand haben, der uns den Sachverständigen aussucht, und das ist außerordentlich schwer. Vielleicht kann das Patentamt uns dazu behülflich sein, wenn wir § 18 dahin abändern, daß das Patentamt nicht nur Obergutachten abgibt, sondern auch Sachverständige auf Antrag ernennen soll. Das Patentamt hat große Personalkenntnis, nicht nur unter seinen eigenen Beamten, sondern auch in der Zahl der Industriellen und der Patentnachsucher, und kann es vielleicht besser tun als Handelskammern oder sonstige Korporationen, die nicht in der Lage sind, in den Spezialfällen sich den geeigneten Mann auszusuchen. Ich möchte mich also gegen den Vorschlag des Herrn Regierungsrat Leidig wenden, etwa besondere Kammern zu bilden, die aus einem Richter und zwei Sachverständigen, wie bei den Kammern für Handelssachen, zusammengesetzt sind. Wenigstens bei uns hat die Handelskammer immer große Schwierigkeiten, geeignetes Personal zu finden zur Besetzung der Kammern für Handelssachen. Zum ganz erheblichen Teil sind das reine Kaufleute, die von Technik nichts verstehen, und denen ich nicht mehr Verständnis darin zutraue als den Richtern.

Noch bedenklicher erachte ich den Vorschlag, ganz besondere Patentgerichtshöfe zu bilden. Das hängt zusammen mit dem, was Herr Regierungsrat Leidig bereits sagte: „Wir haben mit großer Mühe eine einheitliche Gerichtsbarkeit geschaffen". Wenn wir das, was wir örtlich beseitigt haben, sachlich einführen und eine Trennung vornehmen in eine Unmasse von Spezialabteilungen, so werden wir eine Zersplitterung der ganzen Rechtsprechung erhalten; wir werden damit auch andere Nachteile erzielen: Wir werden dann vielleicht die Patentsachen vor einen besser besetzten Gerichtshof bekommen, aber die anderen Richter noch weniger anregen, sich in die technischen Sachen einzuarbeiten, und für die anderen schwierigen technischen Fragen werden Sie noch weniger geeignete Richter finden. Wohin wir drängen müssen, ist eine bessere Vorbildung der Richter, daß sie, den heutigen Zeitverhältnissen entsprechend, die technischen und die Natur-Wissenschaften besser beherrschen; ehe wir das nicht erreichen, werden wir die Klagen nicht beseitigen. Da müssen wir Geduld haben. Wir müssen mit den heutigen unvollkommenen Verhältnissen vorlieb nehmen und können es nur bessern auf dem Wege, der bereits eingeschlagen ist, einzelne Gerichte mit diesen Sachen beauftragen und das Sachverständigenwesen besser ordnen, als es zurzeit geordnet ist. Im übrigen aber sollten wir die Organisation in Patentsachen nicht ändern, um nicht zu weiterer Zersplitterung der Rechtsprechung zu kommen.

Vorsitzender: Ich hatte mich hier auch zum Worte gemeldet. Ich bin Jurist und bin Richter gewesen, ich habe in den verschiedensten Kollegien gesessen, auch als Handelsrichter usw., und habe mir nach dieser Sachverständigenrichtung hin folgendes Resümee gemacht: Es hat nicht immer bei den Entscheidungen an der geringen Sachkunde, nicht immer an der Fähigkeit der Richter gelegen, in diese schwierigen technischen Materien sich hineinzudenken, sondern sehr häufig an den Parteien selbst (sehr richtig!), und zwar deshalb an den Parteien selbst, weil dieselben dem Richter einen Wust von Durcheinander (Sehr richtig!) vortragen und dann sagen: „So, Richter, nun entscheide!" Ja, das halte ich dem Richter zuviel zugemutet! Mögen die Parteien doch ihr Material zusammen mit Sachverständigen und mit ihrem Rechtsbeistand verständlich ordnen. Gewiß, das ist nicht leicht, aber mögen sie sich die Mühe geben, und wenn das gelingt, dann werden die Richter auch ein Recht finden, das dem Empfinden des Volkes entspricht. Also es liegt meines Erachtens nicht immer an den Richtern, sondern oft genug auch an denen, die ihr Recht suchen.

Ingenieur **Schwager**-Berlin: Wenn es sich nur um Patentstreitigkeiten handelt, dann möchte ich mich auf den Standpunkt stellen, daß die Bestimmung genügt, wonach zu den bestehenden Gerichten Sachverständige zugezogen werden, die an den Entscheidungen teilnehmen. Speziell bei Patentstreitigkeiten würde es nicht schwer sein, immer die entsprechenden Sachverständigen zu finden. Anders liegt die Sache, wenn es sich überhaupt um technische Rechtsstreitigkeiten handelt. Man wird das eine Gebiet sehr schwer von dem anderen trennen können; bei beiden kommen technische Fragen in Betracht, und wenn man sich die Vorgänge vor Gericht vergegenwärtigt, dann stehen die Dinge heute so, daß dem Richterkollegium, das nicht genügend technisch eingeweiht ist, ein Sachverständiger gegenübersteht, und daß die Darlegung dieses einen Sachverständigen schließlich bestimmend ist für die Entscheidung des ganzen Richterkollegiums. Verfolgen wir die Instanzen weiter bis zum Reichsgericht, so kommen da verschiedene Sachverständige zu Wort, und weichen sie in der Beurteilung der Sachlage von einander ab, so kann das Reichsgericht sich das Obergutachten des Patentamts einholen. Ist eine Nichtigkeitsklage vorangegangen, dann hat das Patentamt bereits in der Sache Recht gesprochen und soll nun als erste Rechtsinstanz noch ein Obergutachten abgeben, das zweifellos auch bestimmend für die Entscheidung des Reichsgericht sein dürfte. Das Institut der Sachverständigen funktioniert durchaus nicht allgemein zuverlässig und macht es wünschenswert, daß jedem Gerichtshof, gleichviel welcher Instanz, auch die nötige Sachkunde beiwohnt. Es ist nun gesagt worden, daß der jüngere Nachwuchs der Richter auch mehr Gelegenheit zu technischer Vorbildung erhalten wird. Zweifellos wäre das richtig. Aber wenn Sie sich in die Lage der Industrie versetzen und die große Arbeitsteilung verfolgen, die sich darin vollzieht, dann müssen Sie für jeden Streitfall einen Spezialtechniker aussuchen. Wenn Sie in einer einzelnen Industrie, z. B. in derjenigen, für welche ich zu arbeiten den Vorzug habe, in der Zuckerindustrie, irgend eine technische Frage aufwerfen, dann werden Sie von ehrlichen Zuckerindustriellen hören, das weiß der andere, das weiß der und der Spezialist besser, ich kann es nicht so genau wissen. Wenn also schon die Techniker in ihrem Urteil sich so reservieren: daß dasselbe nur ein Spezialgebildeter abgeben kann, um wieviel wichtiger und notwendiger ist es, daß dann auch die Richterkollegien die in jedem speziellen Fall die speziell technische Assistenz haben.

Wenn Sie nun fragen: Wer wählt die Herren aus? — Das Gericht sucht heute schon aus der großen Zahl der Sachverständigen nach bestem Wissen und Willen ihre geeigneten Leute aus. Es wendet sich heute in technischen Fragen an die Handelskammern. Ja, mit welchem Recht ist die Handelskammer befähigt, einen Spezialtechniker auszuwählen? Das kann ausnahmsweise zutreffen, in der Regel aber nicht. In der Beziehung bieten die Organe der Industrie, die verschiedenen Fachvereine, die sich gebildet haben, schon eine sehr viel größere Gewähr. Sie werden dann einen sicheren Bestand an sachverständigen Richtern haben, und Sie werden, wenn Sie derartige Sachverständige als Beigeordnete zum Gericht sich denken, daneben Einzelsachverständige doch nicht entbehren wollen und dürfen; aber es steht dann der eine Sachverständige zwei anderen gegenüber, er wird sich etwas mehr überlegen, was er ausspricht, und manche Sachverständigen-Gutachten dürften doch etwas modifiziert werden, die jetzt mit großer Ruhe abgegeben werden, ohne daß der Betreffende in die Materie sehr tief eingedrungen ist. Deshalb bin ich der Meinung, daß es sehr nötig wäre, den Gerichten Sachverständige als Beisitzer anzugliedern.

Vorsitzender: Als Richter meinen Sie? Sollen sie mit richten oder als Sachverständige fungieren?

Ingenieur **Schwager**-Berlin: Ich würde es als genügend erachten, innerhalb der bestehenden Gerichtsorganisation geeignete Sachverständige als Beisitzer einzusetzen, die dann gegenüber den Einzel-Sachverständigen das nötige Gegengewicht bilden.

Vorsitzender: Das haben wir schon bei den alten Verfahren gehabt. Die früheren technischen Beisitzer z. B. in den Kommerz- und Admiralitäts-Kollegien waren nicht Richter, sondern nur Sachverständige; diese stimmten nicht mit.

Ingenieur **Schwager**-Berlin: Ich komme noch auf einen Punkt. Wenn irgend ein Streit im Entstehen ist, und er entwickelt sich etwas kompliziert und macht den Anschein, als wenn es sehr schwer werden wird, die wahre

Sachlage zu ergründen, dann ist es gewöhnlich das erste, daß der betreffende Richter zum Vergleich mahnt. Es wird dann den Parteien klar gemacht, daß die Kosten sehr hoch sind usw. Ich meine, für diesen Vergleichsfall, der ja immer am nächsten liegt, wäre es auch sehr wünschenswert, wenn das Institut der Schiedsgerichte da eingreifen könnte, so daß es dem Richter obliegt, zuerst einen zwangsweisen Vergleich in den Rechtsweg einzuschieben, wie es heute schon bei Beleidigungsprozessen der Fall ist. Es würde dem Richter eine große Arbeitslast abgenommen werden, wenn solche Vergleichsverhandlungen unter Mitwirkung der sachverständigen Richter geführt würden; die meisten Streitfälle würden zum Vergleich kommen.

Direktor **Langen**-Cöln-Deutz: Jeder Ingenieur wird von vornherein für Sondergerichte sein; ein jeder sagt sich, was wir Techniker in langem Studium verarbeitet haben, kann kein Jurist leichthin richtig auslegen. Ich selbst war früher auch der Ansicht, daß die Sondergerichte den Vorzug verdienen, ich bin aber zu einer anderen Auffassung gelangt, nachdem ich mit Juristen mich unterhalten habe, wozu ich als stellvertretender Handelsrichter beim Landgericht Köln in den letzten Jahren reichlich Gelegenheit hatte. Ich halte den ministeriellen Erlaß für außerordentlich dankenswert und meine, wir sollten ihn alle unterstützen. Auf der anderen Seite halte ich Sondergerichte für in so weitem Felde stehend, daß wir unsere Beratung heute nicht damit belasten sollten. Wir sollten das nehmen, was das nächstliegende ist und was uns tatsächlich einen großen Schritt weiter bringt.

Um auf diesen Erlaß zurückzukommen, so ist da gesagt, daß in den Bezirken der Oberlandesgerichte einzelne Landgerichte mit besonderen Kammern ausgestattet werden sollen. Wir haben heute 29 Oberlandesgerichte und ca. 175 Landgerichte. Heute verteilen sich die Streitigkeiten auf diese 175 Landgerichte. Wenn wir in jedem Oberlandesgericht nur noch ein Landgericht haben, das mit diesen Sachen befaßt wird, so wird dadurch schon eine sehr große Vereinheitlichung erzielt, die gerade in den gewerblichen Rechtsfragen dringend erwünscht ist. Ich möchte betonen, daß diese Kammer für Handelssachen nicht nur die Patentsachen, sondern auch die anderen zahlreichen Sachen des gewerblichen Rechtsschutzes behandeln soll. Eine Kammer in jedem Oberlandesgerichtsbezirk hat dadurch genügend zu tun, wenn auch vielleicht nur zwei eigentliche Patentsachen wöchentlich anhängig werden. Der Wunsch nach Zentralisierung der Gerichtsbarkeit wird also wesentlich dadurch unterstützt, daß wir nur noch an denjenigen Landgerichten die Patentstreitigkeiten zum Austrag bringen, wo der Sitz des Oberlandesgerichts ist. Eine weitere Zentralisierung ist bei dem Umfang der Streitigkeiten aus dem Gebiet des gewerblichen Rechtsschutzes kaum tunlich.

Der Erlaß des Ministers kommt nun vorläufig nur zur Geltung, falls eine bestimmte Vereinbarung getroffen ist, d. h. nur dann, wenn die Parteien in Verträgen ausgemacht haben, daß ein bestimmtes Landgericht, in meinem Falle Köln und nicht vielleicht Trier, zuständig sein soll. Dadurch, daß diese Vereinbarung häufig nicht getroffen wird und natürlich in sehr vielen Streitfällen gar nicht getroffen werden kann, weil keine Verträge abgeschlossen wurden, werden sich bei dem heutigen Zustand die Patentsachen leider immer noch auf eine ganze Reihe von Landgerichten zerstreuen. Ich glaube, daß wir ein Interesse daran haben, daß diese Verfügung zwingend gemacht wird, d. h., daß Patentstreitigkeiten nur an dem Landgerichte am Sitz des Oberlandesgerichts zum Austrag gebracht werden dürfen.

Ein Punkt, der heute gegen die Kammern für Handelssachen angeführt wird, ist der, daß die Entscheidungen außerordentlich lange dauern. Die lange Dauer wird nun hauptsächlich dadurch herbeigeführt, daß es sehr schwer hält, Sachverständige für die Kammern zu bekommen, die gut und schnell arbeiten. Wir müssen auch in dieser Richtung unsere Wünsche dahin ausdrücken, daß es den ordentlichen Gerichten erleichtert wird, Gutachten zu bekommen. Es ist nicht möglich, daß die Handelsrichter als Beisitzer die Sachverständigen ersetzen; das ist ganz undenkbar. Es ist dies auch garnicht die Absicht bei den heutigen Kammern für Handelssachen. Der Wert, den die Beisitzer haben, liegt lediglich darin, daß die Fragen, die an die Sachverständigen gestellt werden, die Verklausulierungen, die durch die beiden Parteien gemacht werden — die allerdings Herr Geheimrat Koenig beseitigt wissen möchte, die aber nicht zu beseitigen sind, denn sie liegen häufig im Interesse der Parteien —, herausgeschält und der Jurist auf den Kernpunkt der Sache hingelenkt wird. Die Beisitzer werden durch ihre Fühlung mit der Industrie auch dazu beitragen, daß Sachverständige gewählt werden, die wirklich Ansehen als Sachverständige in den betreffenden Bezirken besitzen. Ebenso sollten dann aber auch Beisitzer gewählt werden, die bekannt in technischen Kreisen sind.

Eine andere Bestimmung des Patentgesetzes, die bisher nicht berührt wurde, steht in enger Verbindung mit dem Verfahren vor den ordentlichen Gerichten und könnte bei entsprechender Abänderung wohl die Arbeit der Kammern für Handels- oder Patentsachen fördern. Es sind dies die Bestimmungen über Gutachten des Patentamts. Heute hält es leider sehr schwer, vom Patentamt ein Gutachten zu erhalten. In das Gesetz von 1891 ist ausdrücklich ein Passus aufgenommen worden, der verhindert, daß die ordentlichen Gerichte sich ohne weiteres an das Patentamt um Gutachten wenden. Es ist damals ausdrücklich hineingesetzt worden, daß nur dann, wenn zwei entgegengesetzte Sachverständigen-Gutachten vorliegen, das Patentamt zur Abgabe eines Gutachtens verpflichtet ist. Aus diesen Gründen ist es leider, und häufig gegen die Interessen der Industrie, nicht möglich, das Patentamt zur Erteilung eines Gutachtens heranzuziehen. Für uns ist es doch ausschlaggebend, daß Gutachten von wirklich Sachverständigen erteilt werden, und in Patentsachen muß doch das Patentamt als sachverständigstes Organ angesehen werden. Es wird ja vorkommen, daß die Fragen so sehr ins einzelne gehen, daß auch das Patentamt Spezial-Sachverständige heranziehen muß. Ich möchte aus obigen Gründen im Interesse einer sichereren und schnelleren Rechtsprechung in Erwägung stellen, den Paragraph des Patentgesetzes, der die Abgabe von Gutachten des Patentamts erschwert, einer Revision zu unterziehen. Er sollte meines Erachtens dahin geändert werden, daß auf Wunsch einer der Parteien das Patentamt als Gutachter herangezogen werden kann. Nicht außer acht lassen dürfen wir allerdings, daß die Gründe, aus denen 1891 der jetzige Paragraph angenommen wurde, hauptsächlich darin liegen, daß die Gutachten, die das Patentamt abgab, von den Gerichten nicht genügend wertgeschätzt wurden. Wenn es vorkam, daß ein patentamtliches Gutachten dritten Sachverständigen-Aeußerungen gegenübergestellt wurde und letztere dann womöglich noch den Vorzug erhielten, so waren das natürlich Dinge, die dazu angetan waren, das Gutachten des Patentamts herabzusetzen. Wenn wir also auf der einen Seite bestrebt sind, leichter ein Gutachten des Patentamts zu erhalten, so müssen wir auf der anderen Seite dafür sorgen, daß diesem eine größere rechtliche Kraft gegeben wird. Wie das erreicht werden kann, ist eine Frage, auf die ich jetzt nicht eingehen will.

Ingenieur **Gondos**-Cöln: Im Gegensatz zum Herrn Vorredner bin ich der Ansicht, daß nicht jeder Techniker von vornherein die Absonderung der Patentgerichtsbarkeit von der ordentlichen Gerichtsbarkeit wünscht. So unbescheiden sind wir gar nicht. Was wir wünschen und was uns not tut, ist, bei den kompetenten Gerichten mehr Verständnis für die technischen und patentrechtlichen Fragen zu finden. Das finden wir heute nicht, und darin liegen ja die Hauptschwierigkeiten. Ich bin aber mit Herrn Regierungsrat Leidig der Ansicht, daß wir dieses allerdings ganz gut im Rahmen der ordentlichen Gerichtsbarkeit erreichen können, etwa durch Ausbau von Patentkammern nach Art der Kammern für Handelssachen. Es ist nur notwendig, daß im Gerichtshofe selbst auch Herren mit Sachverständnis sitzen, die in dem großen Wulst von Fragen sich zurechtfinden — und den werden wir nicht vermeiden; denn im Gegensatz zu Herrn Geheimrat **Koenig** bin ich der Ansicht, daß die eine der Parteien immer Ursache hat, die Sache zu verwickeln. Da tut es not, daß der Richter mit Sachkunde den Ausführungen der Parteien folgen und die Streitfragen richtig herausschälen kann. Wenn wir sachkundige Richter haben, so werden erstens die Streitfragen richtig aufgestellt, und zweitens wird sich jeder Anwalt, jeder Sachverständige vor einem sachkundigen Gerichte sehr wohl hüten, die Sache zu verwickeln. Gerade vor dem sachkundigen Richter werden wir auch sachkundige, richtige Gutachten bekommen.

Es ist ja gar nicht notwendig, daß der Richter in allen Fragen Bescheid wisse, er muß nur in der Lage sein, den Parteiausführungen mit Verständnis und Kritik folgen zu können. Das läßt sich von jedem Ingenieur erwarten.

Daß das Patentamt öfters zu Gutachten herangezogen werde, ist nicht wünschenswert; in sehr vielen Fällen sind diese Gutachten auch nicht über alle Zweifel erhaben; damit wollen wir die Frage besser nicht belasten.

Justizrat **Wandel**-Essen: Meine Herren, ich muß gestehen, daß in dieser wichtigen Frage eigentlich zwei Seelen in meiner Brust wohnen. An und für sich bin ich grundsätzlich Gegner von Sondergerichten und habe die Abtrennung der Streitigkeiten aus den Arbeitsverträgen von den ordentlichen Gerichten immer bedauert. Andererseits glaube ich, daß den Klagen über die Rechtsprechung in Patentsachen endgültig nur abgeholfen werden kann durch Errichtung eines Patentgerichtshofs oder mehrerer besonderer Patentgerichtshöfe. Ich glaube auch, daß die Gründe, die sonst gegen Sondergerichte geltend gemacht werden, hier zum großen Teil nicht zutreffen. Die Streitigkeiten aus den Arbeitsverträgen haben grundsätzlich gar nichts besonderes gegenüber sonstigen Rechtsstreitigkeiten, es spielt nur ein gewisses sozialpolitisches Moment hinein, und das hat zu der Forderung geführt, daß Vertreter der Arbeiter und Arbeitgeber zugezogen werden. Dieser Forderung könnte aber ebenso gut im Rahmen der ordentlichen Gerichtsbarkeit genügt werden. Bei den Patentstreitigkeiten dagegen tritt das juristische gegenüber einem fremden, dem technischen Element, zurück und ich glaube, das technische Element überwiegt in solchem Maße, daß die Entscheidung durch eine mehr technisch besetzte Behörde das richtige wäre. Es kommt hinzu, daß eine große Anzahl von Patentstreitigkeiten — ich denke an das Einspruchs- und Nichtigkeitsverfahren — schon jetzt durch eine besondere Behörde, das Patentamt, entschieden wird, so daß es eigentlich keine prinzipielle Neuerung darstellen würde, wenn wir auch für die anderen Patentstreitigkeiten eine besondere Behörde schaffen.

Im übrigen nähern sich die beiderseitigen Standpunkte ja insofern etwas, als jetzt im Rahmen der ordentlichen Gerichtsbarkeit gewissermaßen besondere Gerichtshöfe für Patentsachen geschaffen werden sollen, und damit wird man, da die Einführung von eigentlichen Sondergerichten zurzeit keine Aussicht auf Verwirklichung hat, sich begnügen müssen. Allerdings kann ich mir von der von Herrn Regierungsrat Leidig befürworteten Schaffung von Patentkammern nach der Art der Handelskammern keine großen Vorteile versprechen. Die technischen Beisitzer dieser Patentkammern würden doch auch nur hin und wieder mit Patentprozessen zu tun haben; die ganze Last der Entscheidung würde in der Regel auf dem Vorsitzenden liegen. Solange die technischen Beisitzer nicht ständig als solche tätig sind, werden keine besonderen Erfolge erzielt werden. Ich muß gestehen, daß mir doch noch lieber als solche Patentkammern eine gut besetzte Zivilkammer ist, die durch reichliche Beschäftigung mit Patentsachen mit der Materie vertraut geworden ist. Im übrigen liegt ja ein großer Teil der Schwierigkeiten in der Frage der Sachverständigen; hier wird im Sinne des Erlasses des Ministers auf eine bessere Auswahl und bessere Bezahlung der Sachverständigen hinzuwirken sein.

Justizrat **Haeuser**-Hoechst a. M.: Gestatten Sie mir zunächst, über einige in der Debatte zur Sprache gekommene untergeordnete Punkte, die ich ausscheiden möchte, einige Bemerkungen zu machen.

Was zunächst den Wunsch anlangt, daß das Patentamt in höherem Maße eine gutachtliche Tätigkeit ausüben soll als bis jetzt, so möchte ich mich demselben nicht anschließen. Einmal ist praktisch nicht auf eine Erweiterung der gutachtlichen Tätigkeit des Patentamts zu hoffen, weil ja ausdrücklich auf Wunsch des Patentamts diese Beschränkung seiner Tätigkeit eingetreten ist, weil das Patentamt mit Recht betont, daß es durch seine sonstige Tätigkeit derartig in Anspruch genommen wird, daß für eine erweiterte gutachtliche Tätigkeit ihm keine Zeit zur Verfügung steht. Diese Erwägung ist durchschlagend, meine ich. Aber auf der anderen Seite meine ich, es ist ganz unmöglich, dem Gutachten des Patentamts eine formelle Bedeutung zu geben. Sie würden dadurch die Beweisfrage der freien Würdigung der Gerichte entziehen. Im übrigen wollen wir auch bei aller Hochachtung vor dem Patentamt nicht verkennen, daß wir doch solche Koryphäen an den Hochschulen und in der Praxis haben, daß deren abweichendes Gutachten auch gegenüber dem Patentamte durchschlagen dürfte. Ich meine, auf diesen Punkt sollte man nicht weiter eingehen, das belastet uns nur.

Dann ist gesagt worden: Schiedsgerichte. Es ist darauf hingewiesen worden, die Industrie sollte sich selbst helfen und unter Benutzung der zahlreichen Verbände, die sie hat, eine geordnete Schiedsgerichtsbarkeit einführen. Der Centralverband Deutscher Industrieller könnte z. B. sagen: wir schaffen Schiedsgerichte, die anzurufen sind für die und die Branchen. Nun sucht er sich ihm bekannte Personen als Schiedsrichter zusammen. Die Sache scheint ja für Fernstehende sehr empfehlenswert und sehr einfach. Ich muß Ihnen aber aus meiner Erfahrung in der chemischen Industrie gestehen: wir sind von Schiedsgerichten abgekommen. (Sehr richtig!) Wir haben schlechte Erfahrungen gemacht, welche allerdings auch etwas gegen die ganze Sondergerichtsbarkeit sprechen. Wir haben das Gefühl gehabt, es geht in den Schiedsgerichten so unendlich rasch, daß die Parteien nicht zu ihrem Recht gekommen sind, und manche Partei sieht meist erst, wenn sie die Entscheidung erster Instanz hat — das ist bei Schiedsgerichten genau so wie bei ordentlichen Gerichten —, daß auf etwas, was sie als nebensächlich und selbstverständlich nicht besonders erörtert hat, ausschlaggebendes Gewicht gelegt worden ist. Deshalb, wenn wir jetzt Schiedsgerichte einsetzen, geben wir ihnen vielfach nur die Befugnis zu einer provisorischen Entscheidung. Ich glaube also, der Schiedsgerichtsweg ist nicht ein richtiger Ersatz für eine Gerichtsbarkeit.

Nun muß ich gestehen: auch in meiner Brust wohnen zwei Seelen in dieser Frage (Heiterkeit), wenn auch aus etwas anderen Gründen. Nicht, weil ich Jurist bin, das wäre für mich kein Grund, gegen die Sondergerichte zu sein, sondern weil ich noch immer keinen richtigen Weg für die Ausführung einer wirklich gut funktionierenden Sondergerichtsbarkeit sehe. Ich spreche hier nur für meine Person und nicht etwa für die chemische Industrie, denn die ist auf diesem Gebiet sehr stark geteilter Meinung. Wir sind in der ganzen chemischen Industrie allerdings darin einig, daß die Rechtsprechung der Gerichte auf dem Gebiete des chemischen Patentprozesses im großen und ganzen eine unbefriedigende ist, wenn auch nicht so unbefriedigend, wie es vielfach hingestellt ist. Wir haben in neuerer Zeit auch die erfreuliche Erfahrung gemacht, daß es den Gerichten gelungen ist, sich in recht schwierige chemische Prozesse hineinzuarbeiten. Aber die Chemiker haben nun einmal ihre ganz besondere Sprache, und wer die Sprache nicht gelernt hat, der kann den Chemiker nur schwer verstehen, so wenig wie mit einem Engländer sich jemand unterhalten kann, der nicht englisch versteht. Er kann sich wohl durch Zeichen verständlich machen, aber richtig in seinen Gedankengang einzudringen und ihn zu verstehen, das ist ausgeschlossen. Wer also in den chemischen Prozessen entscheiden will, der muß bis zu einem gewissen Grade wenigstens die chemische Sprache verstehen, und so lange unsere Richter nicht einige chemische Elementarkenntnisse in der Schule gelernt oder sonst sich angeeignet haben, sind sie nicht in der Lage, chemische Prozesse mit vollem Verständnisse zu entscheiden. Diese Erfahrung machen wir in jedem einigermaßen schwierigen chemischen Prozeß. Um diese Uebelstände abzuschaffen, liegt es nahe zu sagen, wir müssen, da wir nicht chemisch gebildete Richter haben, eben unsere Chemiker auch zu Richtern machen. Ich habe mich indessen schon früher gegen solche Sondergerichte ausgesprochen, zunächst aus dem einfachen Grunde, weil sie praktisch undurchführbar sind. Ich habe mir einmal die Mühe gegeben, die Zahl der Patentprozesse, die überhaupt vor deutschen Gerichten zur Entscheidung gelangen, zusammenzustellen, und diese Zahl ist eine so außerordentlich geringe, daß ein Sondergerichtshof, der nach Analogie des Patentamts aus Juristen und sachverständigen Beisitzern zusammengesetzt wäre, nur an einem Orte in Deutschland errichtet werden dürfte, wenn er überhaupt genügend Arbeit finden sollte. Man käme also zu einer absoluten Zentralisation dieser Sondergerichte. Ich möchte bemerken — ich komme nachher in anderem Zusammenhang noch darauf zurück —: es wäre uns Chemikern nicht damit gedient, wenn andere Techniker als Richter in chemischen Prozessen funktionierten. Ihnen werden die chemischen Fragen ebensowenig klar gemacht werden können wie den Juristen, vielleicht noch weniger. Ebenso wenig dürfte man bei diesen Sondergerichten auf dem Gebiete des Ingenieurwesens einen Chemiker zum Richter machen, der nicht Ingenieurkenntnisse besitzt. Das gebe ich freilich ohne weiteres zu: Spezialsachverständige brauchen es nicht zu sein. Wir brauchen nur Leute, die die technische Sprache gründlich verstehen. Wir brauchten z. B. nicht für einen Prozeß, der sich auf einem bestimmten Gebiete der anorganischen Chemie abspielt, einen anorganischen Spezialisten als Richter, oder wenn es sich um einen Prozeß auf dem Farbstoffgebiet handelt, brauchten wir nicht notwendig einen Farbstoffchemiker, sondern es genügte ein allgemein gebildeter Chemiker, der den Chemiker versteht und seinen Darlegungen folgen kann. Die Spezialsachkenntnis sollten nach wie vor die Sachverständigen hineinbringen, die in dem einzelnen Fall auszuwählen sind. Die absolute Zentralisation, die für ein solches Sondergericht notwendig wäre, ist aber nach Lage der Dinge in Deutschland für absehbare Zeit undurchführbar. Das brauche ich Ihnen nicht näher auseinanderzusetzen. Die Sondergerichte sind denn auch abgewiesen worden von seiten der preußischen Regierung, aber nicht nur von dieser. Wenn Sie die letzte Debatte im Reichstag verfolgt haben, so werden Sie finden, daß im ganzen Reichstag niemand für eine solche Zentralisation in Leipzig, in Berlin oder an einem anderen Orte zu haben war.

Man hat diese Idee eines sogenannten Patentgerichtshofs also fallen zu lassen, obgleich man noch auf dem Düsseldorfer Kongreß mit sehr entschiedenen Worten diesen Gedanken verfochten hat. Inzwischen ist man, glaube ich, auch in den Kreisen der Anhänger der Sondergerichtsbarkeit recht bescheiden geworden. Man sagt sich jetzt: in absehbarer Zeit können wir auf diesem Wege nichts erreichen. Gibt es nun einen anderen Weg, auf dem etwas gebessert werden kann? Da muß ich im wesentlichen dem zustimmen, was Herr Dr. Goldschmidt gesagt hat. Der einzige Weg, der vorgeschlagen ist, ist der Weg, welchen unser verehrter Herr Berichterstatter Regierungsrat Leidig angedeutet hat, das ist der, nach Analogie der Kammern für Handelssachen technische Kammern zu bilden. Ich glaube, es ist ein Mißverständnis, wenn man geglaubt hat, man wolle den Kammern für Handelssachen eine Kompetenz in technischen Fragen geben. Davon ist natürlich gar keine Rede. Man hat die Patentstreitigkeiten absichtlich den Zivilkammern überlassen und sie nicht den Kammern für Handelssachen übertragen, weil man gesagt hat: was verstehen Kaufleute von technischen Fragen, die sind noch weniger zuständig als die Juristen. Das ist absolut richtig. Wenn man Kammern für Patentstreitigkeiten haben will, dann müssen es eben technische Kammern sein.

Der Herr Berichterstatter hat nun die Bedenken auch schon erwähnt. Er hat nämlich gesagt: ich kann mich nicht so recht erwärmen für eine Art technischer Schöffengerichte. Damit wollte er offenbar zum Ausdruck bringen, er hat das nachher ja auch noch erläutert, daß er sich nicht dafür begeistern könne, weil der Beisitzer einer technischen Kammer sehr sporadisch zugezogen wird und er infolgedessen nicht die nötige Fühlung mit der Rechtsprechung gewinnen kann. Das ist auch das große Bedenken, das ich habe. Aber ich sehe keinen Weg, wie der Uebelstand beseitigt werden kann. Diese technischen Prozesse sind nicht so zahlreich, wie man vielfach glaubt, und wenn wir auch weitgehend zentralisieren, wenn wir auch große Bezirke zusammenfassen, z. B. für den ganzen Bezirk Düsseldorf nur ein Landgericht nehmen, ebenso für den ganzen Bezirk Frankfurt, der doch ziemlich industriell ist, nur ein Landgericht, so werden doch wenige Prozesse im ganzen Jahr auf einen technischen Richter kommen. Was wir aber, ich wiederhole dies, vom chemischen Standpunkt unbedingt fordern müssen, wenn wir uns überhaupt nicht direkt verschlechtern wollen, ist, daß in unseren chemischen Prozessen der Beisitzer auch ein Chemiker sein muß. Wir müssen also nach den großen Gebieten der Technik bei der Auswahl der als Richter zuzuziehenden Techniker spezialisieren. In den chemischen Prozessen müßten Chemiker, in den mechanischen Prozessen Mechaniker, in den elektrischen Prozessen Elektrotechniker sein (Vorsitzender: Es müssen Unterkammern sein!), wenn überhaupt diese Beisitzer genügend Fähigkeit besitzen sollen, den Sachverständigen voll folgen zu können und auch die sachverständigen Gutachten voll zu würdigen. Dann haben wir aber die Folge, die Herr Regierungsrat Leidig gern vermeiden wollte, daß die Herren außerordentlich selten in die Lage kommen werden, als Richter zu funktionieren, und daß das Zusammenarbeiten von Technikern und Juristen doch nur ein außerordentlich mangelhaftes sein wird.

Es ist vorhin hervorgehoben worden, daß die Mängel der heutigen Rechtsprechung zum Teil auf die schlechte Auswahl der Sachverständigen zurückzuführen sind. In chemischen Prozessen habe ich diese Erfahrung eigentlich nicht gemacht. Es ist uns immer gelungen, einen durchaus berufenen Sachverständigen dem Gericht zu präsentieren, und die Gerichte haben auch durchweg eine angemessene Auswahl unter den Sachverständigen getroffen. Aber der Sachverständige ist doch nur Hilfsorgan des Richters. Der Richter stellt das Beweisthema fest, und wie soll jemand ein Beweisthema feststellen von einer Sache, die er nicht durchdrungen hat, die er nicht genügend kennt. Es wird dann ein schiefes Beweisthema aufgestellt, der Sachverständige bewegt sich innerhalb dieses schiefen Beweisthemas, und der ganze Prozeß kommt auf eine falsche Bahn. Nun hat der Herr Vorsitzende ganz mit Recht gesagt: das liegt bei den Parteien. Ja, wenn wir lauter loyale Parteien hätten, dann wäre der Prozeß in den meisten Fällen gar nicht da. Gewiß sind die Parteien durchaus in der Lage, den Sachverständigen die Frage so zu formulieren, daß der Kernpunkt herauskommt. Aber in den meisten Fällen wollen sie es nicht. In den meisten Fällen hat eine Partei das Interesse, die Sache möglichst zu verwirren und zu verdunkeln, und da muß der Richter, wie auch in anderen Prozessen, so viel Sachverständigkeit haben, daß er einmal feststellt: was ist denn hier eigentlich der wirkliche Streitgegenstand, worum wird gestritten? Dazu gehört aber eine gewisse Sachkenntnis, und diese Sachkenntnis hat vielfach nur der Techniker, nicht der Jurist. Also auf der einen Seite sage ich mir: es wird eine Besserung eintreten, wenn ich technische Kammern nehme und Techniker mitwirken, auf der anderen Seite aber sage ich mir, es hat etwas Bedenkliches, wie Herr Dr. Goldschmidt sagt, rechtsprechen zu lassen von Leuten, die daran gar nicht gewöhnt sind und auf juristischem Gebiet gar keine Vorkenntnisse haben, denn mit dem bloßen gesunden Menschenverstand kann man nicht rechtsprechen; auch Rechtsprechen ist etwas, was gelernt werden muß.

Das sind also die beiden Gegensätze, zwischen denen man hin- und herschwankt: auf der einen Seite eine bessere Beachtung des Technischen, auf der anderen Seite der Mangel, daß die Techniker nicht imstande sind, den festgestellten Tatbestand richtig unter die Rechtsnorm zu subsumieren.

Wenn nun ein solcher Vorschlag gemacht wird, derartige technische Kammern einzuführen, und die Industrie das Verlangen hat, daß etwas geschieht, dann möchte ich sagen: man kann es einmal versuchen. Diese Vorschläge bewegen sich im übrigen vollständig in dem Rahmen unserer Gerichtsorganisation und sind durchführbar. So gut wie man Kammern für Handelssachen gemacht hat, kann man auch Kammern für technische Sachen einführen. Auch bei den Kammern für Handelssachen kommt es oft vor, daß Beisitzer nichts von der Sache verstehen, sondern nur der Vorsitzende auf Grund seiner langjährigen Praxis. Es würde auch möglich sein, eine Zentralisation schon beim Landgericht eintreten zu lassen, indem man für einen größeren Bezirk, man könnte sogar sagen: für eine ganze Provinz, nur ein Landgericht als zuständig bezeichnet. Wenn die Industrie derartige Wünsche energisch vertritt, dann glaube ich nicht, daß man in maßgebenden Kreisen einen großen Widerstand findet, denn die sind wirklich froh, wenn sie auf diesem Wege die beteiligten Kreise von der Forderung einer Sondergerichtsbarkeit wieder ablenken können.

Ich persönlich habe mir die Frage vorgelegt, die hier ja auch gestreift ist: könnte man nicht durch Verbesserung des Sachverständigenwesens weiter kommen, könnte es nicht genügen, wenn man die ordentlichen Richter rechtsprechen läßt und Sachverständige zuzieht, die nicht nur Gutachten abgeben sollen, sondern von vornherein versuchen sollen, den Richter über die technische Seite zu informieren und die auch durch Verhandlungen mit den Parteien ermöglichen sollen, daß die Beweissätze richtig normiert werden. Wir haben ja einen Vorgang, den der Vorsitzende schon erwähnt hat, in unserem Nichtigkeitsverfahren, denn das Reichsgericht ist befugt, zu seinen Beratungen in Nichtigkeitssachen einen Sachverständigen zuzuziehen. Es hat aber äußerst selten von dieser Befugnis Gebrauch gemacht, und man ist auch einer derartigen Regelung in technischen Kreisen sehr abgeneigt. Man sieht darin eine gewisse Degradierung des Technikers. Wenn man einen Techniker an den Richtertisch setzt, dann solle man ihm auch eine Stimme geben und ihn nicht nur als beratendes Organ mitwirken lassen.

Dann läßt sich noch ein anderer Weg denken: man soll den Sachverständigen nicht erst zuziehen in dem Stadium des Verfahrens, wo er sein Gutachten schon abgeben soll, sondern ihn von vornherein zu dem Prozeß zuziehen und ihm von vornherein Gelegenheit geben, sich ganz im allgemeinen über den ganzen Streitfall zu äußern, Fragen an die Parteien zu stellen: wie meinen Sie das? wollen Sie das behaupten, wollen Sie jenes behaupten? und dann von vornherein dem Richter einen Vortrag zu halten! mir scheint die Sache so gelegen — die Parteien streiten darüber und darüber —, das würde der Gegenstand sein, der noch eines weiteren Beweises bedarf, das ist auch die Meinung der Parteien —! Eine derartige Zuziehung des Sachverständigen vom Anfang des Verfahrens an, ehe die eigentliche Beweiserhebung eintritt, ist ja nicht beispiellos, die haben wir in jedem Strafprozeß. Da werden die Sachverständigen von vornherein zugezogen und stellen Fragen an die Zeugen, klären den ganzen Sachverhalt auf, sagen: das und das muß ich vom Zeugen hören, wenn ich ein Gutachten abgeben soll; wenn der Zeugenbeweis zu Ende ist, können sie sagen: jetzt kann ich ein Gutachten noch nicht abgeben, ich muß noch weitere Untersuchungen vornehmen. Auf den Zivilprozeß übertragen, würde das heißen: so und so liegt die Sache; ist das Gericht auch der Meinung — das hat natürlich die Entscheidung —, so wird über die und die Punkte noch Beweis zu erheben sein. So hat der Sachverständige die Möglichkeit, daß all die Punkte, die für sein Gutachten klargestellt werden sollten, auch klargestellt werden. Ich glaube, das hat etwas Bestechendes für sich; aber auch Gegengründe sind vorhanden und namentlich der, daß wir Wert darauf legen, nicht berufsmäßige Sachverständige zu haben, sondern bedeutende Forscher als Sachverständige, und diese werden sich nicht dazu hergeben, einem solchen ganzen Prozeß, der unter Umständen vertagt werden kann, mehrere Termine dauern kann, mit zu verfolgen und ihre Tätigkeit in dieser Weise in den Dienst der Parteien zu stellen; sie werden dafür danken, und dann kämen wir auf ein berufsmäßiges Sachverständigenmaterial, das wir nicht als genügend anerkennen können.

Deshalb ist auch dieser Gedanke nicht praktisch durchführbar. Das beste wäre, wenn wir auf das, was Herr Dr. Goldschmidt sagte, uns zurückziehen; wir warten noch etwas zu. Unsere Richter werden sich bessern, und nach fünf oder acht Jahren haben wir technisch gebildete Richter, die auch auf technischem Gebiete etwas Verständnis entgegenbringen, natürlich nur soweit Verständnis, daß sie belehrbar sind, daß, mit anderen Worten, die Grundlage für eine Verständigung vorhanden ist. Ich bin in dieser Beziehung der Ansicht, daß es zweifellos ein Fortschritt ist, daß die Realgymnasien für das juristische Studium freigegeben worden sind. Ihre Abiturienten bekommen eine etwas bessere technische Vorbildung als die von den humanistischen Gymnasien mit auf den Weg. Auch der ganze Zug der Zeit ist doch der, daß das technische Wissen solche Bedeutung gewinnt, daß jeder sich gewisse technische Grundkenntnisse aneignen muß, um als gebildeter Mann bestehen zu können. Will man aber nicht zuwarten — nun, ich glaube, ein Unglück ist es nicht, wenn man es mit diesen technischen Kammern versucht. Sehr viel schlechter als die heutigen Gerichte werden sie nicht arbeiten, denn was auf der einen Seite in der Subsumierung unter die Rechtsnormen verbrochen wird, wird auf der anderen Seite durch besseres technisches Verständnis gewonnen, und die Zuziehung der Techniker hat wahrscheinlich wenigstens den einen Vorteil, daß die Verwirrung der Sachlage, wie sie durch die Parteien heute versucht wird, von vornherein beschränkt wird, wenn ihnen Leute gegenüberstehen, die technisches Verständnis haben. Sie genieren sich dann, manche Behauptungen aufzustellen, und manche Sachen fallen ohne weiteres unter den Tisch, die heute vor den Gerichten breitgetreten werden. Die Techniker werden sehr rasch Beweisbeschlüsse herbeiführen können, die Beweisführung geht damit rascher, und wir kommen zu einer Beschleunigung der Entscheidung in der ersten Instanz.

Eine Bemerkung noch über die Rechtsprechung des Reichsgerichts. Die chemische Industrie ist mit der Rechtsprechung des Reichsgerichts im großen ganzen absolut unzufrieden. Es hat unsere Rechtsauffassung nicht gefördert, sondern vielfach Grundsätze aufgestellt, die es selbst nachher verlassen mußte. Das Reichsgericht hat den Chemikern kein größeres Verständnis gezeigt, wie die unteren Gerichte. Gestatten Sie mir, einen praktischen Fall anzuführen, wie schwer es den Gerichten ist, sich in chemischen Dingen zurecht zu finden. Wir hatten einen chemischen Prozeß mit einer anderen Partei. Der betreffende Referent war ein vorzüglicher Richter, der gewohnt war, sich ausgezeichnet einzuarbeiten. Er hat es auch in diesem Falle versucht, formulierte einen sehr eingehenden Beweisschluß mit acht Fragen, und schließlich war die Schlußfrage an die Sachverständigen: Ist das Patent verletzt? — eine Frage, die bekanntlich nicht gestellt werden sollte. Von diesen acht Fragen waren sechs unbestritten, und die übrigen zwei Fragen waren vollständig unerheblich für die Erledigung des Rechtsstreites. Wir verlangten dann eine Berichtigung des Beschlusses, aber der Vorsitzende, der genug hatte von dem Chemikerprozeß, sagte: Lassen Sie es doch gehen, es ist ja doch die Schlußfrage noch da, ob das Patent verletzt ist. (Heiterkeit.)

Vorsitzender: Meine Herren, ich bin doch recht mißverstanden worden, wie ich aus den Ausführungen der Herren gesehen habe. Ich bin nicht so naiv gewesen und auch heute nicht so naiv zu glauben, daß die Partei dem Richter sagen soll: das ist das wichtige, darüber mußt du Beweis erheben. Erstens wird sie das nicht sagen wollen, wie Herr Justizrat Haeuser schon bemerkte, und zweitens wird sie es auch häufig nicht sagen können, weil sie es selbst nicht weiß. Auch wird man es der Partei nicht verübeln, wenn sie ihre Sache verklausuliert. Was ich für zweckmäßig halte, das ist, daß die Partei das Material, worüber sie den Richter um Rechtsprechung anruft, ausführlich geordnet und übersichtlich auf den Tisch des Hauses legt. Dann ist es Sache des Richters, den springenden Punkt, oder die springenden Punkte herauszuklären und darauf das geltende Recht anzuwenden, und dann wird der Richter dieser seiner Pflicht auch genügen und genügen können.

Regierungsrat Professor Dr. **Leidig**-Berlin: Ich glaube, im allgemeinen hat sich eine große Uebereinstimmung ergeben, und ich möchte sie noch dahin fördern, daß ich auch von mir erkläre: wenn ich eine rein persönliche Ansicht auszusprechen hätte, würde ich mich mehr für die Ansicht des Herrn Dr. Goldschmidt aussprechen. Aber es handelt sich hier nicht lediglich um meine rein persönliche Ansicht, sondern ich habe hier auch ein Amt zu versehen, und da bin ich der Ansicht, daß, soweit ich die Anschauung der einzelnen industriellen Kreise überschauen kann, doch auf vielen Seiten der Wunsch besteht, auch das technische Element in den Aufbau unserer Gerichtsbarkeit einzufügen. Ich glaube allerdings, daß sich immer mehr die am schärfsten von Herrn Dr. Goldschmidt, aber auch von Herrn Justizrat Haeuser vertretene Ansicht durchringt: es ist ein Unglück, wenn wir zu immer weiteren Sonderorganisationen kommen, und deshalb ist es richtig, die Einrichtung dieser Patentkammern zu fördern, wie ich sie bezeichnen möchte, denn sie lassen sich ohne grundlegende Aenderung unserer Gerichtsorganisation durchführen. Es lassen sich ja noch andere Wege denken, die gleichfalls innerhalb unserer Gerichtsorganisation beschritten werden können, beispielsweise, daß wir eine technische Instanz einfügen, die eine dem Staatsanwalt ähnliche Stellung, etwa wie in Ehesachen im Zivilprozeß, hat.

Aber darum kommen wir doch nicht herum, was auch Herr Justizrat Haeuser hervorgehoben hat: die Formulierung des Beweisbeschlusses, der doch für das ganze weitere Verfahren die Grundlage bildet, kann nur innerhalb des Richterkollegiums selbst herbeigeführt werden. Im Beratungszimmer gestaltet sich der Beweisbeschluß, und wenn Sie sagen: der Techniker bleibe außerhalb, so kommt es doch darauf an, ob der Richter infolge seiner Vorbildung imstande ist, in die Sachen genügend einzudringen, um einen richtigen Beweisbeschluß zu fassen. Nun nehme ich meine Annahme wieder auf, daß es sich nicht um spezifisch patentrechtliche Fragen handelt. Es läßt sich eine ganze Reihe von Fragen aus dem Gebiete des Lieferungsrechts usw. denken, die genau so schwierig wie die Patentsachen sind, und da stimme ich dem Herrn Patentanwalt Schwager bei, daß es sich hier nicht um Patentfragen handelt, sondern um die Frage, wie weit die Technik innerhalb des Richterkollegiums berücksichtigt werden soll. Daß es am zweckmäßigsten wäre, wenn man in unseren Patentkammern oder wie man sie nennen will, technische Richter hätte, die im Hauptamt stehen, gebe ich Herrn Justizrat Haeuser durchaus zu. Ich bin nur der Meinung, daß das aus sachlichen Schwierigkeiten nicht zu erreichen ist. Herr Justizrat Haeuser hat schon auf die Schwierigkeiten hingewiesen. Die Prozesse sind viel zu selten. Dann aber bietet sich ja für diesen Richter gar keine Möglichkeit eines Aufsteigens in der Karriere, und es bietet sich ihm auch eine zu geringe Befriedigung in der richterlichen Tätigkeit, weil seine Beschäftigung, wie gesagt, zu gering ist. Sie stellen den technischen Richter auch außerhalb der im Fluß befindlichen Technik, und Sie werden alles das, was vorher gegen den Vorprüfer und die Beamten des Patentamts geltend gemacht ist, in noch höherem Maße gegen diese Richterbeisitzer betonen müssen. Beneidenswert halte ich überhaupt die Stellung der technischen Beisitzer nicht, denn gegen ihre nun ja sachverständigen Urteile wird sich die Kritik noch in ganz anderer Weise richten als wie gegen die Erkenntnisse, die lediglich von Juristen gefällt sind.

Dann komme ich noch auf einen zweiten Einwand, den Herr Justizrat Haeuser vorgebracht hat, der, wie ich glaube, sich doch beseitigen läßt. Er hat gesagt: an sich nützt uns ein technisches Mitglied gar nichts, denn wenn er ein mechanischer Ingenieur ist, kann an seiner Stelle ebenso gut ein Jurist sitzen, der steht mir in der Chemie vielleicht noch näher. Ja, es kommt aber doch darauf an, daß er in der Lage ist und die Möglichkeit hat, dem Vortrag des Sachverständigen zu folgen, sich hineinzufinden, und Herr Justizrat Haeuser hat anerkannt, daß es schon genüge, wenn in späterer schöner Zeit die Richter von der Schule ein größeres Maß von naturwissenschaftlicher und technischer Kenntnis, als es jetzt der Fall ist, mitbringen. Ein solches Maß von technischer und naturwissenschaftlicher Kenntnis, wie es dem künftigen Idealrichter eignen soll, möchte ich doch auch dem größten Teil der nichtchemischen Ingenieure zusprechen. Ich darf mich nach meinem Bildungsgang als einen solchen idealen Richter der Zukunft ansprechen.

Ich bin Gymnasialabiturient, habe aber auf der Universität Vorlesungen über naturwissenschaftliche Fächer gehört, und ich habe nun schon eine stille Nachprüfung abgehalten, ob meine Kenntnisse für Patentprozesse ausreichen werden. Es ist mir das doch zweifelhaft. Ich würde mich aber jedenfalls schwerer in mechanische Fragen, z. B. in ein schwieriges statisches Problem hineindenken, als in chemische Fragen. Doch das nur nebenbei.

Wenn wir uns nicht auf den prinzipiell ja richtigen Standpunkt stellen wollen zu sagen: Es bleibt so, wie es ist; ebenso wie der Richter bei schwierigen Lieferungsverträgen, bei Handelsusancen entscheidet, wie er alle komplizierten Erscheinungen des wirtschaftlichen Lebens unter juristische Gesichtspunkte zu bringen hat, so muß er es auch in Patentsachen tun können — wenn wir dieses an sich richtige Prinzip nicht aufrecht erhalten wollen, dann bleibt nichts übrig, als sich auf den Standpunkt zu stellen, die Patentkammern anzustreben, wobei es ja der Zukunft überlassen bleibt, Richter im Hauptamt zu bekommen, die ein besseres Verständnis für diese Sachen haben.

Wenn ich nun noch einiges weniges anführen darf, so möchte ich auch gegenüber den von Herrn Direktor Langen angeführten Bedenken, auf das ja auch Herr Dr. Goldschmidt zurückgekommen ist, dem Gutachten des Patentamts eine rechtlich verbindliche Kraft zu geben, betonen, daß damit das ganze Prinzip, auf dem das moderne Rechtssystem beruht, das Prinzip der freien Beweiswürdigung überhaupt zusammenfällt. Wir haben etwas ähnliches, wie es Herr Direktor Langen wünscht, in unserer preußischen Gerichtsbarkeit bis 1834 gehabt. Da war bestimmt, daß in allen Fällen, in denen es sich um die Auslegung von Staatsverträgen handelt, die Gerichte bei dem Minister der auswärtigen Angelegenheiten anzufragen hatten, und das von diesem abgegebene Gutachten war für die Richter verbindlich. In den 30er oder 40er Jahren ist diese Vorschrift aufgehoben worden, wesentlich aus dem Gesichtspunkte, daß es unmöglich ist, die freie Beweiswürdigung des Richters zu beschränken. Es tritt sonst eben der Gutachter an die Stelle des Gerichts.

Vorsitzender: Meine Herren, aus dem Gang der Diskussion dürfte eine volle Einheit sein darin, daß besondere Patentgerichte zurzeit nicht zu schaffen sind. Ferner dürften wir alle darin einig sein, daß auch die Patentstreitigkeiten den ordentlichen Gerichten vorläufig überlassen bleiben. Dagegen meint — und darin gehen die Anschauungen noch auseinander — der eine Teil, wir könnten in diese

Organisation hinein entsprechend den Kammern für Handelssachen gemischte Patentgerichte bilden in der Weise, wie Herr Regierungsrat Leidig es vorgetragen hat.

Nach dem anderen Vorschlage — so verstehe ich ihn — soll von gemischten Gerichten heute noch nichts gesagt werden, sondern die Streitigkeiten bei den Landgerichten gelassen und nur der Wunsch geäußert werden, daß aus verschiedenen Landgerichten je eine Kammer konstruiert würde, welche über Patentstreitigkeiten zu entscheiden haben würde. Das ist meines Erachtens der Unterschied zwischen den beiden Anträgen.

Dann ist angeregt worden, daß das Gericht Sachverständige soll ernennen können, und weiter angeregt worden, daß die Verfügung des Ministers in betreff der Sachverständigen noch erweitert werden soll. Zu allen übrigen Fragen, die hier noch gestreift sind, würde eine weitere Resolution wohl nicht erforderlich sein.

Abg. Dr. **Beumer**-Düsseldorf: Der Herr Vorsitzende hat gemeint, es sei hier kein Antrag auf Schaffung von Sondergerichten gestellt. Das sollte mich sehr freuen; denn ich habe mich lediglich zum Worte gemeldet, um darauf hinzuweisen, daß trotz der Ausführungen des Herrn Justizrats Wandel eine Kommission des Centralverbandes oder eine Kommission, die die Interessen der deutschen Industrie in der Patentgesetzgebung vertritt, überhaupt nicht dazu kommen darf, für Sondergerichte einzutreten. Wir haben, wie ja auch Herr Justizrat Wandel zugegeben hat, bei den Kaufmannsgerichten usw. zum Ausdruck gebracht, daß wir im Interesse der Einheitlichkeit unserer Rechtsprechung gegen Sondergerichte sind. Der Centralverband Deutscher Industrieller und die übrigen Korporationen, die auf demselben Standpunkt stehen, würden sich einer berechtigten abfälligen Beurteilung aussetzen, wenn sie nun auf dem Gebiete des Patentwesens — wenn auch nach den Ausführungen des Herrn Justizrat Wandel die Dinge hier wesentlich anders liegen — Sondergerichte fordern wollten; das dürfen wir unter keinen Umständen in einer Zeit tun, wo überhaupt die Stellung der Industrie eine so angefeindete ist.

Zu dem Urteil des Herrn Justizrat Haeuser über die Sachverständigeneigenschaften der Richter möchte ich einen Fall anführen, der vor nicht langen Jahren passiert ist. Es wurde ein Konzessionierungsprozeß vor dem Gericht in D. geführt. Der Rechtsanwalt der Partei, die gegen die Erteilung der Konzession Einspruch erhob, führte aus, daß bei dem neuen Unternehmen Chlornatriumdämpfe entweichen würden, und sagte wörtlich: „Sie wissen, wie Chlor stinkt. Wenn nun noch Natrium hinzukommt, was wird das erst für ein Geruch werden?“ (Heiterkeit.) Es entstand eine ebenso große Heiterkeit wie hier; aber das Richterkollegium mußte sich erst noch darüber aufklären lassen, warum diese Heiterkeit entstanden war. (Heiterkeit.)

Ingenieur **Gondos**-Cöln: Es wurde Bezug genommen auf den Ministerialerlaß vom Oktober vorigen Jahres, von dem man eine baldige Genesung aus allen Mißständen erhofft. Ich bin nicht dieser optimistischen Ansicht. Es genügt meines Erachtens nicht, gewisse Gerichtskammern „Patentkammern“ zu benennen und nun abzuwarten, bis sie im Laufe der Zeit die nötige einschlägige Erfahrung erwerben. — Wie Herr Justizrat Haeuser selbst zugab, sind die Patentprozesse nicht so zahlreich. Die Fälle sind auch so verschieden, daß wir lange Jahre werden warten müssen, bis überhaupt eine Praxis sich ergibt. Bis dat qui cito dat — Rasche Hilfe tut not.

Fabrikbesitzer Dr. **Goldschmidt**-Essen: Wir sind ja einig darüber, daß die Uebelstände bestehen, und wir sind nur verschiedener Meinung, wie wir sie beseitigen sollen. Es ist von einigen Seiten vorgeschlagen, organisch einzugreifen in unser jetziges Gerichtssystem und einen neuen Gerichtshof zu bilden, einen technischen Gerichtshof, wenn ich so sagen darf, in dem wir ähnlich wie bei den Kammern für Handelssachen einen Gerichtshof bilden, in dem ein Richter mit technischen Beisitzern entscheidet. Die ungeheuren Schwierigkeiten hiervon hat Herr Justizrat Haeuser schon geschildert. In jedem Einzelfall müssen besondere sachverständige Beisitzer zugezogen werden, und wenn ich mir denke, daß bei einem chemischen Apparat, bei dem mechanische Gesichtspunkte in Betracht kommen, und vielleicht noch Elektrotechnik Anwendung findet, der Landgerichtspräsident beurteilen soll, dann wird er sehr in Schwierigkeit sein, welchen Beisitzer er nehmen soll. Diese Frage ist in unserem eigenen Kreise also noch sehr wenig geklärt, so daß wir mit positiven Vorschlägen gar nicht an die Regierung kommen können; und bis wir uns geeinigt haben und Anträge gestellt werden, und das Gesetz folgt, bis dahin sind die 5 oder 8 Jahre vorüber, in denen nach Herrn Justizrat Haeuser die ersten Oberrealschul-Abiturienten Recht sprechen werden. Die Genesung, wie mein Nachbar sagt, werden wir nicht erreichen, aber eine gewisse Besserung werden wir erreichen, wenn wir dem Ministerialerlaß folgen und gewisse Kammern sich einarbeiten lassen in die Materie. Es brauchen den Kammern ja nicht nur die Patentsachen zuerteilt zu werden, sondern es bleibt ihnen überlassen, auch andere technische Sachen zu behandeln, und etwas weiteres werden wir als praktische Leute zunächst nicht erzielen können.

Ich habe in meinen ersten Ausführungen schon darauf hingewiesen: Es ist natürlich Sache der Parteien, dem Richter diese schwierigen technischen Materien klar zu machen, und er muß nur die Fähigkeit haben, sich hineinzuarbeiten. Eine besondere Schwierigkeit liegt eben darin, daß es eine große Anzahl Richter gibt, die es nicht verstehen. Wenn es ihnen von den Parteien noch so klar gemacht wird, so verstehen sie die chemischen Fragen nicht.

Das zweite ist, daß ja allerdings anerkannt ist, daß die Sachverständigenfrage eine außerordentlich große Schwierigkeit bildet, und da möchte ich doch die große Personalkenntnis, die das Patentamt hat, nicht brach liegen lassen. Das würde sehr wohl in der Lage sein, Sachverständige vorzuschlagen, und ich bin ganz einverstanden damit, daß auch die physikalisch-technische Reichsanstalt (Zuruf: Geschieht schon sehr häufig) herangezogen wird. Das Patentamt aber hat zweifellos gar nicht die Befugnis (Zuruf: Geschieht sehr häufig) — so vom Gericht befragt? (Zuruf: Ja.) Immerhin könnte man in der Resolution darauf hinweisen.

Was dann die Honorierung der Sachverständigen betrifft, so haben wir die große Schwierigkeit, daß die Sachverständigen sehr schlecht honoriert werden, wenn sie für ein Gutachten, oft für ein umfangreiches Gutachten, in Anspruch genommen werden. Daß der Sachverständige, wenn er nicht Richter ist, eine unwürdige Position hat, kann ich nicht zugeben. Es ist doch nicht seine Sache. Es fühlt sich doch kein Arzt dadurch herabgesetzt, daß er nicht entscheidet, sondern nur Rat erteilen kann. Es ist ja auch schon heute nicht ausgeschlossen, daß die Richter den Sachverständigen hinzuziehen, bevor sie die Frage formulieren (Zuruf: Ausgeschlossen!). Vorschläge kann er doch machen? Ich entsinne mich doch, daß die Richter die Frage stellen: Es ist zu entscheiden nicht nur die vorliegende Frage, sondern auch (Herr Justizrat Haeuser: Der Sachverständige wird heute nur durch formulierten Beweisbeschluß gefragt) die Frage könnte aber heute schon erweitert werden nach dem Gutachten der Sachverständigen.

Berichterstatter Regierungsrat Professor Dr. **Leidig**-Berlin: Ich habe mir erlaubt, Ihnen einen Einigungsvorschlag zu unterbreiten. Ich möchte empfehlen zu beschließen:

„1. Die Trennung der Streitigkeiten in Patentsachen von der ordentlichen Gerichtsbarkeit liegt nicht im Interesse der Industrie.

2. Dagegen ist es erwünscht, innerhalb der ordentlichen Gerichtsorganisation Kammern zu schaffen, die aus Juristen und Technikern als Richter zusammengesetzt sind."

Da lasse ich also die Frage, die Herr Justizrat Wandel anschnitt, vollkommen unentschieden.

„3. Die Erstreckung der Zuständigkeit dieser Kammern über mehrere Landgerichtsbezirke wird notwendig sein."

Meine Herren, ich glaube, daß diesem Antrage auch die Herren Dr. Goldschmidt und Wandel zustimmen können. Ich möchte aber die Frage doch noch unter einen gewissen taktischen Gesichtspunkt stellen. Der Verein zum Schutz des gewerblichen Eigentums hat zweifellos auf diesem Gebiet, das uns hier interessiert, sich eine allgemeine, auch in der Oeffentlichkeit, auch bei den Reichsbehörden anerkannte Stellung geschaffen, mit gutem Fug geschaffen. Diese Frage bildet fast den einzigen Gegenstand des Kongresses, der im Sommer in Leipzig zusammentritt, und auf dem in dieser Angelegenheit eine Entscheidung getroffen werden soll. Wir haben geglaubt, deshalb diese Frage auch in diesem Kreise, in dem nicht die Patentanwälte, nicht die Rechtsanwälte, nicht die wissenschaftlichen oder sonstigen Freunde der Weiterbildung des Patentschutzes vertreten sind, sondern lediglich Industrielle beraten; wir haben geglaubt, diese Frage hier zur Erörterung bringen zu sollen, gerade um sie einseitig von diesem einen Standpunkt des Industriellen betrachten zu lassen und damit gewissermaßen — ich will nicht sagen: einen Wegweiser, aber doch immerhin ein kleines Merkzeichen für diejenigen aus der Industrie zu geben, die sich auf dem Kongresse selbst in dieser Frage betätigen wollen.

Wenn wir nun diese Frage, wie Herr Dr. Goldschmidt hier aus einem meines Erachtens etwas zu weitgehenden Friedensbedürfnis vorschlägt, ganz in suspenso lassen wollen, und wir äußern uns über die Frage der Sondergerichtsbarkeit, die doch entscheidend ist, überhaupt nicht, so erreichen wir nicht das, was wir erreichen wollen, daß ein industrielles Votum abgegeben wird auch für die Verhandlungen des Leipziger Kongresses. Deshalb möchte ich bitten, Sie mögen sich entscheiden, nach welcher Richtung Sie wollen, in jedem Falle aber Stellung zu nehmen, beispielsweise auch durch Ablehnung der ersten Worte meines Antrages.

Ich wollte das noch ausdrücklich konstatieren: Die von mir vorgeschlagene Organisation, die übrigens nicht aus meinem Kopfe stammt, sie ist keine Sondergerichtsbarkeit, das ist ja schon von allen Seiten hervorgehoben, sondern sie ist lediglich eine Einfügung in die ordentliche Gerichtsbarkeit, wie wir sie bei den Kammern für Handelssachen und bei den Schöffengerichten schon haben, und wie wir sie in immer weiterem Umfange bekommen werden. Das steht aber gerade im Gegensatz zu der Forderung der Sondergerichte. Diese Vorwürfe also würde die vorgeschlagene Organisation nicht verdienen. Ich möchte Sie daher bitten, Stellung zu nehmen. Soweit ich Herrn Justizrat

Wandel verstanden habe, hält er rebus sic stantibus eine Sondergerichtsbarkeit in dieser Frage auch nicht für erforderlich. Er hat sie lediglich vom prinzipiellen Standpunkt aus betrachtet und hat nur am Schluß gesagt, für die Hauptfrage ist das auszuscheiden, wegen der großen Fülle von Schwierigkeiten.

Vorsitzender: Wir schreiten nunmehr zur Abstimmung.

Ich lasse zunächst abstimmen über den Antrag des Berichterstatters: „Die Trennung der Streitigkeiten in Patentsachen von der ordentlichen Gerichtsbarkeit liegt nicht im Interesse der Industrie."

Der Antrag ist gegen eine Stimme angenommen.

Wir kommen zum zweiten Antrag des Referenten:

„Dagegen ist es erwünscht, innerhalb der ordentlichen Gerichtsorganisation Kammern zu schaffen, die aus Juristen und Technikern als Richter zusammengesetzt sind."

Ingenieur **Schwager**-Berlin: Ich enthalte mich der Abstimmung.

Vorsitzender: Der Antrag des Berichterstatters ist angenommen.

Wir kommen dann zum Antrag 3 des Berichterstatters: „Die Erstreckung der Zuständigkeit dieser Kammern über mehrere Landgerichtsbezirke wird notwendig sein."

Der Antrag ist einstimmig angenommen.

Dann kommt der weitere Antrag des Berichterstatters: „Das Sachverständigenwesen bedarf dringend der Reform. Eine Besserung würde schon durch eine verstärkte Heranziehung des Patentamts und der Gewerblich-technischen Reichsanstalt bei der Auswahl und Ernennung von Sachverständigen möglich sein."

Auch dieser Antrag ist einstimmig angenommen.

Es kommt der Zusatz zu diesem Antrag, den Herr Dr. Goldschmidt gestellt hatte und den er nun dem Herrn Professor überlassen hat: „Die Sachverständigen sollen in einer den Verhältnissen entsprechenden Weise honoriert werden."

Ist angenommen.

Damit die ganze Abstimmung erledigt.

Es ist also folgendes angenommen:

„Die Trennung der Streitigkeiten in Patentsachen von der ordentlichen Gerichtsbarkeit liegt nicht im Interesse der Industrie. Dagegen ist es erwünscht, innerhalb der ordentlichen Gerichtsorganisation Kammern zu schaffen, die aus Juristen und Technikern als Richter zusammengesetzt sind. Die Erstreckung der Zuständigkeit dieser Kammern über mehrere Landgerichtsbezirke wird notwendig sein. Das Sachverständigenwesen bedarf dringend der Reform. Eine Besserung würde schon durch eine verstärkte Heranziehung des Patentamts und der Gewerblich-technischen Reichsanstalt bei der Auswahl und Ernennung von Sachverständigen möglich sein. Die Sachverständigen sollen in einer den Verhältnissen entsprechenden Weise honoriert werden."

Das ist das Ergebnis der Abstimmung.

Damit ist auch dieser Punkt der Tagesordnung erledigt.

Zweiter Tag.

Dienstag, den 10. März, vormittags 11 Uhr.

Vorsitzender Geheimrat **Koenig**-Berlin: Ich eröffne die Sitzung. Wir kommen zu dem nächsten Punkt der Tagesordnung:

4. Die Abhängigkeit der Patente.

Berichterstatter ist Herr Adolf Langen.

Direktor **Langen**-Cöln-Deutz: Die Abhängigkeit der Patente hängt mit dem § 3 des Patentgesetzes zusammen. Der Wortlaut dieses Paragraphen ist, wie Ihnen allen bekannt, im neuen Gesetz von 1891 gegenüber dem ursprünglichen verändert worden, und zwar auf ausdrücklichen Wunsch der damaligen Enquetekommission. Es war damals allgemein anerkannt, daß der Abhängigkeitsvermerk im Interesse der Industrie läge, und man hat daher den § 3 derartig geändert, daß es dem Patentamt auferlegt war, einen derartigen Vermerk zu machen. Leider ist aber die neue Fassung nicht derartig gewesen, daß sie auch die rechtliche Wirkung für diesen Abhängigkeitsvermerk klarstellte. Es ist daher der ursprüngliche Brauch des Patentamts, den Vermerk zu machen, nach einiger Zeit aufgegeben worden. Die Absicht, die bei Schaffung des neuen § 3 bestand, ist also nur durch die Unzulänglichkeit des Wortlautes vereitelt worden.

Die sachliche Prüfung auf Abhängigkeit ist nun nicht einfach. Es ist erklärlich, daß, wenn das Patentamt sich großer Mühe unterziehen mußte, um diesen Vermerk zu machen, es sich sehr bald dieser Arbeit nicht mehr unterzogen hat, nachdem dieselbe keine rechtliche Wirkung hatte. Die Prüfung ist deshalb umständlich, weil es sich um eine Frage handelt, die mit der Patentfähigkeit als solche nicht im Zusammenhang steht. Wenn auch großenteils das gleiche Material die Grundlage bietet, so kann nicht immer gleichzeitig die Prüfung auf Neuheit und die Prüfung auf Abhängigkeit durchgearbeitet werden, sondern es erfordert eine nach beiden Gesichtspunkten gesonderte

Betrachtung der älteren Patentansprüche, um daraus die Abhängigkeit herleiten zu können. Diese Prüfung ist auch nicht immer einfach vorzunehmen, denn man muß dabei den älteren Patentanspruch auf seinen Umfang hin genau studieren und auslegen. Besonders wird es, wenn ein Patentanspruch schon einige Jahre alt ist, schwer sein, den ursprünglichen Patentgedanken wieder herauszuschälen; und manchmal ist es sogar notwendig, im Sinne des Schutzes der Erfindung in den alten Anspruch diejenigen Gedanken hineinzuinterpretieren, die sich erst nachträglich als das wesentlichste der Erfindung herausgestellt haben. Letztere Gepflogenheit ist ja auch bei anderen Verfahren vom Patentamt geübt worden und muß wohl auch im Interesse des Erfindungsschutzes für richtig gehalten werden. Die Prüfung der Arbeit erfordert also von seiten des Patentamts ein ganz außerordentliches Eindringen in den technischen Zusammenhang; und gerade weil die Frage nicht sehr einfach liegt, ist es um so dringlicher, sie rechtzeitig und auch sachgemäß zu prüfen. Sie sachgemäß zu prüfen, ist schwierig, weil sie kompliziert liegt. Daß eine rechtzeitige Eintragung des Abhängigkeitsvermerkes durchaus im Interesse der Industrie liegt, ist schon bei der Enquete im Jahre 1886 allgemein anerkannt worden. Es ergeben sich auch in der Tat größere Unzuträglichkeiten dadurch, daß dieser Vermerk nicht rechtzeitig gemacht wird. Zunächst kommt der Besitzer eines jüngeren Patentes sehr leicht in die Verlegenheit, eine Patentverletzung zu begehen, weil er sich selbst über den Umfang und den Wert seines Patentes nicht im klaren ist; besonders bei sog. kleineren Erfindern, weniger leicht bei großen Firmen, kommen Irrtümer dieser Art und in ihrer Folge Patentverletzungen vor. Es sind mir eine Reihe von Fällen bekannt, wo kleine Erfinder an uns herangetreten sind mit dem Ersuchen, ihr Patent zu erwerben, und wo sie sich absolut dessen nicht bewußt und auch kaum davon zu überzeugen waren, daß die Erfindung nicht selbständig sei, daß also der Wert ihres teuer erworbenen Patentes wesentlich geringer sei, als sie ihn selbst veranschlagt hatten. Geht man nun an die wirtschaftliche Ausbeutung eines Patentes, so kommt es nicht nur bei kleinen, sondern auch bei großen Firmen vor, daß mitten in der Ausführung die Frage der Verletzung wegen Abhängigkeit auftaucht. Den kleineren Erfindern ist es deshalb außerordentlich schwer, klarzumachen, daß ihre Patente von grundlegenden Patenten abhängig sind, weil in ihrem Patent kein Bezug auf ein älteres genommen ist. Früher ist es ja so gewesen, daß die Abhängigkeit dadurch gekennzeichnet wurde, daß im Anspruch besonders Bezug auf das ältere Patent genommen wurde. Das ist heute in Wegfall gekommen; es werden heute in dem Patentanspruch nur die Grundzüge des Bekannten wiederholt. Eine Zeitlang wiederholte man wenigstens ziemlich wortgetreu, wenn auch ohne die ältere Patentnummer anzuführen, den älteren Anspruch. Heute werden aber nur einzelne aus diesem als bekannt vorauszusetzende Merkmale angeführt, so daß es aus dem Wortlaut des Patentanspruches tatsächlich nicht ersichtlich ist, daß überhaupt irgend etwas Aehnliches schon geschützt ist.

Die Unklarheit, die im Verhältnis des einen Patents zum andern besteht, ist aber auch direkt von schädlichem Einfluß auf die Entwicklung der großen Industrie, sie wirkt außerordentlich hemmend. Es läßt sich heute keiner gern auf eine lange Feststellungsklage ein, die umständlich ist und lange andauert. Ganz besonders ungern bei Abhängigkeitsfragen, wo die Materie sehr schwierig ist, und weil gerade bei dieser sehr schwierigen Materie die Rechtsunsicherheit groß ist und beim heutigen Stand unserer ordentlichen Gerichte der Ausfall der Entscheidung kaum vorauszusehen ist. Unter diesen Verhältnissen bleiben eine Reihe guter Erfindungen unfruchtbar liegen oder werden auf umständliche Weise umgangen. Das Interesse der Industrie geht also heute nach wie vor auf eine frühzeitige Klarstellung der Verhältnisse zweier Patente zu einander und auf eine schnelle und sachgemäße Erledigung in Streitfällen.

Wie sind nun diese Wünsche zu erreichen? Da muß ich auf den Hamburger Beschluß zu sprechen kommen, bei dem auch diese Frage erörtert und wo folgender Antrag angenommen wurde: unter der Erwägung, daß eine spätere Nachprüfung im Prozeßwege zulässig ist, soll das Patentamt ermächtigt sein, auf Antrag eines Einsprechenden im Erteilungsverfahren eine Abhängigkeitserklärung auszusprechen. Ich mache darauf aufmerksam, daß dieser Antrag nur mit ganz geringer Stimmenmehrheit angenommen worden ist. Aus dem Stimmenverhältnis ist natürlich schon zu sehen, wie geteilt damals die Ansichten gewesen sind. Einzelnen ging dieser Antrag nicht weit genug, anderen vielleicht zu weit. In diesem Antrag war der Vermerk nur auf Antrag eines Einsprechenden zu machen. Ich glaube, daß das die Tätigkeit des Patentamts zu sehr einschränkt.

Es scheint mir gerechtfertigt, das Patentamt zu ermächtigen, auch ohne erst den Antrag eines Einsprechenden abzuwarten, den Vermerk über Abhängigkeit zu machen. Das Patentamt wird auf Grund des zur Prüfung der Patentfähigkeit notwendigen Materials sehr häufig in der Lage sein, sofort die Abhängigkeit eines Patentes von einem andern zu erkennen; und es ist nicht einzusehen, warum es in diesen Fällen nicht berechtigt sein sollte, den Abhängigkeitsvermerk ohne weiteres zu machen, und die allseitig gewünschte Klarheit zu geben.

Eine andere Einwendung, die ich gegen diesen Hamburger Beschluß machen muß, ist die, daß hier nicht genügend der rechtliche Wert des Abhängigkeitsvermerkes gesichert ist. Wenn der Abhängkeitsvermerk gemacht wird, so muß er gegen früher unbedingt rechtlich gesichert sein. Wie schwierig diese Frage ist, das haben wir gestern gesehen, wo es sich um die Regelung des Verhältnisses der Patentamtsentscheidungen gegenüber den Entscheidungen der ordentlichen Gerichte handelte. Ich möchte aber besonders darauf aufmerksam machen, daß es sich bei der Abhängigkeit um einen eigenartigen Streitfall handelt, der ganz besonders geeignet ist, von den ordentlichen Gerichten weggenommen und der Entscheidung des Patentamts zugewiesen zu werden. Bei den Abhängigkeitsklagen, bei Prüfung des Abhängigkeitsverhältnisses wird es entgegen den übrigen Rechtsstreitigkeiten im wesentlichen darauf ankommen, auf Grundlage von schriftlichen Ansprüchen deren Verhältnis zueinander zu regeln. Bei den übrigen Patentstreitigkeiten ist der Weg des ordentlichen Gerichtes bei weitem der gegebenere; denn da handelt es sich um eine Feststellung von Tatsachen, die nur durch Zeugenverhör oder Beweisaufnahme festgestellt werden können — z. B. müssen Maschinen an Ort und Stelle untersucht werden —, während hier bei der Feststellung des Abhängigkeitsverhältnisses, soweit man tatsächlich nur auf das Verhältnis der beiden Patentansprüche zu einander Rücksicht nimmt, es nur auf die Auslegung der im Anspruch festgelegten Rechte ankommt.

Wir haben einen ganz ähnlichen Fall heute schon bei der Nichtigkeitsklage. Auch da kommt wesentlich in Frage, wie weit frühere Patente ausgelegt werden. Auch da ist das Patentamt ausschließlich als entscheidende Instanz eingesetzt worden, gerade wohl von dem Gesichtspunkte aus, daß diese Fragen leicht ohne Hinzuziehung von einem größeren Apparat von Sachverständigen und Zeugen und ohne Beweisaufnahme zu erledigen sind. Ich bin der Ansicht, daß, wenn diese Verhältnisse bei dem Abhängigkeitsverfahren ebenso liegen wie beim Nichtigkeitsverfahren, man doch wohl dazu übergehen könnte, dem Patentamt die Rechtsprechung in diesen Angelegenheiten zu übertragen.

Ich möchte mich nicht zu weit auf die Einzelheiten der Ausführung einlassen; ich möchte hier nur auf die Analogie des Verfahrens bei Nichtigkeitsklagen aufmerksam machen. Wir haben dort die Nichtigkeitsabteilung und das Reichsgericht, falls die Klage sich gegen ein bereits erteiltes Patent richtet. Der Einsprecher kann seine Ansprüche außerdem schon bei Erteilung geltend machen, vor der Anmeldeabteilung und vor der Beschwerdeabteilung. Eine ähnliche Einteilung der Instanzen halte ich auch bei der Prüfung der Abhängigkeitsfragen für möglich.

Ich habe mir erlaubt, meine Vorschläge in Form einer Resolution zusammenzufassen, deren Wortlaut folgender ist:

„Die Klarstellung des Abhängigkeitsverhältnisses von Patenten schon bei deren Erteilung und die schnelle und sachgemäße Entscheidung in späteren Streitfällen liegt im dringendsten Interesse der Industrie. Das Patentamt sollte ermächtigt und auf Antrag eines Einsprechenden verpflichtet sein, die Abhängigkeitserklärung auszusprechen. Dieser Erklärung ist durch Regelung der Berufungsinstanzen innerhalb des Patentamts nach Analogie des Nichtigkeitsverfahrens rechtlicher Wert zu verleihen, so daß ein Verfahren bei den ordentlichen Gerichten bis zur Entscheidung vor dem Patentamt ruht."

Vorsitzender: Ich eröffne die Diskussion über diesen Punkt der Tagesordnung und erteile Herrn Gondos das Wort.

Ingenieur **Gondos**-Cöln: Ich bedaure lebhaft, mit dem geehrten Herrn Berichterstatter nicht übereinstimmen zu können. Ich muß vor allem betonen, daß wir über diese Frage eigentlich schon gestern implizite entschieden haben; denn die Abhängigkeitsprüfung ist ja bloß eine Teilfrage aus dem Problem der Patentgerichtsbarkeit. Was ist denn eigentlich die Abhängigkeit? Man spricht von einer sogenannten wirtschaftlichen Abhängigkeit und von einer reinen Abhängigkeit. Die wirtschaftliche Abhängigkeit wäre die, wo ein Verfahren, eine Maschine nicht ausführbar ist, ohne wesentliche Merkmale eines älteren Patentes mitzubenutzen.

Diese Frage soll nach dem Antragsteller bezw. nach der allgemeinen Tendenz ausscheiden. Es soll lediglich die reine Abhängigkeit geprüft werden, wo die beiden Erfindungen verglichen werden. Es soll festgestellt werden, ob das, was in dem Patentanspruch des jüngeren Patentes als schutzfähig hingestellt wird, alle wesentlichen Merkmale des älteren Patentes mit enthält. Aber schon in dieser Einschränkung liegt die ganze Schwäche des Antrags; denn diese Fragen sind die verhältnismäßig einfachsten und kommen auch praktisch gar nicht oft vor, denn über diese Fragen kann sich der Rechtsuchende viel einfacher etwa durch einen Patentanwalt Gewißheit verschaffen. Aber aus dem ganzen großen Komplex der Abhängigkeitsfälle gerade die einfachsten und seltensten herauszuholen und darüber eine besondere Gerichtsbarkeit einzuführen, ich glaube, dafür liegt kein Bedürfnis vor.

Es wird immer vergleichsweise angezogen: das Patentamt entscheidet auch über die Nichtigkeitsfragen. Das ist aber nicht derselbe Fall. Bei der Nichtigkeitsprüfung bleibt das Patentamt im Rahmen seiner ursprünglichen Aufgabe; es ist nur eine wiederholte Prüfung auf

Neuheit, nicht aber das Feststellen des Verhältnisses zweier Rechte zu einander. Wir wollen in dieses den ordentlichen Gerichten überlassene Gebiet nicht hineingreifen, wenn kein wichtiger Grund hierzu vorliegt, für eine solche Teilregelung sehe ich wirklich keinen Grund.

Wie soll nun die Abhängigkeitsprüfung ausgeübt werden? Der Herr Berichterstatter schlägt vor: innerhalb des Anmeldeverfahrens und — soweit ich ihn verstanden habe — zwangsweise, d. h. das Patentamt soll von Amts wegen alle Anmeldungen daraufhin prüfen, ob sie von einem älteren Patent abhängig sind. (Zuruf: ermächtigt!) Es soll also auf Antrag eines Einsprechenden verpflichtet sein, in diese Prüfung einzutreten. Soweit ich mich an die Düsseldorfer Konferenz erinnern kann, erwähnte Herr Präsident Hauß: wenn das Patentamt die Abhängigkeit prüfen soll, muß es schon von Amts wegen sein. Ich kann die Folgerichtigkeit dieser Beweisführung nicht erkennen. Ich glaube, wir brauchen nicht päpstlicher zu sein als der Papst: denn wozu das? In vielen Fällen denkt der Inhaber des älteren Patentes gar nicht daran, solch weitgehende Ansprüche aus seinem Patente geltend zu machen, oder er läßt das Patent durch Nichteinzahlung der Gebühren vielleicht in den nächsten Tagen fallen. — In allen diesen Fällen wird die geleistete kolossale Arbeit unnütz vergeudet. Und daß es sich um eine kolossale Arbeit handelt, werden Sie, meine Herren, gewiß nicht verkennen, denn wir haben jetzt mindestens 35 000 Patentanmeldungen jährlich, und die Anmeldungen fallen nicht immer in ein und dieselbe Klasse, es werden oft mehrere Klassen berührt. Welch eine Belastung wäre das für das Patentamt und welche Belästigung für den Erfinder! Das brauche ich Ihnen wohl nicht zu erörtern. Wir hatten diese Prüfung bis 1897, aber ein besonderes Vergnügen war sie nicht, und zwar weder für das Patentamt noch für den Erfinder.

Die Abhängigkeitsprüfung aller Patentanmeldungen von Amts wegen wäre eine solch kolossale Belastung, Verschleppung und Verschlimmerung des Anmeldeverfahrens, daß wir sie wirklich nicht wünschen können. Dagegen hat anscheinend die Prüfung auf Antrag mehr für sich. Aber ich glaube, nur anscheinend; denn diese Prüfung auf Antrag wird sehr oft unnütze Streitigkeiten provozieren, und zwar zu einer Zeit, wo dazu gar kein Grund vorliegt; denn dann, wenn die Anmeldung ausliegt, ist vielfach kein Anlaß, Einspruch zu erheben. Man wird jedoch Einspruch erheben müssen, um vor den Gerichten dem Vorwurf zu begegnen: ja, warum habt ihr euch nicht beim Anmeldeverfahren gemeldet? Man wird gezwungen sein, Einsprüche systematisch zu erheben, um sich das Recht vor den ordentlichen Gerichten zu wahren. Die Einsprüche werden also künstlich gezüchtet, und wir haben schon gerade genug mit Einsprüchen zu tun.

Zu einer Verquickung der Abhängigkeitsprüfung mit dem Anmeldeverfahren liegt meines Erachtens gar keine Veranlassung vor. Was den Interessenten nottut, ist lediglich die Möglichkeit, gegebenen Falles, d. h. bei Eintreten von Rechtskollisionen vor kompetenten sachkundigen Gerichten Recht nehmen zu können. Wir wollen nicht an Termine gebunden sein, wir wollen unser Recht nehmen können, wenn die Kollision eben eintritt; denn sie tritt nicht in so viel Fällen ein, wie man meint, und lange nicht in allen Fällen, wo sie möglich erscheint. —

Die Abhängigkeitsfrage ist eben nur eine Teilfrage der Patentgerichtsbarkeit und kann nur mit dieser geregelt werden. Wenn wir die Patentgerichtsbarkeit bei den ordentlichen Gerichten belassen — meinetwegen den zu schaffenden Patentkammern —, dann können wir diesen Patentkammern auch ganz ruhig die Abhängigkeitsfragen unterbreiten. Sie werden sie gewiß nicht schlechter erledigen als die sonstigen Patentprozesse. Aber gerade diese Frage herauszureißen, um einen ganz kleinen Teil der Prozesse dem Patentamte zu überweisen, dafür liegt meines Erachtens keine Veranlassung vor. Ich kann den Antrag des Herrn Berichterstatters in dieser Form nicht annehmen.

Justizrat **Haeuser**-Hoechst a. M.: Ich habe ebenfalls recht große Bedenken gegen die Vorschläge des Herrn Referenten. Auch ich möchte betonen, daß die Abhängigkeit an sich eine Frage ist, die fast in jedem Patentprozeß zur Erörterung kommt. Wenn wir von den Fällen einer ganz groben Patentverletzung absehen — und die sind verhältnismäßig sehr selten, denn so dumm ist der Patentverletzer kaum, daß er das Patent buchstäblich nacharbeitet —, so liegen die Patentverletzungsfälle immer so, daß der Patentverletzer an dem Stoff oder an dem Verfahren, das durch Patent geschützt ist, Aenderungen anbringt und behauptet, diese Aenderungen wären so bedeutend, daß sie den Stoff bezw. das Verfahren zu einem total anderen machten, als das, das durch Patent geschützt sei. Dann entsteht jedesmal die Frage: ist diese Abänderung so erheblich, daß in der Tat dieser Stoff oder das Verfahren aus dem Rahmen des alten Patentes herausfällt, oder sich noch innerhalb des Rahmens des alten Patentes bewegt? Ist das letztere der Fall, so liegt entweder Identität oder Abhängigkeit vor. Fällt sie aus dem Rahmen heraus, ist es eben etwas anderes. Ob aber für diese Aenderung, die der Zweite anbringt, noch ein Patent erlangt werden kann, ob das noch eine Erfindung darstellt, das ist zunächst von ganz sekundärer Bedeutung für die Frage der Patentverletzung.

Wenn es noch eine Erfindung darstellt, kann er ein Patent darauf bekommen, und fällt diese Erfindung in den Rahmen der früheren Erfindung, dann spricht man von einem Abhängigkeitspatent. Wenn aber der Zweite aus irgend einem Grunde überhaupt nicht anmeldet, ist von einem Abhängigkeitspatent, von einer Entscheidung des Patentamts überhaupt keine Rede, dann können und müssen die ordentlichen Gerichte berufen sein. Sie sehen also, es liegt ganz eigentlich in der Hand des — ich will mal sagen — des zweiten Erfinders, ob er die Zuständigkeit des Patentamts herbeiführen will oder nicht. Wenn er es für richtiger hält, die Sache als Fabrikgeheimnis für sich zu behalten, oder wenn er aus anderen Gründen mit dem Patentamt in der betreffenden Sache nicht verkehren will, dann kommt dieses überhaupt nicht in die Lage, auf Abhängigkeit zu erkennen, auch wenn der Antrag angenommen werden sollte.

Ich glaube deshalb, daß in der Tat die sogenannte abhängige Erfindung nicht etwa einen eigentümlichen Tatbestand darstellt, sondern ein besonders qualifizierter Teil der Fälle ist, in denen eine Handlungsweise in den Rahmen eines früheren Patentes eingreift, eben dadurch qualifiziert, daß diese Handlungsweise für sich noch eine Erfindung darstellt. Der Zustand war früher so: das Patentamt hielt sich für verpflichtet und berechtigt, die Abhängigkeitsfrage zwischen einer früheren und einer später angemeldeten Erfindung zu prüfen. Diese Prüfung ist, wie der Herr Referent selbst betont hat, außerordentlich schwierig, es ist nämlich in den meisten Fällen auch nach meiner Erfahrung viel leichter festzustellen, daß eine Erfindung vorliegt, als daß diese Erfindung in den Rahmen einer älteren Erfindung eingreift. Das ist häufig eine so schwierige Frage, daß man in vielen Fällen überhaupt keine Antwort darauf geben kann. Es muß eben, um diese Frage beantworten zu können, der Rahmen und die Tragweite des früheren Patentes genau festgestellt werden; und da kommt in Betracht, daß in sehr vielen Fällen diese Feststellung ganz zwecklos ist, indem sowohl das frühere Patent keine praktische Bedeutung hat wie auch seine Abänderung nicht. Dann ist es ganz gleichgültig, ob eine Abhängigkeit vorliegt oder nicht. Dann macht sich das Patentamt, wenn es von Amts wegen prüft, wie das im früheren Verfahren der Fall war, eine enorme Arbeit, die vollständig zwecklos geleistet ist. Die Fälle, in denen die Frage wirklich praktisch wird, sind, glaube ich, an Zahl die bei weitem geringeren. Denn die große Mehrzahl unserer Patente kommt doch überhaupt nicht zu einer praktischen Bedeutung, das wissen wir alle. Deshalb bin ich auf den Standpunkt gekommen, daß es aus Zweckmäßigkeitsgründen, um das

Patenterteilungsverfahren nicht unnötig aufzuhalten, sich nicht empfiehlt, dem Patentamt die Prüfung zu übertragen. Das Patentamt ist ja so wie so mit Arbeit genügend überhäuft. Ich würde ihm diese außerordentlich schwierige Arbeit, die, wie gesagt, nicht eine Prüfung auf Erfindung bedeutet, sondern die sehr schwierige Frage: was ist denn eigentlich in früheren Patenten nun alles geschützt und was nicht? nicht zwecklos übertragen. Der Hauptgegengrund ist ja allerdings der: Daß bei der Erteilung dieser Patente ohne einen Abhängigkeitsvermerk eine gewisse Rechtunsicherheit besteht, dieses Argument verkenne ich durchaus nicht. Aber ich meine, der Nachteil, der sich da herausgebildet hat, hat sich in der Praxis nicht so sehr fühlbar gemacht, daß es nötig wäre, von der jetzigen Regelung abzugehen. Ich habe wenigstens die Erfahrung gesammelt, daß der heutige Zustand erheblich besser ist als der frühere, und das sich tatsächlich die Parteien sehr gut vertragen, ohne daß bei dem Patentamt diese Frage erörtert wird.

Nun hat man sich ja allgemein überzeugt, daß es unzweckmäßig ist, dem Patentamt eine derartige in zahlreichen Fällen ganz unnötige Arbeit aufzuhalsen. Deshalb hat man — auch in Düsseldorf — den Vorschlag gemacht, man solle nicht das Patentamt zwingen, die Abhängigkeit zu prüfen, sondern, wie ja auch vom Berichterstatter vorgeschlagen wurde, ihm entweder nur die Ermächtigung geben, oder ihm einen Zwang nur auf Antrag auferlegen. Meine Herren, das geht nicht. Das hat auch der Präsident Hauß, wie schon mein Vorredner erwähnt hat, in Düsseldorf ausdrücklich abgewiesen, und zwar mit guten Gründen. Er sagt: eine Behörde hat entweder eine Pflicht zu prüfen oder sie prüft überhaupt nicht. Aber einfach dem Gutdünken eines Vorprüfers oder einer Abteilung zu überlassen, ob sie sich mit der Abhängigkeitsfrage befassen will oder nicht, das würde zu der schreiendsten Rechtsunsicherheit führen; denn dann kämen aus dem Patentamt Patente heraus, die auf Abhängigkeit geprüft werden mit einem Abhängigkeitsvermerk. Auf der anderen Seite würde es Patente geben, die nicht geprüft wären; und da wird jeder sagen: ein Patent, das ein Abhängigkeitsvermerk nicht mehr hat, wenn andere sie haben, ist selbstverständlich ein unabhängiges Patent. Dadurch würden wir in der Tat in greuliche Verhältnisse hineinkommen.

Dieselben Argumente sprechen auch gegen die Prüfung auf Antrag. Wenn ich der Partei den Antrag überlasse, bekomme ich auch zwei Sorten von Patenten: solche, bei denen der Antrag gestellt worden ist, und solche, bei denen er aus irgend einem Grunde nicht gestellt worden ist. Vielleicht ist es der Grund, daß der betreffende frühere Inhaber die Sache übersehen und den Antrag vielleicht nicht rechtzeitig gestellt hat, während er ihn sonst vielleicht recht gern gestellt hätte. Dann müßte ja auch auf jedes Patent geschrieben werden: dieses Patent ist auf Abhängigkeit geprüft — dieses ist nicht geprüft. Wie soll ich denn sonst einem Patent ansehen, daß die Abhängigkeit wohl geprüft, aber verneint worden ist. Dann müßte eine kleine Geschichte zu der Patenturkunde zugeschrieben werden. Dann sieht das Patent, bei dem die Abhängigkeit verneint ist, genau so aus wie das, das nicht geprüft worden ist. Sie können es den Dingen überhaupt nicht ansehen.

Kurzum, es würden ganz unhaltbare Zustände entstehen. Es spricht noch ein anderer Grund gegen die Zulassung der Prüfung auf Antrag. Es ist ein alter Grundsatz: niemand soll seinem Richter entzogen werden. Hier würde man aber seinem Richter entzogen. Hier hinge es von dem Ermessen einer Partei ab, nämlich des früheren Patentinhabers, ob er durch seinen Antrag die Prüfung der Abhängigkeitsfrage vor das Forum des Patentamts bringen will, oder ob er es vielleicht für besser hält, diesen Antrag nicht zu stellen und aus bestimmten Gründen zu sagen: in diesem Falle gehe ich lieber an die ordentlichen Gerichte und suche mir da mein Recht. Der spätere Anmelder hat aber dasselbe Recht. Er müßte dann auch bestimmen können: ich will entweder an das Patentamt oder an die ordentlichen Gerichte gehen. Eine derartige Regelung, daß eine Partei einseitig die zuständige Behörde über einen Fall entscheiden soll, ist unmöglich. Beide Parteien müssen gleiche Rechte haben, entweder die Gerichte oder das Patentamt.

Dann ist noch ein Grund hervorzuheben, der gegen die Ermächtigung des Patentamts spricht. Es hat sich in früheren Verfahren wiederholt als Unbilligkeit herausgestellt, daß bei zwei Instanzen die Erfindung für abhängig erklärt wurde und dann der Instanzenzug für den Betreffenden erschöpft war, während umgekehrt, wenn das Patentamt für zuständig erklärt wird, der Patentinhaber zweifellos auch im Nichtigkeitsverfahren auf Einführung des Abhängigkeitsvermerkes klagen könnte. Das hat man früher auch getan; und dadurch ist erst das Reichsgericht überhaupt dazu gekommen, zu sagen: das Patentamt hat überhaupt kein Recht, sich mit der Prüfung der Abhängigkeitsfrage zu beschäftigen, infolgedessen weisen wir diese Nichtigkeitsklage ab. Gibt man aber die Ermächtigung, dann hat der eine Teil vier Instanzen und der andere nur zwei. Das geht nicht; deshalb hat man allerdings immer gesagt: das Patentamt darf nicht ermächtigt werden nur dann, wenn zugleich auch ein Instanzenzug für den späteren Anmelder in der Weise eingeführt wird, daß auf ihm eine der Nichtigkeitsklage entsprechende Klage auf Beseitigung des Abhängigkeitsvermerkes gegeben ist.

Ich glaube, alle diese Gründe sprechen dafür, daß man es bei dem heutigen Zustande belassen und nicht dazu zurückkehren soll, die Abhängigkeitserklärung dem Patentamt zu übertragen.

Vorsitzender: Sie würden also den Antrag stellen, Herr Justizrat, es bei dem heutigen Zustande zu belassen?

Justizrat **Haeuser**=Hoechst a. M.: Ja, wie das auch in Düsseldorf beschlossen ist, und zwar dieses Mal mit bedeutender Majorität.

Regierungsrat Professor Dr. **Leidig**=Berlin: Meine Herren, ich stehe in dieser Frage im wesentlichen auf dem Standpunkt des Herrn Berichterstatters und bin auch nicht der Ueberzeugung wie Herr Gondos, daß diese Frage implizite bereits durch unseren gestrigen Beschluß hinsichtlich der Sondergerichtsbarkeit entschieden worden ist. Ich glaube, daß es sich bei unseren gestrigen Beschlüssen doch um reine Patentverletzungen handelte, um Schadenersatzklagen, bei denen ein Patent die Unterlage bildet. Hier handelt es sich um etwas anderes, um die Beziehungen zweier Patente zu einander, eine Frage durchaus des Patentrechts, die allerdings — ich will es nicht bestreiten — auch innerhalb der ordentlichen Gerichtsbarkeit entschieden werden könnte.

Nun stimme ich dem Herrn Justizrat Haeuser durchaus darin bei, daß derselbe Tatbestand dann immer vor die ordentlichen Gerichte kommen muß, wenn die spätere Erfindung nicht zum Patent angemeldet wird, trotzdem sie in den Rahmen des älteren Patentes eingreifen könnte. Ich glaube, daß damit die Ausführungen des Berichterstatters nicht widerlegt worden sind, weil eben eine patentierte Erfindung wirtschaftlich und rechtlich etwas ganz anderes ist als eine nichtpatentierte Erfindung. Ein Patent ist an sich eine vom Staat gegebene ausschließliche Berechtigung, ein Ausschlußrecht, wie es ja heutzutage genannt wird, ein Exklusivrecht, das eben durch diese Gewährung des Patentschutzes etwas spezifisch rechtlich und wirtschaftlich anderes wird, wie die Erfindung an sich, die sich lediglich innerhalb des Wirtschaftslebens darstellt. Deshalb sehe ich durchaus keinen Grund, weshalb nicht der Streit zweier Patente miteinander in einem anderen Verfahren erledigt werden könnte wie der Streit einer nichtpatentierten zu einer patentierten Erfindung.

Nun möchte ich als einen der Hauptgründe für die Auffassung des Herrn Berichterstatters anführen, daß im Jahre 1891 alle gesetzgebenden Instanzen darin einig waren, daß sie das Verfahren und denjenigen Zustand herbe führen wollten, den der Herr Referent jetzt herbeiführen will. Die Entscheidung des Reichsgerichts, die die Abhängigkeitserklärung dem Patentamt entzogen hat, widerspricht somit an sich den Anschauungen der gesetzgebenden Faktoren. Das Reichsgericht hat seinerzeit durchaus richtig entschieden; denn die Auffassung der gesetzgebenden Faktoren kann keine Bedeutung für den Richter haben, wenn sie nicht schließlich in dem zustandegekommenen Gesetz auch zum Ausdruck gekommen ist, und daß das nicht geschehen ist, hat meines Erachtens das Reichsgericht mit durchaus durchschlagenden Gründen bewiesen. Der Tatbestand bleibt aber deshalb doch der, daß nicht nur die gesetzgebenden Faktoren, sondern auch die wirtschaftlichen Interessentenkreise seinerzeit die Aufrechterhaltung des bisherigen Zustandes, die Zuständigkeit des Patentamts, gewünscht haben; und nicht nur das, auch das Patentamt selbst hat an sich die Aufrechterhaltung dieses Zustandes gewollt und hat ihn für richtig und zweckmäßig gehalten. Gegen den Willen des Patentamts ist ihm diese Zuständigkeit durch die Entscheidung des Reichsgerichts entzogen worden.

Ich muß nun anerkennen, daß heutzutage gegen die Wiedereinführung dieses Zustandes auch innerhalb des Patentamts erhebliche Bedenken bestehen. Das liegt in der immer mehr zunehmenden Geschäftslast des Patentamts; denn darüber kann kein Zweifel sein, daß hier dem Patentamt eine neue große Geschäftslast zugemutet wird, während es schon heute so groß geworden ist, daß eine einheitliche Leitung für diese Behörde immer schwieriger wird. Ich möchte aber doch glauben, daß die Vorteile, die Frage der Abhängigkeit des einen Patentes von dem andern innerhalb des patentrechtlichen Verfahrens zu entscheiden, nach vielen Richtungen hin in Uebereinstimmung mit dem, was der Referent hervorgehoben hat, so groß sind, daß die Möglichkeit, diese Entscheidung herbeizuführen, nicht so ohne weiteres von der Hand gewiesen werden sollte.

Ich möchte die Anregung geben, zu untersuchen, ob es nicht möglich ist, daß in derselben Weise, wie es auf so vielen Gebieten, wenigstens unseres preußischen Verwaltungsrechtes, aber auch anderer deutscher Staaten geschieht, wie es in der Gewerbeordnung in zahlreichen Fällen festgesetzt ist, daß diese quasi verwaltungsrechtliche Entscheidung zunächst als ein Vorbescheid getroffen wird, demgegenüber dann ja die Möglichkeit der Beschreitung des ordentlichen Rechtsweges beiden Parteien gegeben sein mag. Eine Regelung, die doch in zahlreichen Fällen bei der autoritativen Stellung des Patentamts zu einer endgültigen Entscheidung des Streites führen würde; denn sonst haben ja Instanzenzüge überhaupt keine Bedeutung, wenn man nicht damit rechnet, daß eine große Anzahl der Parteien sich mit der Entscheidung der ersten oder zweiten Instanz schließlich beruhigen. Andererseits würde den beiden Parteien die Möglichkeit gegeben sein dieselben Rechte zu haben, die ihnen heute durch die Gerichte gegeben sind. Ich erinnere daran, daß wir eine derartige Regelung auf dem Gebiete des Gewerberechts, des Konzessionswesens, Wasserrechts, Wegerechts, des preußischen Schulrechts in sehr zahlreichen Fällen haben. Ueberall handelt es sich um Vorentscheidungen, die von der Verwaltungsbehörde innerhalb eines verwaltungsrechtlichen Verfahrens getroffen werden. Ich bin natürlich nicht in der Lage, und es ist auch hier nicht der Ort dazu, diesen Gedanken weiter auszuführen. Ich glaube aber doch, daß sich dabei ein Ausgleich der beiden Interessen sehr wohl ermöglichen ließe.

Justizrat **Haeuser**-Hoechst a. M.: Gestatten Sie mir auf den letzten Vorschlag noch eine kurze Bemerkung. Mit diesem Vorbescheide würde der Zustand wieder herbeigeführt werden, den wir ja lange im Patentamt, namentlich in der chemischen Abteilung, gehabt haben. Ich glaube, als schon alle anderen Abteilungen aufgehört hatten, sich mit der Abhängigkeitsfrage zu beschäftigen, hat die chemische Abteilung fortgefahren, die Abhängigkeit zu prüfen. Nach der Entscheidung des Reichsgerichts ist damit nur ein Vorbescheid, eine vorläufige Ansicht, eine gutachtliche Aeußerung des Patentamts gegeben. Dieser Zustand würde ja die erheblichen Mißstände, die der Vorschlag des Herrn Berichterstatters mit sich führen könnte, insofern nicht haben, als damit dem Anmelder Gelegenheit gegeben wäre, die Sache noch einmal einer weiteren Prüfung durch die Gerichte zu unterbreiten. Aber ich glaube, auf diesen Vorschlag brauchen wir aus dem einfachen Grund nicht weiter einzugehen, weil das Patentamt schließlich erkannte, daß dieser Zustand nicht beibehalten werden konnte. Der Präsident hat sich in schärfster Weise dagegen ausgesprochen, und ich glaube, die Stimmung sämtlicher Räte im Patentamt entspricht der Meinungsäußerung des Präsidenten. Sie wollen solche unverbindlichen Vorbescheide nicht geben, die nachher keinerlei bindende Kraft haben. Sie wollen im Patentamt entweder zuständig sein, die Frage endgültig und für die Gerichte bindend zu entscheiden, oder sie wollen sich mit der Frage überhaupt nicht beschäftigen. Sie sagen: diese enorme Arbeit uns zu machen, eigentlich nur, um die Parteien etwas zu instruieren, die sich nachher um unseren Vorbescheid kümmern können oder nicht, das kann man uns nicht zumuten.

Ich möchte noch bemerken, im Jahre 1891 war man ja allerdings der Ansicht, welche Herr Prof. Leidig erwähnt hat. Damals war das Patentamt, das immer noch daran festhielt, das Reichsgericht hätte ihm die Kompetenz zu Unrecht abgenommen, sehr gern bereit, die Prüfung dieser Frage in dem Sinne zu übernehmen. Aber ich glaube, aus den von Herrn Prof. Leidig sehr richtig angeführten

Gründen ist das Patentamt inzwischen ganz anderer Ansicht geworden. Es hat heute selbst das Gefühl, daß, wenn es bei der seit 1891 enorm gewachsenen Geschäftslast die Prüfung wieder übernehmen sollte, es vor eine Aufgabe gestellt würde, die es kaum würde bewältigen können.

Ingenieur **Gondos**-Cöln: Ich möchte noch auf eine Bemerkung des geehrten Herrn Professor Leidig zurückkommen. Ich muß feststellen, daß es sich bei der Abhängigkeitsprüfung unter allen Umständen um die Abgrenzung zweier Rechte zu einander handelt, also um einen Fall, der in das Gebiet der ordentlichen Gerichte gehört. Wir beschränken uns aber nur auf einen ganz kleinen Kreis der Abhängigkeitsfälle, wo das Verhältnis zweier Erfindungen zu einander geprüft werden soll. Das ist auch nur ein Abgrenzen zweier Rechte. Was wird nun dadurch erreicht? Die Rechtssicherheit wird dadurch nicht erhöht; denn die wirtschaftliche Abhängigkeit bleibt deshalb bestehen und es ist noch lange nicht gesagt, daß der Patentinhaber des jüngeren Patentes sein Patent, das die Abhängigkeitsprüfung bestanden hat, nun auch wirklich ausführen darf. Ich wiederhole, durch die Abhängigkeitsprüfung wird die Rechtssicherheit nicht erhöht, im Gegenteil, es wird nur Verwirrung geschaffen; ein falsches Sicherheitsgefühl, was noch gefährlicher ist als die Unsicherheit.

Direktor **Langen**-Cöln-Deutz: Wie ich meinen Antrag stellte, war ich mir wohl bewußt, daß damit kein idealer Zustand geschaffen wird. Es ist ganz selbstredend, daß Unzuträglichkeiten, wenn auch größtenteils formaler Natur, dadurch entstehen, daß der eine Anspruch auf Abhängigkeit geprüft worden ist, der andere nicht. Es ist auch klar, daß dem Patentamt sehr viel größere Arbeit erwächst. Ich habe beides möglichst einzuschränken versucht, indem ich nicht bloß, wie in dem Hamburger Beschluß beabsichtigt, auf Einspruch den Abhängigkeitsvermerk als zulässig erachte, sondern auch das Patentamt ermächtigen möchte, nach eigenem Ermessen zu entscheiden, wo es auf Grund des Materials ohne umfangreiche Prüfung möglich ist. Die wirtschaftliche Abhängigkeit, die Herr Gondos anführte, kommt wohl in den wenigsten der Fälle in Frage. Sie ist zunächst einmal sehr schwer herauszuschälen. Sie schält sich erst im Laufe des ordentlichen Verfahrens aus, und sie wird auch immer Sache der ordentlichen Gerichte bleiben. Aber selbst die von Herrn Gondos als so einfach dargestellte Frage der tatsächlichen Abhängigkeit des einen Patentanspruches vom anderen ist heute nicht so leicht und mit Sicherheit zu erledigen. Mir sind eine ganze Reihe von Fällen bekannt, wo es sich lediglich um die Abhängigkeit der Ansprüche bei Patenten handelte und wo die Sachen verhältnismäßig klar zu liegen schienen. Trotzdem ist es bei dem heutigen Verfahren während der Verhandlung sehr unsicher gewesen, in welcher Weise die ordentlichen Gerichte entscheiden würden; und es ist eine ganze Unsumme von Schriftsätzen, Gutachten, Verhandlungen notwendig gewesen, eine Entscheidung dahin zu bekommen, wie sie das Patentamt auf ganz kurze Prüfung des Materials hin wohl von vornherein getroffen haben würde. Ich muß wiederholt betonen, daß es außerordentlich im Interesse der Industrie liegt, die Verhältnisse rechtzeitig geprüft zu sehen. Wenn man heute erst wartet, bis der Streitfall aufgetaucht ist, dann ist die wirtschaftliche Lage, die die Verwertung des betreffenden Patentes bedingte, vorübergegangen, wenn der Patentprozeß entschieden ist. Bei der unendlich langen Dauer derartiger Prozesse hat sich die wirtschaftliche Lage schnell so verschoben, daß am Schluß des Prozesses die Sache kaum noch irgend welchen Wert hat.

Ich möchte auch noch einmal ausdrücklich betonen, daß besonders für den kleinen Erfinder, der seine Erfindung wenig eingehend prüft, leicht eine Enttäuschung über den Wert seiner Erfindung entstehen kann. Bei den großen Firmen wird dies allerdings leichter vermieden, denn diese prüfen meist fortlaufend den ganzen Bestand an Patenten, die in ihr Gebiet fallen. Sie werden meines Erachtens sehr leicht den entsprechenden Antrag auf Abhängigkeit stellen können, weil sie das Gebiet übersehen. Der kleine Erfinder tut das nicht; mit dem ist nachher außerordentlich schwer zu verhandeln. Er basiert sein Geschäft womöglich auf diese Erfindung und muß nachher von der Ausführung abstehen.

Ich erkenne wohl die Mängel an, die meinem Antrage anhaften. Aber ich muß doch sagen, daß der heutige Zustand doch das größere von den beiden Uebeln ist; und ich glaube, daß wir wohl meinem Antrag als dem kleinen Uebel zustimmen könnten.

Regierungsrat Professor Dr. **Leidig**-Berlin: Ich möchte gegenüber Herrn Justizrat Häuser hervorheben, daß ich mir es sehr wohlerklären kann, daß die chemische Abteilung des Patentamts gesagt hat: was sollen wir hier immer Gutachten abgeben, die jeden Augenblick ohne weiteres angegriffen werden können. Aber das ändert sich in dem Augenblick, wo Sie meinen Vorschlag annehmen. Für die Anfechtung eines Vorbescheides werden zunächst Fristen gesetzt, dann aber drehen sich, wie es in Preußen fast allgemein ist, in dem späteren Verfahren die Parteirollen um, und dies beides gibt eine solche Stärke für den Vorbescheid des Patentamts, daß er dadurch eine ganz wesentliche Bedeutung gewinnt. Ich glaube, daß die Verhältnisse bei meinem Vorschlage ganz anders liegen, wie bei der Abgabe unbeachtlicher Gutachten.

Ich möchte noch eins sagen. Ich habe mir das Vergnügen gemacht, die vier Blätter, die die „Kölnische Zeitung“ an einem Tage herausgibt, durchzuprüfen, und da habe ich gesehen, daß nach meiner Taxe für etwa 20 Millionen Mark Wert an neuen Erfindungen an einem Tage in dieser Zeitung angeboten werden. (Heiterkeit.)

Ingenieur **Edmund Levy**-Berlin: Ich gebe zu, daß der Gedanke, die Abhängigkeitsfrage mit zu den Kompetenzen des Patentamts zu legen, etwas außerordentlich Bestechendes hat, weil die Abhängigkeitsfrage im wesentlichen aus der Erteilungsgeschichte eines Patentes entschieden werden kann. Die Rechtsgrenzen eines Patentes sind eben durch die aus dem Wortlaut der Ansprüche hervorleuchtende, dem Erfinder zum Bewußtsein gelangte Erfindungsabsicht bestimmt. Ich glaube, in diesem Sinne hat sich einmal das Reichsgericht geäußert. Wenn ich nun die Frage der Abhängigkeit prüfen will, so muß ich mir klar sein, ob ich diese Rechtsgrenze des Untersagungsrechtes eines Patentes zwar als Ausgangspunkt meiner Erfindung betreten, aber die Wirkung, die der erste Erfinder durch seine Absicht erreicht hat, erweitert habe. Nun würde es sehr nahe liegen, als ein weiteres Argument für das Prüfungsrecht des Patentamts anzuführen, daß in den meisten Fällen ja bereits diese Frage im Erteilungsverfahren de facto geprüft und immer dann geprüft werden wird, wenn dem Patentamt schon die ältere Erfindung als neuheitsschädlich, als patenthindernd aufgestoßen ist, und der spätere Anmelder alsdann den weitergehenden technischen Effekt nachweist, was sich in der Erteilung dann in der Weise äußert, daß die Merkmale des älteren Patentes vor den Worten „dadurch gekennzeichnet“ stehen. Trotzdem glaube ich, daß es richtig ist, diese Prüfung nicht beim Patentamt zu belassen; selbst dann nicht, wenn man noch aus einem neuen Gesichtswinkel, der bisher noch nicht eingenommen ist, die Sache prüft. Es ist bisher in der Hauptsache die Frage — wenn ich mich einmal so ausdrücken darf — eines gewissen Versuchs einer Umgehung, also gewissermaßen eines böswilligen Standpunktes betrachtet, während doch auch ein durchaus gutwilliger Standpunkt möglich ist, daß jemand offen zugibt, durch ein Patent angeregt worden zu sein, und nur meint, er könne es noch besser. Trotzdem glaube ich, wäre es nicht gut, dies beim Patentamt zu belassen, und zwar wesentlich aus den Gründen des Herrn Justizrat Haeuser. Es ist dem Patentamt gar nicht möglich, alle Fälle zu entscheiden. Es wird immer ein gewisser Mangel übrig bleiben, und zwar deswegen, weil ein Patent ein anderes verletzen kann, das einer ganz anderen Klasse von Erfindungen angehört. Deshalb ist es dem Patentamt praktisch gar nicht möglich, das letzte Wort in einer jeder

Kritik entzogenen Weise zu sprechen. Es werden immer Lücken und Angriffsmöglichkeiten übrig sein; und es würde eine Härte für beide Teile bedeuten, sowohl den Inhaber des älteren wie des jüngeren Patentes, wenn unter Umständen das Patentamt eine Abhängigkeitsfrage verneint hätte, ohne überhaupt in eine Prüfung der Frage eingetreten zu sein. Wenn Sie dem Patentamt das letzte Wort lassen und damit sagen: dieses Patent, auf dem ein Abhängigkeitsvermerk nicht steht, ist ein unabhängiges Patent, dann entziehen Sie dem Inhaber des älteren Patentes, das vielleicht einer ganz anderen Gruppe angehört, die Möglichkeit, den Streit vor die ordentlichen Gerichte zu bringen. Außerdem sind ja die ganzen Bedenken, die augenblicklich vorhanden sind, daß es nicht gut wäre, den Streit vor die ordentlichen Gerichte zu bringen, Bedenken, die ja doch nur darin liegen können, daß man den ordentlichen Gerichten nicht immer das geklärte Urteil zutraut, das man beim Patentamt erwartet, wie Herr Gondos richtig ausgeführt hat, durch die gestrige Debatte beseitigt. Aus allen diesen Erwägungen heraus ist es zu empfehlen, den Antrag des Herrn Berichterstatters nicht anzunehmen.

Justizrat **Wandel**-Essen: Auch ich möchte mich den Ausführungen der Herren Gondos und Haeuser im wesentlichen anschließen. Ich würde es für eine Inkonsequenz halten, wenn man einerseits die Patentstreitigkeiten im übrigen den ordentlichen Gerichten beläßt, die Frage der Abhängigkeit aber davon abtrennt und dem Patentamt überweist. Wenn Herr Levy, der ja auch zur Ablehnung des Antrages gekommen ist, meinte, es sei eine Eigentümlichkeit der Streitigkeiten über die Abhängigkeit, daß dabei die Auslegung der Erteilungsakten eine große Rolle spiele, so kann ich dem nicht ganz beipflichten; denn dieser Punkt kommt auch bei jedem Patentverletzungsstreit zur Erörterung. Auch da ist zu entscheiden, wie weit der Bereich des betreffenden Patentes geht, und das kann man nur durch eingehende Prüfung der Erteilungsakten ermitteln.

Im übrigen scheinen mir Herr Professor Leidig und auch der Herr Berichterstatter die Ausführungen des Herrn Justizrat Haeuser nicht widerlegt zu haben. Es gibt eben die zwei Möglichkeiten: entweder man macht die Abhängigkeitserklärung fakultativ, dann schafft man zwei verschiedene Arten von Patenten und führt damit eine Rechtsunsicherheit herbei, die viel schlimmer ist als der gegenwärtige Zustand; oder aber man macht die Prüfung durch das Patentamt obligatorisch, dann legt man dem Patentamt eine ganz ungeheure Arbeit auf, die in unzähligen Fällen unnötig geleistet wird.

Ich kann mich schließlich auch nicht mit dem von Herrn Professor

Leidig empfohlenen „Vorbescheide“ befreunden, so sehr dieser in den einfacheren Verhältnissen des Verwaltungsrechts angebracht sein mag. Bei Einführung des Vorbescheides in Abhängigkeitssachen würde sehr häufig die Notwendigkeit entstehen, einen Prozeß zu führen, den man sonst vielleicht vermeiden kann. Man müßte die vom Patentamt erlassenen Vorbescheide fortlaufend kontrollieren, und wenn man nicht will, daß ein Vorbescheid, den man für falsch hält, rechtskräftig wird, muß man eben einen Prozeß führen, während man im anderen Fall ruhig abwarten würde, ob eine Kollision der Interessen eintritt. Es würde also die Zahl der Prozesse in unnötiger und unerfreulicher Weise vermehrt werden.

Ich möchte daher den Antrag des Herrn Berichterstatter ablehnen, aber mich auch gegen den Vorschlag des Herrn Prof. Leidig aussprechen.

Ingenieur **Schwager**-Berlin: Ich möchte Ihre Aufmerksamkeit nur auf die Lage lenken, in die der Anwender eines Patentes kommt, dessen Abhängigkeit von einem älteren Patent in der Urkunde nicht vermerkt ist. Er zahlt die Patentgebühr an den Patentinhaber und wird erst nachträglich daran erinnert, daß er noch einem zweiten Herrn gebührenpflichtig wird, von dessen Patentrecht er gar keine Ahnung hat; denn in dem Text des Patentanspruches stehen vor den Worten „gekennzeichnet dadurch“ die Dinge als bekannt aufgeführt, die zuvor einem anderen patentiert sind. Wenn nun in dem Text stände „bekannt durch das Patent so und so“ und der Abhängigkeitsvermerk, dann würde der Käufer irgend einer Erfindung wissen, woran er ist, und sich sagen können, daß er es hier mit zwei Patentrechten zu tun habe; er würde sich fragen: ist mir diese Erfindung so viel wert, daß ich nicht bloß an den letzten Patentberechtigten, sondern auch noch an die Vorgänger — es können deren auch noch viel mehr sein — Patentgebühr zahlen muß? Wenn das Patentamt nicht verpflichtet ist, diese Abhängigkeitssachen zu prüfen, dann ist der Erfinder hilflos, dieser Zustand ist doch ganz unhaltbar. Es muß doch demjenigen, der ein solches Patentrecht erwirbt, ohne weiteres aus der Urkunde klar sein, wem er patentpflichtig ist, an wen er die Gebühren zu zahlen hat.

Es ist nun gesagt worden, man würde dem Patentamt, wenn man ihm die Prüfung der Abhängigkeit zur Pflicht machte, eine sehr große Last auferlegen. Zweifellos ist damit eine Last verbunden. Die Herren mögen aber nicht glauben, daß in dem Patentamt eine Anmeldung geprüft wird, ohne daß vorher die einschlägigen Patentschriften gründlichst eingesehen werden. Gerade darauf wird Wert gelegt, man beschränkt sich nicht darauf, aber in der Hauptsache werden gerade alle sachlich verwandten vorgängigen Patente herangezogen; und durchaus nicht immer nur innerhalb einer Abteilung. Die Prüfungsakten gehen von Abteilung zu Abteilung, soweit der betreffende Dezernent es für angezeigt hält, auch noch innerhalb anderer Abteilungen eine Nachprüfung vornehmen zu lassen. Ich meine also, das Patentamt übt bereits einen großen Teil der Arbeit aus, welche man ihm bei der Ermittelung der Abhängigkeit abnehmen will. Vorhin hat einer der Redner die Frage aufgeworfen: was ist denn eigentlich abhängig? Ich denke, jede Prüfung auf Abhängigkeit ist immer eine Prüfung auf Neuheit, und dazu ist das Patentamt verpflichtet.

Einer Berechtigung zur Prüfung von Abhängigkeit möchte ich widersprechen, wenn sie nur fakultativ sein soll, wenn sie nicht obligatorisch ist. Es wird nur dann Rechtssicherheit geschaffen, wenn unbedingt jede Patenturkunde, die herausgegeben wird, auch ganz klar zum Ausdruck bringt, ob und welche Vorrechte dabei bestehen. Bei Erteilung einer Patenturkunde müßten doch die Grundzüge angegeben werden, nach welchen der neue Berechtigte sich mit dem Vorberechtigten abzufinden habe, und daß die Sache zwischen den beiden vorher abgemacht wird, und nicht noch ein dritter gutgläubiger Erwerber einer Patentberechtigung nachher als Patentverletzer hingestellt und auf Schadenersatz in Anspruch genommen werden kann.

Fabrikbesitzer **Claviez**-Adorf: Auch ich kann mich dem Antrage des Berichterstatters nicht anschließen. Ich möchte mich vielmehr ganz auf den juristischen Standpunkt des Justizrats Haeuser stellen. Aber eins halte ich in dem Antrage doch für gut; nämlich etwas zu suchen, was die Industrie vor kleinen Patenten bewahrt, daß man von sog. Patentfabrikationen verschont bleibt. Ich war gestern leider nicht hier, als über das Vorprüfungsverfahren gesprochen wurde. Ich glaube aber, daß die Abhängigkeit sehr gut mit dem Vorprüfungsverfahren zusammengebracht werden kann. Ist eine Abhängigkeit da, so muß doch mindestens eine Aehnlichkeit da sein; und der Vorprüfer hat den neuen Patentsucher darauf aufmerksam zu machen. Der Vorprüfer gibt im praktischen Gang der Dinge alle diejenigen Patente an, welche er als ähnlich oder als einen Bestandteil des neuen Patentes findet, und gibt dem neuen Patentsucher auf, sich darüber zu äußern. Nun werden bei dieser Aeußerung ja ganze Hefte von Dingen geschrieben, die meistens gar nicht dazu gehören; und ich glaube, wenn man ein Stadium in der Erteilungsgeschichte herbeiführen könnte, wo im Vorprüfungsverfahren dem neuen Patentanmelder Gelegenheit gegeben würde, sich mit dem alten Patentinhaber mündlich auszusprechen, so würde man sehr viele sog. kleine neue Patente auf die Seite bringen.

Der sog. kleine Erfinder würde es in solchen Fällen gewiß sehr oft einsehen, daß sein Patent wenig oder gar keinen Wert hat, und wird sich vielleicht mit dem alten Patentinhaber einigen, ehe es überhaupt zur Patenterteilung kommt. Hat aber das Vorprüfungsverfahren einmal die Patentfähigkeit ausgesprochen, so ist es meiner Ansicht nach unmöglich, daß eine andere Instanz als die ordentliche Gerichtsbarkeit darüber das weitere Wort spricht. (Vorsitzender: Wollen Sie einen Antrag nach der Richtung hin stellen?) Ja.

Justizrat **Haeuser**-Hoechst a. M.: Ich hatte mich zum Wort gemeldet, um auf die letzten Ausführungen des Professors Leidig zu entgegnen, bezüglich des Vorbescheides mit nachfolgender Klage. Aber ich glaube, ich kann mir das nach den Ausführungen des Justizrats Wandel erlassen. Ich möchte nur Herrn Schwager erwidern. Die ganze Diskussion hat eigentlich doch gezeigt, daß man entweder dem Patentamt die Pflicht auferlegen muß, in allen Fällen auf Abhängigkeit zu prüfen — dahin gingen auch die Ausführungen des Herrn Leidig —, oder aber daß man davon absehen muß, die Prüfung der Abhängigkeit dem Patentamt zu übertragen.

Ich möchte zunächst dem Herrn Referenten noch einen Grund für seine Resolution an die Hand geben, nämlich den, daß die Prüfung der Abhängigkeit durch das Patentamt den einen Vorzug hat, daß das Verfahren vor dem Patentamt sehr viel einfacher, rascher und billiger ist, als vor den ordentlichen Gerichten. Aber das ist auch der einzige Grund, der sich geltend machen läßt. Es ist ein Irrtum, wenn Herr Schwager meint, daß mit der Prüfung auf Neuheit nun auch ohne weiteres die auf Abhängigkeit verbunden wäre. Das sind zwei ganz verschiedene Sachen. Bei uns in der Chemie kommt diese Frage eigentlich jeden Tag zur Erörterung. Ich weiß nicht, ob bei den anderen Industrien die Frage des technischen Effektes eine solche Rolle spielt, wie in der chemischen Industrie. Bei uns werden die Patente hauptsächlich noch auf den technischen Effekt erteilt. Wenn ich die geringste Abänderung an einer patentierten Erfindung einführe, diese aber einen anderen technischen Effekt hat, dann bekomme ich dafür ein Patent. Das Patentamt hat z. B. im Falle der Abhängigkeit zu prüfen: ist in dem älteren Patente das Homologe mit geschützt oder nicht? Diese Frage kann sehr kitzlich sein, wenn in dem älteren Patent, was sehr häufig ist, auf Homologe gar nicht hingewiesen ist, sondern nur eine ganz bestimmte Substanz genannt ist, und nun etwa der andere das geltend machen kann, daß in analogen Fällen die Homologe sich nicht immer ganz gleich verhalten. Ich kenne einen Prozeß, wo sämtliche Unterinstanzen erklärt haben: das Verfahren ist abhängig, weil es sich nur um die Einführung eines Homologen handelt. Das Reichsgericht hat das aufgehoben und gesagt: es ist auf die bestimmte Substanz zu begrenzen. Sie sehen, wie verschiedener Ansicht man über solche verhältnismäßig einfach gelagerten Fälle sein kann.

Eine absolute Rechtssicherheit wird durch die Prüfung des Patentamts ja auch nicht gegeben; denn diese Prüfung schließt doch die nachträgliche Geltendmachung der Abhängigkeit seitens des früheren Patentinhabers im Wege der Nichtigkeitsklage nicht aus, selbst wenn das Patentamt auf Abhängigkeit geprüft und ausgesprochen hat: ich finde keine Abhängigkeit. Ein Einspruch ist nicht erfolgt, weil der Patentinhaber es übersehen oder gedacht hat, die Sache ist so unwesentlich, der Patentinhaber wird ja nie Gebrauch von seinem Patente machen. Nachher stellt sich heraus, daß er doch Gebrauch davon macht. Dann kommt der erste Patentinhaber mit einer Nichtigkeitsklage auf Einführung der Abhängigkeit. Die zwei Instanzen des Patentamts würden für diese Fälle nicht genügen. Versehen im Patentamt können vorkommen. Da muß doch ein weiteres Rechtsmittel, wenn die Frage praktisch wird und zum Bewußtsein aller Beteiligten kommt, gegeben sein.

Die gewünschte absolute Rechtssicherheit tritt also in keinem Falle ein. Nun ist der Zustand, der heute in Deutschland ist, in der ganzen Welt mit Ausnahme von Oesterreich der herrschende. Oesterreich kennt Abhängigkeitserklärungen, sonst kein Land in der ganzen Welt. Die Zustände, die in anderen Ländern erträglich sind, sollten doch auch in Deutschland erträglich sein, zumal wir es ja auch vielfach mit ausländischen Patenten zu tun haben.

Ich glaube, man kommt schließlich doch zu dem Ergebnis, es bei dem jetzigen Zustande zu lassen, der zwar auch nicht ideal ist, aber weniger Unzuträglichkeiten mit sich bringt als die Regelung, wie sie vom Berichterstatter vorgeschlagen worden ist.

Fabrikbesitzer Dr. **Goldschmidt**-Essen: Ich habe dem, was Herr Justizrat Haeuser gesagt hat, nur sehr wenig hinzuzufügen. Das Patentamt kann unmöglich dem Käufer einer Lizenz oder eines Patentes die Garantie geben für das, was er nun eigentlich kauft. Da muß er sich die Sache selber ansehen und feststellen, welchen Wert sie hat auch mit Rücksicht etwa bestehende andere Patente. Es ist ja teilweise schon heute bei auf unserem Patentamt Sitte, daß verlangt wird, daß in der Beschreibung ein bestimmtes Patent angeführt wird, damit darauf hingewiesen wird, daß hier ein Zusammenhang mit einem älteren Patente besteht. Das ist mir wiederholt passiert. Damit wird zu einem kleinen Teile schon das erreicht, was durch die Prüfung auf Abhängigkeit erreicht werden soll: ein gewisser Hinweis auf etwa Bestehendes. Aber darüber ist sich, glaube ich, die Mehrzahl der Anwesenden klar, daß, wenn wir ex officio dem Amt die Abhängigkeitsprüfung auferlegen, es in erster Linie eine ungeheure Arbeit zu leisten hat, während wir das Patentamt zu entlasten und nicht zu belasten suchen müssen; denn es kann schon heute kaum die Arbeit leisten, die es zu leisten hat. Es würde auch eine Arbeit geleistet, die zu einem ganz erheblichen Teile ein Dreschen leeren Strohes ist, wie es auch schon von verschiedenen Seiten ausgeführt worden ist; nicht nur, daß Patente wertlos sind, deren Abhängigkeit mit großer Mühe durchgearbeitet werden soll, sondern daß auch die wirtschaftlichen Beziehungen der Firmen derartig sind, daß die Prüfung gar nicht notwendig ist. Was soll sich das Patentamt die Mühe machen, zwischen diesen beiden Patenten eine Abhängigkeit auszusprechen? Die betreffenden Firmen können so eng mit einander verbunden sein, daß es gar nicht notwendig ist. Oder soll das Patentamt auf diese wirtschaftlichen Verhältnisse auch noch eingehen und sagen: existiert zwischen diesen beiden Firmen nicht irgend eine wirschaftliche Verwandtschaft oder sonstige Beziehung? Es wird eine Arbeit geleistet, die in 90 pCt. der Fälle absolut unnötig ist. Gewiß ist das der Grund, weshalb die große Mehrzahl der Herren wohl dagegen ist, dem Patentamt diese Arbeit aufzuerlegen.

Wenn ich nun den Berichterstatter recht verstanden habe, soll das Patentamt in leichten Fällen die Abhängigkeit aussprechen. Damit fügen Sie einen ganz neuen Begriff in die Rechtsprechung ein, wenn Sie sagen: wenn es dir leicht wird, sollst du ein Urteil sprechen, wenn es dir schwer wird, aber nicht. Das ist etwas so angenehmes, daß ich das überhaupt bei uns möchte eingeführt sehen. (Heiterkeit.) Ich fürchte nur, daß es praktisch nicht ganz durchführbar ist. Aus diesen angeführten Gründen möchte ich mich dagegen aussprechen, den jetzigen Zustand zu ändern. Wir würden ihn wohl ändern, aber nicht bessern.

Vorsitzender: Bevor ich das Wort weiter gebe, habe ich bekannt zu machen, daß der Herr Berichterstatter seinen Antrag zurückgezogen hat, daß dagegen Herr Regierungsrat Prof. Dr. Leidig in Uebereinstimmung mit dem Herrn Berichterstatter folgenden Antrag zur Beschlußfassung unterbreitet:

> „Die Uebertragung der Prüfung der Patente auf Abhängigkeit an das Patentamt ist schon wegen der sich daraus ergebenden Geschäftsüberlastung des Patentamts z. Zt. jedenfalls nicht durchführbar. Die Kommission sieht daher von einer Stellungnahme zu den einzelnen Gründen für und wider die Uebertragung der Abhängigkeitsprüfung an das Patentamt als zurzeit ohne praktische Bedeutung ab.“

Ingenieur **Ingrisch**-Düsseldorf: Nachdem der Antrag zurückgezogen ist, könnte ich eigentlich darauf verzichten, noch dagegen zu sprechen. Ich wollte mich nur den Ausführungen des Herrn Justizrat Haeuser in vollem Umfange anschließen. Ich möchte aber noch hinzufügen, daß wir bis zu einem gewissen Grade doch schon jetzt in dem Patentgesetz eine Prüfung auf Abhängigkeit haben; denn einem Anspruch wird entweder eine öffentliche Druckschrift als patenthindernd entgegen gehalten oder nach § 3, Absatz 1 ein älteres Recht. Diesem älteren Recht gegenüber muß ich meinen Anspruch entweder so abgrenzen, daß ich noch ein Patent erhalte; und dann bekomme ich fast in allen Fällen ein Abhängigkeitspatent, was aus den Erteilungsakten dann ohne weiteres festzustellen ist. Es wird vielleicht auch einmal möglich sein, daß ich mich so drehen und wenden kann, daß ich von dem älteren Patent ganz los komme. Diese Fälle halte ich aber für außerordentlich selten. Ueber den angedeuteten Rahmen der Abhängigkeitsprüfung im Sinne des § 3, 1 des Patentgesetzes hinaus möchte ich jedenfalls das Patentamt zu nichts verpflichtet wissen, weder zu einer fakultativen Prüfung, noch zu einer obligatorischen Prüfung, noch zu einer Prüfung auf Antrag des Einsprechenden, aus dem einfachen Grunde, weil das Patentamt erstens mit Arbeit ungeheuer überlastet ist, zweitens aber weil die Prüfung, selbst wenn sie obligatorisch werden würde, häufig nur eine halbe Geschichte sein und mangelhaft ausfallen würde.

Aus diesen Gründen wollte auch ich Sie bitten, den jetzt zurückgezogenen Antrag nicht zu unterstützen.

Regierungsrat Professor Dr. **Leidig**-Berlin: Der Antrag, den ich gestellt habe, ist ja ein Kompromißantrag. Ich möchte beiden Parteien die Möglichkeit der weiteren Agitation, wenn ich mich so ausdrücken darf, für ihre Anschauungen lassen und sagen: augenblicklich hat die Frage keine praktische Bedeutung. Ein Ausspruch in der Schärfe, wie es vor allem Herr Justizrat Haeuser gegen die Uebertragung der Abhängigkeitsprüfung an das Patentamt getan hat, scheint mir für die Industrie doch gewisse Bedenken zu haben. Die Anschauungen in der Industrie sind da nicht völlig einheitlich. Es ist immer daran zu erinnern, daß im Jahre 1891 die Industrie anders dachte. Nun, meine Herren, die Wellen gehen hinauf, und die Wellen gehen herunter. Das erleben wir nicht nur hier, sondern auch auf anderen Gebieten, Es könnte passieren, daß sich die Industrie nach einigen Jahren wieder anders stellt. Deshalb möchte ich die Barriere, die Herr Haeuser errichten will, nicht gebaut wissen. Ich möchte diesen Kompromißantrag empfehlen, da er allen gerecht wird.

Ingenieur **Schwager**-Berlin: Ich möchte kurz darauf hinweisen, wie sich die Dinge im Grundbuchwesen abwickeln. Dem Käufer eines Grundstückes soll die Möglichkeit gegeben sein, sich durch Einsicht in das Grundbuch zu überzeugen, welche Lasten und Vorrechte vorgetragen sind und welche Pflichten er mit Antritt des Eigentumsrechts übernimmt. Ganz gleich liegt es bei der Patenturkunde. Sie ist ein Besitztitel über geistiges Eigentum und sollte eine reine Urkunde sein. Es sollten für den Erwerber der ganzen oder Teilrechte nicht noch Pflichten bestehen können, die nicht in der Urkunde zum Ausdruck gebracht sind. Es ist wiederholt auf die große Arbeitslast hingewiesen, die dem Patentamt dadurch zufällt, daß die Prüfung auf Abhängigkeit obligatorisch gilt. Gemacht muß die Arbeit aber doch werden. Und nur das Patentamt ist dafür zuständig, weil es den Sinn und Geltungsbereich des älteren Patentes viel besser beurteilen kann als irgend ein dritter und weil es dieses Patent selber geschaffen und erteilt hat. Deswegen kann ich nicht davon abgehen, daß ich das Patentamt verpflichten möchte, in jedem Falle einer Patentanmeldung diese auf Abhängigkeit zu prüfen. Schon in den Vorverhandlungen wird der Anmelder von dem Vorprüfer darauf aufmerksam gemacht, daß die und die Patentschriften Vorbenutzungen ergeben, warum sollten dann nicht diese Mitteilungen in die Urkunde aufgenommen werden, und zwar an richtiger Stelle? In den Beschreibungen, besonders älterer Patente stehen viele Dinge, die keinen Zusammenhang mit dem Patentanspruch haben, obwohl das Patentamt besonders in den letzten Jahren darauf hält, daß Anspruch und Beschreibung übereinstimmen. Wenn man zunächst die Beschreibung von Patentschriften durchsieht, ist man selten imstande, über den Geltungsbereich des Patentes ein sicheres Urteil zu gewinnen. Liest man nachher den Anspruch, so sieht man erst die Unterschiede, welche zwischen beiden bestehen. Aus allen diesen Gründen ist es notwendig, daß das Patentamt jede Anmeldung auf Abhängigkeit prüft und auch in der Patenturkunde an der zuständigen Stelle die etwaige Abhängigkeit des Patentes zum Ausdruck bringt, gleich wie das bei Zusatz-Patenten geschieht.

Ingenieur **Gondos**-Cöln: Eine ganz kurze Bemerkung. Es wird für die Abhängigkeitsprüfung immer die Erhöhung der Rechtssicherheit ins Feld geführt. Man sagt, der Käufer soll vollkommene Klarheit darüber bekommen, was er kauft. Nun gut, sehen wir von der wirtschaftlichen Abhängigkeit ab; wie steht es mit der Berücksichtigung älterer Gebrauchsmuster? Sie wissen, daß vielleicht 35 000 bis 40 000 Gebrauchsmuster jährlich angemeldet werden. Gerade die Maschinenindustrie bedient sich in großem Umfange der Gebrauchsmuster und reicht viele, auch patentfähige, Konstruktionen als Gebrauchsmuster ein. Sollen nun die älteren Gebrauchsmuster bei der Abhängigkeitsprüfung mit berücksichtigt werden? Dann müßten wir aber notgedrungen eine Prüfung auf Neuheit der Gebrauchsmuster einführen.

Da dieses jedoch gesetzlich ausgeschlossen ist, verbliebe trotz erfolgter Prüfung außer der wirtschaftlichen Abhängigkeit auch die Möglichkeit der Abhängigkeit von einem älteren Gebrauchsmuster bestehen. — Die erstrebte Rechtssicherheit kann also niemals erreicht werden.

Justizrat **Wandel**-Essen: Ich möchte mich gegen den Kompromißantrag aussprechen. Nach diesem Antrage sollen wir erklären, daß aus einem rein äußeren Grunde die Uebertragung der Entscheidung der Abhängigkeitsfrage an das Patentamt nicht zu empfehlen sei. Nur wegen der Geschäftsüberhäufung des Patentamts soll die Frage zurzeit keine praktische Bedeutung haben. Wir haben aber doch den Auftrag vom Centralverbande, in den einzelnen Fällen auch unsere wirkliche Ansicht zum Ausdruck zu bringen. Dieser Aufgabe genügen wir nicht durch die Annahme des Antrags Leidig. Die Sache liegt doch so, daß die große Mehrheit der Kommission — wenigstens habe ich den Eindruck — die Abhängigkeitsfrage den ordentlichen Gerichten belassen will. Jedenfalls, meine ich, sollte durch unsere Abstimmung zum Ausdruck gebracht werden, wie die Ansicht der Mehrheit der Kommission in diesem Punkte ist. Ich habe mir deshalb erlaubt, folgenden Gegenantrag zu formulieren:

„Die Kommission ist der Meinung, daß die Entscheidung der Abhängigkeitsfrage nach wie vor den ordentlichen Gerichten zu überlassen ist."

Ingenieur **Ingrisch**-Düsseldorf: Man kann den Antrag unterstützen, wenn man in ihm vielleicht noch zum Ausdruck bringen würde, daß die Kommission — wenigstens ist das meine Ansicht — vollständig mit der Abhängigkeitsprüfung zufrieden ist, wie sie das Patentgesetz § 3, Abs. 1 bereits vorgesehen hat. Mir genügt das praktisch vollständig. Wenn ich dann jemanden mit dem Abhängigkeitspatent fassen will, dann gehe ich auch lieber vor das ordentliche Gericht.

Vorsitzender: Herr Claviez hat den Antrag gestellt:

„Um die Industrie nach Möglichkeit vor kleinen Patenten, vor allem vor solchen, welche in einem Abhängigkeitsverhältnis stehen, zu schützen, wolle man die Möglichkeit einer mündlichen Verhandlung zwischen Anmelder und Einsprecher bereits in der Vorprüfung herbeiführen. Ist aber die Patentfähigkeit einer Erfindung durch das Vorprüfungsverfahren ausgesprochen, so sollen alle weiteren Entscheidungen über die

Abhängigkeit der Patente den ordentlichen Gerichten überlassen bleiben."

Ich eröffne auch über diesen Antrag die Diskussion. — Das Wort scheint nicht weiter gewünscht zu werden; ich schließe die Diskussion zu Punkt 4 der Tagesordnung.

Ich frage den Herrn Berichterstatter, ob er seinen ganzen aus drei Punkten bestehenden Antrag zurückziehen will. (Berichterstatter: Jawohl.)

Es liegen nun drei Anträge vor. (Die drei Anträge werden verlesen.) Ueber den Antrag des Herrn Justizrat Wandel muß als über den weitestgehenden zuerst abgestimmt werden. Wenn dieser Antrag angenommen wird, sind die beiden anderen Anträge erledigt. Wenn nicht, würde ich über den Antrag Claviez abstimmen lassen und schließlich über den Kompromißantrag.

Wir schreiten zur Abstimmung. Ich bitte diejenigen Herren, die gegen den Antrag Wandel sind, die Hand zu erheben. (Geschieht.) Der Antrag ist mit großer Majorität angenommen. Damit sind die beiden anderen Anträge erledigt. (Zustimmung.) Die Herren Antragsteller erkennen das an; und damit ist dieser Punkt der Tagesordnung erledigt. (Pause.)

5. Der Ausübungszwang unter Bezugnahme auf die englische neueste Gesetzgebung.

Vorsitzender: Meine Herren, zu Punkt 5 der Tagesordnung hat Herr Justizrat Haeuser die Güte gehabt, das Referat zu übernehmen. Ich bitte ihn, das Wort zu nehmen.

Berichterstatter Justizrat **Haeuser**-Höchst a. M.: Meine Herren! Das System des deutschen Patentrechtes, das ja mit den Systemen vieler anderer Patentrechte in dieser Beziehung übereinstimmt, legt dem Inhaber eines Patentes als Gegenleistung für das ihm gewährte Monopol die Verpflichtung auf, die patentierte Erfindung der Allgemeinheit nutzbar zu machen, also die Erfindung zum Nutzen der Allgemeinheit zur Ausführung zu bringen. Die Verpflichtung wird im deutschen Patentgesetz dadurch zu einem Zwange erhoben, daß bei Nichtbeachtung derselben der Patentinhaber seines Patentes für verlustig erklärt werden kann; das Patent kann zurückgenommen werden, wenn es nicht innerhalb 3 Jahre zur Ausführung gebracht ist und nicht etwa genügende Entschuldigungsgründe, die die Nichtausführung als gerechtfertigt erscheinen lassen, vorliegen. Ein ähnliches System haben wir in anderen Ländern, z. B. in Frankreich, Oesterreich, Rußland usw. Das englische Patentgesetz hatte früher ein milderes System, indem es dem Patentinhaber im Falle der Nichtausführung des Patentes nicht die Strafe der Zurücknahme des Patentes auferlegte, sondern nur vorsah, daß der Patentinhaber im Falle der Nichtausführung anderen Interessenten eine Lizenz geben mußte auf sein Patent. Amerika ist von den größeren Industriestaaten das einzige Land, das von jeder Verpflichtung des Patentinhabers zur Ausführung seiner Erfindung absieht; d. h. der Patentinhaber ist der alleinige Herr über seine Erfindung; ob er sie ausführen will oder nicht, ist seine Sache.

Zunächst ist also der Ausführungszwang eine interne Angelegenheit des betreffenden Landes. In dem Moment aber, wo sich Handel und Verkehr über mehrere Länder erstrecken, tritt die Frage auf: ist es denn gerechtfertigt und ist es noch nötig, daß der Patentinhaber, um sich dieser Verpflichtung zur Ausführung der Erfindung zu entledigen, in jedem einzelnen Lande, wo er Patente besitzt, die Ausführung bewirkt, oder genügt es nicht, die Erfindung in einem Lande auszuführen und von der einen Fabrikationsstelle aus die Ansprüche, die anderen Ländern auf die Erfindung zustehen, in verständiger Weise zu befriedigen? Diesen Standpunkt haben bisher im großen und ganzen die internen Gesetzgebungen nicht eingenommen.

Als Nebengesichtspunkt macht sich dabei die Auffassung geltend, daß durch diesen Ausführungszwang die Industrie des einzelnen Landes gefördert werden soll insofern, als der Patentinhaber gerade in dem betreffenden Lande seine Erfindung zur Ausführung zu bringen hat. Daß dieser letztere Gesichtspunkt den heutigen Verhältnissen nicht mehr entspricht, darüber ist man sich in der deutschen Industrie schon seit längerer Zeit klar geworden. Man arbeitet deshalb namentlich auch von seiten des Vereins für den Schutz des gewerblichen Eigentums darauf hin, daß dieser Ausführungszwang in der Form, wonach die Ausführung in jedem einzelnen Lande, in dem ein Patent besteht, stattzufinden habe, beseitigt wird. Auch die Reichsregierung hat sich nicht ganz dem verschlossen, daß diese Bestimmung eine äußerst zweischneidige ist. Sie hält es für wünschenswert, eine Milderung dieser außerordentlich weitgehenden Bestimmung herbeizuführen, und sie hat deshalb den Weg beschritten, durch Separatabkommen mit anderen Ländern den Ausführungszwang in dem Sinne zu mäßigen, daß die Ausführung in einem der betreffenden Länder, in denen der Erfinder ein Patent besitzt, als ausreichend für die Aufrechterhaltung des Patentes angesehen werden soll. Derartige Abkommen sind vom Deutschen Reiche mit Italien und mit der Schweiz getroffen worden. Ein deutscher Erfinder also, der Patente in Deutschland und Italien auf dieselbe Erfindung genommen hat, braucht sie nur in einem dieser Länder zur Ausführung zu bringen, in dem Lande, wo die

Produktionsbedingungen für ihn am günstigsten sind; er hat damit der Verpflichtung zur Ausführung in dem anderen Lande genügt. Umgekehrt braucht der Italiener, der ein Patent in Deutschland und Italien besitzt, nicht in Deutschland das Patent nochmals zur Ausführung zu bringen; es genügt, wenn er in seinem Heimatlande, in Italien, die Erfindung industriell ausführt.

Diesem Wege, den die Reichsregierung beschritten hat, stellten sich aber sehr bald erhebliche Hindernisse entgegen. Zum Beispiel lehnten schon Oesterreich und Ungarn es ab, ein derartiges Abkommen mit dem Deutschen Reiche zu schließen, und mit anderen Ländern, wie Frankreich und England, sind bisher derartige Vereinbarungen ebenfalls nicht zustande gekommen.

Meine Herren, es hat sich nun die Lage für den deutschen Erfinder insofern verschärft, als England, das ja, wie erwähnt, bisher nur eine mildere Strafe auf die unterlassene Ausführung in England setzte, durch das neue englische Patentgesetz, das am 1. Januar d. J. in Kraft getreten ist, denselben Ausführungszwang, wie er in Deutschland besteht, auch bei sich einführte und damit ein Verfahren vorschrieb, daß dem deutschen Verfahren im wesentlichen entspricht. Es ist im neuen Patentgesetz in England die Vorschrift getroffen worden, daß ein Patent, das nicht innerhalb vier Jahren von der Einreichung ab zur industriellen Ausführung in England gebracht worden ist, von dem englischen Patentamte zurückgenommen werden kann, sofern nicht erhebliche Gründe vorliegen, die die Nichtausführung als gerechtfertigt erkennen lassen. Diese Aenderung der englischen Gesetzgebung richtet sich in erster Linie gegen die deutsche chemische Industrie. Sie ist hervorgerufen worden durch die Agitation eines chemischen Industriellen in England, der allerdings kein Ur-Engländer ist, sondern — es ist Herr Levinstein in Manchester — meines Wissens in der Provinz Posen das Licht der Welt erblickt hat. Es ist aber seiner hartnäckigen und fortgesetzten Agitation gelungen, allmählich die öffentliche Meinung in England dahin zu beeinflussen, daß im angeblichen Interesse des Gedeihens der englischen chemischen Industrie ein derartiger Ausführungszwang eingeführt worden ist.

Als unsere Reichsregierung von diesen gesetzgeberischen Entwürfen Kenntnis erhielt, hat sie entsprechend den Wünschen der beteiligten Kreise Verhandlungen mit der englischen Regierung eingeleitet, um ein Abkommen, wie es in analoger Weise mit Italien und der Schweiz getroffen worden ist, herbeizuführen. Es ist jetzt aber bekannt geworden, daß die englische Regierung zurzeit es ablehnt, derartigen Verhandlungen Folge zu geben; sie wünscht zunächst die Ergebnisse der neuen Gesetzgebung abzuwarten. Die Folgen für die chemische Industrie lassen sich dahin ausdrücken, daß wir genötigt sind, zur Aufrechterhaltung unserer Patente in England Fabriken zu errichten. Es sind in der Tat jetzt schon zwei Fabriken in England im Bau. Die Engländer sind über diese Resultate ihres Gesetzes zunächst recht erfreut, und man liest in englischen Fachblättern teilweise Jubelhymnen darauf, daß z. B. die Fabrikation des Indigos dank diesem neuen Gesetze wieder zu einer nationalen Fabrikation werden wird.

Ich glaube, meine Herren, dieser Verlauf der Dinge läßt erkennen, daß die erstrebte internationale Regelung, die einmal dahin geht, im amerikanischen Sinne den Ausführungszwang gänzlich zu beseitigen, oder doch insoweit, wie es der deutschen Auffassung bisher mehr entspricht, abzumildern, daß nur in einem Lande fabriziert zu werden braucht und daß auf die unterlassene Ausführung nicht mehr die Strafe des Verfalls des Patentes steht, sondern nur die Verpflichtung zur Gewährung von Zwangslizenzen, — daß diese internationale Regelung sich nicht so rasch wird erreichen lassen. Auf der anderen Seite ist auch anzuerkennen, daß Deutschland nicht ohne weiteres einseitig auf den Ausführungszwang in dem einen oder anderen Sinne verzichten kann, sondern daß Deutschland, um ein Verhandlungsobjekt gegenüber den Staaten zu besitzen, die einen Ausführungszwang haben, seinerseits den Ausführungszwang beibehalten muß. Wir glauben aber doch, daß man zu einer Aenderung unserer deutschen Gesetzgebung wird schreiten müssen. Gerade der Verlauf der Dinge in England hat gezeigt, daß, wenn erst eine gewisse starke Agitation auf die Einführung eines Ausführungszwanges eingesetzt hat und im Verlaufe dieser Agitation, was ja ganz natürlich ist, übertriebene Hoffnungen in bezug auf die günstige Wirkung eines solchen Ausführungszwanges erweckt worden sind, dann der Moment im Wege eines Separatabkommens den Ausführungszwang zu mildern, sehr ungeeignet ist. Demgemäß kann es auch nicht überraschen, daß jetzt, wo die englische Regierung sich auf den Standpunkt gestellt hat, der Ausführungszwang sei für England etwas Erwünschtes, sie nicht Lust hat, Deutschland gegenüber, gegen das sich der Ausführungszwang gerade richtet, im Wege eines Staatsabkommens auf seine Einführung zu verzichten und es bei dem bisherigen Zustande zu belassen.

Wenn wir nun sehen, daß ein Land wie Amerika, das für unsere Industrie, namentlich für unsere chemische Industrie als Absatzgebiet noch bedeutender ist als England, keinen Ausführungszwang besitzt, so, glaube ich, wird man seine Aufmerksamkeit darauf richten müssen, ob man nicht Schritte tun muß, um der Besorgnis zu begegnen, daß in Amerika sich ähnliche Vorgänge wie in England abspielen könnten. Man könnte zwei Wege wählen. Man könnte sagen, die deutsche Regierung möge versuchen, mit Amerika schon jetzt ein Abkommen dahin zu treffen; wir verzichten den Amerikanern gegenüber auf einen Ausführungszwang, sofern nur die Erfindung in Amerika ausgeführt wird. Es hat aber immer Schwierigkeiten, Verhandlungen einem Lande gegenüber zu beginnen, wo eigentlich das Gegenobjekt völlig fehlt. Wir bieten damit Amerika etwas, wogegen uns Amerika nichts zu bieten hat. Die Amerikaner können sagen: für uns liegt ein Bedürfnis zur Schließung eines solchen Abkommens gar nicht vor; was sollen wir uns festlegen; ihr habt alles bei uns, wir wollen von euch zunächst nichts haben, wir wollen es so machen, wie es uns paßt. Ich glaube, dieser Weg ist nicht ganz zweckmäßig, er könnte vielleicht gerade dazu führen, daß eine Agitation in Amerika erst recht einsetzte. Dieser Weg dürfte sich auch deshalb nicht empfehlen, weil es wohl nicht ganz unbekannt ist, daß es in Amerika sehr schwierig ist, die interne Gesetzgebung durch internationale Abkommen zu binden. Ich bin daher zu der Ansicht gekommen, daß man einen anderen Weg einschlagen soll, nämlich den Weg, daß wir autonom, von uns aus durch die Aenderung unserer internen Gesetzgebung den Amerikanern das bieten, was sie uns auch bieten — mit anderen Worten, daß wir in unser Patentgesetz eine Bestimmung aufnehmen: Ländern gegenüber, die einen Ausführungszwang nicht besitzen, genügt es, wenn die Erfindung statt in Deutschland nur in jenem Lande zur Ausführung gebracht ist. Besitzt also ein Amerikaner ein deutsches Patent und fabriziert nach diesem deutschen Patent in Amerika und führt die Ware lediglich nach Deutschland ein, so genügt das vollständig zur Aufrechterhaltung des Patentes. Denn wir brauchen umgekehrt in Amerika zur Aufrechterhaltung des deutschen Patentes nicht zu fabrizieren. Wir brauchen die Amerikaner dann gar nicht zu fragen. Also ich denke mir, es wird eine Bestimmung dahin getroffen, daß es solchen Staaten gegenüber, welche nach einer Bekanntmachung des Bundesrats Gegenrecht üben, für die Aufrechterhaltung des deutschen Patentes genügt, wenn die geschützte Erfindung in einem dieser Staaten zur Ausführung gebracht ist. Damit ist allen Agitationen, die in Amerika höchst wahrscheinlich mit großer Kraft nach dem Vorgange von England auf die Einführung eines Ausführungszwanges gerade gegenüber den deutschen Erfindern einsetzen werden, von vornherein die Spitze abgebrochen. Wenn dann eine solche Agitation kommen sollte, so würde sie des besten Arguments entbehren, das sie heute besitzt, daß nämlich die Amerikaner in

Deutschland sehr schlecht behandelt werden, während die Deutschen in Amerika außerordentlich wohlwollend behandelt werden, daß also eine Ungerechtigkeit gegenüber dem amerikanischen Erfinder seitens Deutschlands vorliegt. Vielmehr wird, wenn eine solche Bestimmung getroffen wird, der Fall so liegen, daß der amerikanische Erfinder Deutschland gegenüber in eine bessere Stellung gebracht wird, als er sie im Falle der Einführung des Ausführungszwanges haben würde. Es ist von der größten Wichtigkeit für die chemische Industrie, daß wir nicht auch noch gezwungen werden, nach Amerika auszuwandern. Denn darüber, meine Herren, kann kein Zweifel sein, das Auswandern einer Industrie in ein fremdes Land bedeutet eine ganz außerordentliche Schädigung unseres gesamten nationalen Wohlstandes.

Auf dem Düsseldorfer Kongreß ist diese Frage auch behandelt worden. Man ist der Ansicht gewesen, daß man den Ausführungszwang aus den angeführten Gründen bei uns nicht beseitigen könnte. Man hat sich aber dahin ausgesprochen, daß die Sache international so geregelt werden müßte, daß an Stelle der Strafe der Zurücknahme des Patentes im Falle der Nichtausführung lediglich die Folge einer Zwangslizenz einzutreten habe. Ich glaube, einer solchen internationalen Regelung, die an sich erreichbar erscheint, sollten wir auch zustimmen. Ich will den Düsseldorfer Beschluß verlesen; er lautet:

> „Der Kongreß spricht seine lebhafte Zustimmung zu den Bestrebungen der internationalen Vereinigung für gewerblichen Rechtsschutz auf Abschaffung des Ausführungszwanges aus und gibt dem Wunsche Ausdruck, daß der Ausführungszwang international in folgender Weise geregelt werde:
>
> > Erscheint nach Ablauf von drei Jahren von dem Tage der auf die Erteilung des Patentes erfolgten Bekanntmachung im öffentlichen Interesse die Benutzung der Erfindung durch einen anderen geboten, so hat der andere gegen den Patentinhaber den Anspruch auf Gewährung einer Lizenz gegen angemessene Entschädung und genügende Sicherstellung."

Das wäre eine sehr erwünschte internationale Regelung. Ich glaube, wir können aber nicht gut warten, bis sie erfolgen wird; sie liegt doch noch in recht weiter Ferne.

Ergänzend will ich noch hinzufügen: Das englische Patentgesetz hat die Pflicht zur Ausführung in dem Sinne rückwirkend auf bereits erteilte Patente gemacht, daß alle Patente, welche vor Beginn des Erlasses des Gesetzes, also vor dem 28. August v. J. bereits vier Jahre bestehen, oder welche vor dem 28. August d. J. schon vier Jahre bestehen würden, ebenfalls, und zwar bis zum 28. August d. J. zur Ausführung gebracht werden müssen. Es ist mit anderen Worten für die älteren Patente lediglich eine Ausführungsfrist von einem Jahre gegeben. Diese Frist kann allerdings aus besonderen Gründen verlängert werden. Wie die Handhabung der englischen Bestimmung sein wird, ob wohlwollend für den deutschen Erfinder oder sehr rigoros, das vermögen wir natürlich heute nicht vorherzusehen; das bleibt abzuwarten. Man wird aber gut tun, sich auf alle Fälle einzurichten.

Ich möchte daher folgenden Antrag stellen und bemerken, daß in diesem Sinne auch bereits der Verein zur Wahrung der Interessen der chemischen Industrie bei der Reichsregierung vorstellig geworden ist:

„Die Kommission empfiehlt, daß baldigst in dem Patentgesetze eine Bestimmung getroffen werde, dahingehend, daß solchen Staaten gegenüber, welche nach einer Bekanntmachung des Bundesrats Gegenrecht üben, es für die Aufrechterhaltung des deutschen Patentes genügt, wenn die geschützte Erfindung in einem dieser Staaten zur Ausführung gebracht ist."

Dann würde ich noch weiter vorschlagen, hinzuzufügen:

„Die Kommission schließt sich ferner dem Beschlusse des Düsseldorfer Kongresses für gewerblichen Rechtsschutz betreffend internationale Regelung des Ausführungszwanges an."

Wenn der gewünschte Erfolg erzielt werden soll, meine Herren, dann muß allerdings die Klinke der Gesetzgebung alsbald in die Hand genommen werden, und es darf nicht gewartet werden, bis in Amerika bereits eine mächtige Bewegung entstanden ist. Denn dann ist es für alle derartigen Aenderungen zu spät. Es ist aber zu erwarten, daß man sich in Amerika noch einige Zeit damit lassen wird; denn vor Erledigung der Präsidentenwahl wird in Amerika kaum eine solche Bewegung besonderen Anklang finden, da man dort jetzt nur noch Sinn hat für die Geschäfte der Präsidentenwahl und keine Lust, in irgend welche anderen politischen Aktionen einzutreten.

Fabrikbesitzer Dr. **Goldschmidt**-Essen: Meine Herren, welche Bedeutung das neue englische Patentgesetz einmal fü rdie deutsche Industrie und im besonderen für die deutsche chemische Industrie haben wird, kann man heute noch nicht übersehen aus den Gründen, die Herr Justizrat Haeuser angeführt hat. Man kennt noch nicht die Handhabung der Bestimmungen, die ja nur zum Teil zwangsweise sind, teilweise dem Richter resp. dem Patentamte eine gewisse Freiheit geben, die Gründe zu berücksichtigen, welche eine bisherige Ausführung noch zurückgehalten haben. Wenn man aber die ganze englische Patentgesetzgebung im Zusammenhang mit allen übrigen Maßnahmen, die England in den letzten Jahren getroffen hat, betrachtet, so wird man sich doch der Einsicht nicht verschließen können, daß England unbedingt auf dem einen oder anderen Wege versuchen wird, die heimische Industrie zu heben zum Schaden natürlich unserer deutschen Industrie. Seit vielen Jahren sehen englische Volkswirte mit Sorge auf das Zurückbleiben der englischen Industrie ganz besonders mit Bezug auf die deutsche Industrie. Es sind in der Beziehung von England die verschiedensten Versuche gemacht worden, die englische Industrie zu heben. Ich weise zunächst hin auf den Versuch, in Kanada, einer der Kolonien, die englischen Industrie-Erzeugnisse günstiger zu behandeln als die deutschen. Nachdem das in Kanada geglückt ist, sind andere englische Kolonien dem Beispiele gefolgt. Sie kennen ja alle die Chamberlainsche Agitation, die, wenn sie auch augenblicklich nicht in dem Maße die englischen Geister beherrscht, wie sie sie vor einiger Zeit beherrscht hat, keineswegs ruht, sondern ganz energisch am Werke ist, durch die Einführung eines Schutzzolles und die Stärkung der Reziprozität zwischen Mutterland und Kolonien der englischen Industrie zu helfen. In diesem ganzen Bestreben der englischen Wirtschaftspolitiker ist natürlich das neue englische Patentgesetz nur ein Schritt. Sollte es mit diesem Gesetze nicht gehen, sollte es versagen, so habe ich gar keinen Zweifel daran, daß man in England andere Wege und andere Schritte versuchen wird. Darin liegt für uns der große Ernst der Situation. Es sieht ja § 27 in einem Absatze vor, worauf Herr Haeuser hingewiesen hat, daß durch Staatsverträge der Ausführungszwang beseitigt werden könnte. Aber England will zuerst sehen, wie weit es so kommt, und will Staatsverträge erst machen, wenn es seinen Zweck zum erheblichen Teile erreicht hat, und wenn es auf der anderen Seite wahrnimmt, daß wir Mittel in der Hand haben, auch unsererseits auf England zu drücken und es zu benachteiligen. Darin liegt eigentlich der ganze springende Punkt für diese Frage: was für Mittel haben wir in der Hand, um handelspolitisch irgend etwas aus England herauszuholen? Das ist eine der schwierigsten Fragen. Bisher hat all unser Ueberlegen uns in der Beziehung keinen rechten Weg gezeigt. Wir haben ja unsere Handelsverträge mit England immer wieder um zwei Jahre verlängert, weil wir keine Mittel haben, und ich fürchte, daß wir auch so leicht nichts finden werden.

Dann hat Herr Justizrat Haeuser auf die Gefahr hingewiesen, die uns eventuell in ganz gleicher Weise aus Amerika drohen könnte. Diese Gefahr ist bereits eine recht erhebliche. Im Zensus-Bulletin, das in Washington alle fünf Jahre erscheint, ist 1902 bereits in der

Einleitung, in der die chemische Industrie beleuchtet wird, auf die Bestrebungen der Society of Chemical Industrie in England hingewiesen und darauf, daß Amerika die gleichen Wege gehen müßte, die England beabsichtige, wenn es sich eine entsprechende chemische Industrie schaffen wollte, wie sie Deutschland schon besitzt. Diese Ausführungen haben in dem amerikanischen Volke bisher nicht den Widerhall gefunden, den die Agitation in England gefunden hat aus einer ganzen Zahl naheliegender Gründe. Die Amerikaner haben augenblicklich mit anderen Dingen zu tun. Wenn Sie die Vorgänge in der amerikanischen Republik in den letzten Jahren verfolgt haben, so werden Sie wissen: es sind so viele wichtige Fragen auf der Tagesordnung gewesen, daß diese technischen Fragen in den Hintergrund getreten sind. Jeder aber, der das amerikanische Empfinden kennt, wird verstehen, daß die Amerikaner diese Fragen sofort aufnehmen werden, wenn in den großen Fragen der äußeren und inneren Politik in den Vereinigten Staaten etwas Ruhe eingetreten sein wird. Die Amerikaner wollen die Industrie in ihrem eignen Lande haben, sie wollen ihre Bedürfnisse allein decken. Also die Agitation kommt in Amerika sicher einmal.

Für den Antrag des Herrn Justizrat Haeuser würde ich warm eintreten; ich habe nur ein kleines Bedenken, wenn es dort gegen Schluß heißt: „wenn die geschützte Erfindung in einem dieser Staaten zur Ausführung gebracht ist". Amerika kennt ja keinen Ausführungszwang für Erfindungen. Es kann also ganz gut möglich sein, daß der amerikanische Erfinder nicht in Amerika ausführt, wie wir ja auch unsere Patente in Amerika behalten können, wenn wir sie weder in Amerika noch in Deutschland ausführen. Das ist eine gewisse Schwäche in der Fassung des Antrages, und die sollte noch beseitigt werden. Vielleicht ist es möglich, daß wir nicht darauf sehen, daß die Erfindung auch in Amerika ausgeführt werden muß, sondern zum Ausdruck bringen: wir wollen den Amerikaner genau so behandeln, wie er uns behandelt. Wir wollen ihm die Erfindung belassen, wenn er unsere Erfindungen in den Vereinigten Staaten uns beläßt, ohne hier oder da auf einen Ausführungszwang zu dringen. Die innere Gesetzgebung in den Vereinigten Staaten werden wir außerordentlich schwer oder gar nicht beeinflußen können. Die Meinung geht in Amerika dahin, daß ein Ausführungszwang nicht vorzuschreiben sei. Der arme Erfinder soll geschützt werden, der das Kapital nicht besitzt, um die Erfindung auszuführen; ihm soll eben der reiche Mann die Erfindung abkaufen. Darum sind die Amerikaner so sehr gegen den Ausführungszwang. Es wird in Amerika sehr schwer halten, einen solchen einzuführen.

Ich kann mich also dahin zusammenfassen, daß wir angesichts der neuen englischen Patentgesetzgebung vor einer außerordentlich schwerwiegenden Tatsache stehen, und daß wir alle unsere Bemühungen dahin richten müssen, irgend einen Weg zu finden, wie wir auch unsererseits eine Waffe gegen England in die Hand bekommen; daß wir in Amerika etwa auf dem von Herrn Justizrat Haeuser vorgeschlagenen Wege vorgehen, aber auch unsere Reichsregierung auf die Wichtigkeit dieses großen Absatzgebietes für uns hinweisen sollen, das uns durch die amerikanische Patentgesetzgebung zum größten Teil gewährleistet wird, damit sie bei eventuellen Verhandlungen uns den jetzigen Zustand möglichst erhalte.

Berichterstatter Justizrat **Haeuser**-Höchst a. M.: Meine Herren, ich möchte zunächst bemerken, daß ich mich in meinen Ausführungen aus sehr naheliegenden Gründen auf das Notwendigste beschränkt habe. Ich möchte auch die Anführung weiterer Details unterlassen.

Es ließe sich ja über diese interessante Frage noch sehr viel sagen. Da unsere Verhandlungen aber gedruckt und weiteren Kreisen zugänglich werden, so ist es, glaube ich, richtiger, nicht mehr zu sagen.

Was die Anregung des Herrn Dr. Goldschmidt anbetrifft, meinen Antrag dahin zu ändern, daß wir den Amerikanern eine Ausführungspflicht überhaupt nicht auferlegen sollen, da Amerika nach seiner internen Gesetzgebung eine solche Bestimmung auch nicht vorsieht, so habe ich gegen diesen Antrag, den ich selbstverständlich auch sehr wohl erwogen habe, doch große Bedenken. Meine Herren, wir können den Amerikaner nicht besser stellen, als wir den Inländer stellen. Der Deutsche hat die Pflicht zur Ausführung seines Patentes, ich glaube, es ist nicht angängig, daß wir einem Ausländer weniger auferlegen als einem Inländer. Die Frage, ob man auf den Ausführungszwang dem Erfinder gegenüber vollständig verzichten soll oder nicht, ist doch eine recht schwerwiegende prinzipielle Frage. Wenn wir die hier zur Erörterungen stellen, dann, fürchte ich, werden wir die ganze Sache auf die lange Bank schieben und zunächst nichts erreichen. Dagegen ist die andere Frage, daß die Ausführung im Falle eines Gegenrechtes im Auslande genügen soll, durch die Vorgänge der Staatsabkommen und durch weitere ausdrückliche Erklärungen unserer Regierung auch im Reichstage schon vollständig entschieden, und diese Lösung ist vom Reichstage auch schon genehmigt. Der Antrag also, den ich vorschlage, bewegt sich lediglich auf der schon beschrittenen Bahn und kann von keiner Seite einen prinzipiellen Widerstand finden. Da es sich hier um eine Regelung handelt, die rasch eintreten muß, o glaube ich, daß man diesen Weg als praktisch gangbar beschreiten soll.

Ich muß aber auch weiter hinzufügen, daß die von mir empfohlene Regelung, wie ich glaube, durchaus den praktischen Bedürfnissen entspricht. In Deutschland haben wir ja auch eine ganze Menge von Erfindungen, die niemals zur Ausführung kommen. Es stellt aber niemand den Antrag auf Nichtigkeitserklärung des Patentes. Die Sache liegt doch so: entweder hat niemand an der Ausführung des Patentes ein Interesse — dann stellt auch niemand den Antrag, etwa lediglich um den betreffenden Patentinhaber zu schikanieren —, oder aber das Patent hat eine wichtige Bedeutung, aus ganz bestimmten entschuldbaren Gründen konnte jedoch die Ausführung bisher nicht bewerkstelligt werden, dann tritt ja keine Zurücknahme ein, dann ist ja die Nichtausführung entschuldigt! So werden die Verhältnisse auch in Amerika liegen und in Amerika erst recht. Niemand wird dort ein wertvolles Patent einfach ohne jeden Grund brach liegen lassen. Das ist durchaus unnatürlich. Wenn der Amerikaner ein wertvolles Patent hat, wird er es ausführen und wird damit auch nach dem gestellten Antrag dem Ausübungszwang in Deutschland genügen. Wenn er aber ein wertloses Patent hat, dann werden wir dem Amerikaner sein deutsches Patent nicht angreifen, dann hat es eben keine Bedeutung für uns. Wenn wir uns die Patente amerikanischer Erfindungen, die in Deutschland vernichtet worden sind und deren Zahl nicht ganz gering ist, ansehen, so finden wir, daß die Vernichtung eigentlich immer erfolgt ist, weil die Ware lediglich von Amerika importiert wurde und die betreffenden deutschen Fabrikanten die Ware selbst fabrizieren wollten oder sogar fabriziert haben unter Verletzung der Patentrechte des amerikanischen Erfinders und auf diese Weise der Patentverletzungsklage begegneten. Ich erinnere z. B. an die Zurücknahme des amerikanischen Lyrableistift-Patentes. Die Amerikaner haben auch auf alle mögliche Weise versucht, dem Ausführungszwange zu entgehen, indem sie Teile von Maschinen nach Deutschland schickten und sie hier zusammensetzen ließen. Das Reichsgericht hat jedoch erklärt: nein, das ist nicht richtig ausgeführt, die Sache muß in Deutschland im wesentlichen fabriziert, nicht bloß zusammengesetzt werden aus zum Teil aus Amerika geschickten Teilen, wenn auch einige Teile in Deutschland fabriziert worden sind.

Ich glaube also, der Antrag entspricht dem praktischen Bedürfnis, und wir werden mit ihm das erreichen, was wir in der Hauptsache erreichen wollen, ohne Gefahr zu laufen, die gesetzgeberische Erledigung dadurch zu gefährden, daß wir eine prinzipielle Frage, die vielleicht heute noch gar nicht spruchreif ist, aufrollen.

Fabrikbesitzer Dr. **Goldschmidt**-Essen: Ich ziehe dann meine Bedenken zurück.

Ingenieur **Gondos**-Cöln: Meine Herren, zu den Ausführungen der geehrten Herren Vorredner habe ich sachlich nicht viel hinzuzufügen und kann mich dem Antrag anschließen. Ich möchte nur vom Standpunkt der Maschinenindustrie betonen, daß auch die Maschinenindustrie dieser Frage erhöhte Bedeutung beimißt. Es handelt sich nicht allein um England als Absatzgebiet, obgleich auch dieses für manche Branchen bedeutend genug ist, es handelt sich vielmehr um das Exportgeschäft. Ich möchte nicht aus der Schule schwätzen, doch Sie wissen ja, meine Herren, daß die Exportgeschäfte vielfach über London gemacht bezw. in London finanziert werden. Ich befürchte, daß auf diese Weise die Engländer die Früchte deutscher Arbeit ausbeuten werden.

Vorsitzender: Meine Herren, es hat sich niemand weiter zum Worte gemeldet. Ich schließe die Diskussion.

Der Herr Berichterstatter hat folgenden Antrag gestellt:

„Die Kommission empfiehlt, daß baldigst in dem Patentgesetze eine Bestimmung getroffen werde, dahin gehend, daß solchen Staaten gegenüber, welche nach einer Bekanntmachung des Bundesrates Gegenrecht üben, es für die Aufrechterhaltung des deutschen Patentes genügt, wenn die geschützte Erfindung in einem dieser Staaten zur Ausführung gebracht ist.

Die Kommission schließt sich ferner dem Beschluß 6 des Düsseldorfer Kongresses für gewerblichen Rechtsschutz betreffend die internationale Regelung des Ausführungszwanges an."

Der Antrag ist einstimmig angenommen.

Meine Herren, wir kommen nun zu dem Punkt, der nicht auf der schriftlichen Tagesordnung steht, den wir aber gestern noch mündlich hinzugefügt haben.

Direktor **Langen**-Cöln-Deutz: Darf ich hier einfügen: in unserer letzten Verhandlung ist zur Sprache gekommen, daß ein außerordentlicher Uebelstand in den Unionsbestimmungen noch darin besteht, daß Patente, die bei uns in drei verschiedenen Anmeldungen mit drei verschiedenen Daten erteilt werden, in der Union nicht zusammengefaßt werden können, und daß dadurch die Kosten der Patentnahme im Ausland wesentlich erhöht werden. Ich möchte die Frage stellen, ob es zweckmäßig ist, diese Angelegenheit im Anschluß an den eben besprochenen Punkt der Tagesordnung zu verhandeln.

Vorsitzender: Meine Herren, ich glaube, daß, wenn wir heute die Punkte der Tagesordnung erledigt haben, wir noch nicht am Schluß unserer Beratungen sind, daß wir unsere Aufgaben damit noch nicht erfüllt haben. Es sind noch eine Reihe anderer Punkte, welche die Kommission eventuell durchzusprechen haben wird, vor allem noch die Wünsche bezüglich des Gebrauchsmusterschutzrechtes und des Warenzeichenrechtes. (Sehr richtig!) Ich wollte mir, wenn wir unsere Tagesordnung erledigt haben, nach dieser Richtung hin Vorschläge erlauben und Ihre werten Wünsche entgegennehmen. Ich möchte Herrn Langen bitten, seine Wünsche bis dahin freundlichst zurückstellen zu wollen.

Wir kommen nun zum letzten Punkt, den wir gestern noch auf die Tagesordnung gesetzt haben, nämlich zu:

6. Recht der Angestellten an ihren Erfindungen.

Herr Regierunsrat Prof. Dr. Leidig wollte die Güte haben, dazu das Referat zu halten. Ich bitte darum.

Berichterstatter Regierungsrat Prof. Dr. **Leidig**-Berlin: Meine Herren, die Regelung der Angestelltenerfindungen ist um deswillen etwas dringend geworden, weil einmal der Juristentag, der im Herbst d. J. zusammentritt, die Angelegenheit auf seine Tagesordnung gesetzt hat. Es heißt da:

„Welche Aenderungen des bestehenden Rechtes empfehlen sich, um denjenigen Personen, welche in einem Vertrags- oder Anstellungsverhältnis tätig sind, den gebührenden Anteil an Nutzen und Ehre aus ihren Erfindungen und sonstigen geistigen Schöpfungen sicher zu stellen?"

Das wäre immerhin schon ein Grund, sich auch von seiten der Industrie vorher mit dieser Frage zu beschäftigen, um dem Berichterstatter des Juristentages, dessen Beschlüsse, wenn auch nicht immer, so doch vielfach einen Einfluß auf die gesetzgeberischen Vorschläge der Regierung ausgeübt haben und ausüben, eine Grundlage für seine Vorschläge zu bieten. Mir scheint aber, noch in viel höherem Maße notwendig ist, zu der Frage der Angestelltenerfindungen schon jetzt Stellung zu nehmen aus den Gründen, die wir gestern bereits andeuteten. Bei der ersten Beratung der sogenannten Gewerbeordnungsnovelle ist nämlich von einzelnen Parteien hervorgehoben worden, daß beabsichtigt werde, bei den späteren Kommissionsberatungen Vorschläge hinsichtlich der Einfügung der Regelung der Angestelltenerfindungen in die Gewerbeordnung zu machen. Daher möchte es wohl erforderlich sein, schon jetzt zu diesem ja ziemlich komplizierten Gegenstande nach der einen oder anderen Richtung hin Stellung zu nehmen, wenn auch vielleicht nur in der Weise — ich glaube nicht, daß es gelingen wird, heute auf diesem ganzen Gebiet zu einem abschließenden Ergebnis zu kommen —, daß man das Streitfeld enger begrenzt, als es bisher geschehen ist.

Die Regelung des Anteils der Angestellten an den industriellen Erfindungen ist seit einigen Jahren Gegenstand einer ziemlich lauten und immer größere Kreise der Angestellten umfassenden Agitation geworden. Einmal hat sich der Verein deutscher Ingenieure, und zwar auf Drängen aus dem Mitgliederkreise heraus, dem nicht entziehen können, diese Frage in seinen Verhandlungen zu erörtern; dann aber darüber hinaus eine Reihe von wirtschaftspolitischen Angestelltenorganisationen, insbesondere der sehr rührige, aber auch auf ziemlich extremem Standpunkt stehende Bund technisch-industrieller Beamten, der nach seinen Anführungen etwa 10000 industrielle Beamte als Mitglieder umfassen soll — wesentlich allerdings nicht akademisch gebildete, sondern Schüler der technischen Mittelschulen usw. — Dieser Verein hat eine Anzahl von Leitsätzen hinsichtlich dieser Frage der Erfindungen der technischen Angestellten aufgestellt, die dann auch von Politikern verschiedener Parteien aufgenommen worden sind.*) Gleichzeitig und daneben hat sich eine ziemlich umfangreiche literarische Agitation entwickelt, die das Eigentum

---

*) Die Leitsätze des Bundes der technisch-industriellen Beamten lauten:

Zum Schutze des geistigen Eigentums der technischen Privatangestellten ist das geltende Patentrecht so umzugestalten, daß den technischen Angestellten das Eigentumsrecht an ihren Erfindungen sichergestellt und ihnen ein gerechter Anteil an dem Nutzen aus deren praktischen Verwertung unzweideutig gewährleistet wird. Daneben ist eine Aenderung des herrschenden Patentgebührensystems erforderlich.

Für die Regelung des Erfinderschutzes der technischen Privatangestellten müssen folgende Grundsätze im einzelnen maßgebend sein:

1. Technische Angestellte und Arbeiter sind Eigentümer der von ihnen herrührenden Erfindungen.

2. Ist der Anmelder nicht zugleich der Erfinder, so ist der Name des Erfinders gleichzeitig mit der Anmeldung anzugeben. In der Patenturkunde und in der Patentschrift ist der Name des Erfinders hinter dem Namen des Anmelders in Klammern zu verzeichnen.

3. Der Arbeitgeber hat ein Anrecht darauf, daß die Erfindung, die der Angestellte ihm während seiner Dienstzeit vorlegt oder im Inland zum Patent anmeldet, ihm zur gewerblichen Ausnutzung überlassen wird, wenn und soweit die Erfindung einen Gegenstand betrifft, der innerhalb des Rahmens der Dienstverrichtungen des Angestellten liegt. Der Angestellte ist verpflichtet, unter gleichzeitiger Unterbreitung der zur Beurteilung des Wertes der Erfindung erforderlichen Unterlagen, dem Arbeitgeber von der Erfindung schriftlich Mitteilung zu machen mit der Aufforderung, sich zu erklären, ob er die Verwertung der Erfindung übernehmen will.

4. Der Arbeitgeber hat sich binnen einer Frist von drei Monaten nach Empfang der Aufforderung zu erklären, ob er die Verwertung der Erfindung übernehmen will. Erklärt er dies, so erwirbt er dadurch das ausschließliche Recht, die Erfindung im Inlande gewerblich auszunutzen. Er wird dadurch verpflichtet, die Kosten für die Erwerbung und Aufrecht-

einer Erfindung, die von einem Angestellten im gewerblichen Betriebe gemacht wird, für diesen festzulegen strebt, und nun fängt auch, wie immer, bereits die suggestive Beeinflussung der öffentlichen Meinung nach der Richtung hin an, daß mehr und mehr von den verschiedensten Seiten jetzt die Auffassung vertreten wird und in der Literatur schließlich nach einiger Zeit überall sich als selbstverständlich darstellen wird, daß das jetzige Verfahren der industriellen Unternehmungen ein den guten Sitten und der Sittlichkeit widersprechendes Verfahren ist, durch das die gewerblichen Unternehmer den Angestellten unter Anwendung formellen Rechts die Früchte ihrer wohlverdienten geistigen Arbeit widerrechtlich und wie gesagt contra bonos mores entziehen. Auch um diese Erörterung nicht völlig unbeeinflußt weitergehen zu lassen, ist es notwendig, schon jetzt die Frage hier einmal sine ira et studio rein objektiv zu erörtern und festzustellen, inwieweit denn

erhaltung des Patentes zu bezahlen und die Verwertung des Patentes zu betreiben.

5. Kommt der Arbeitgeber der Verpflichtung zur Zahlung der Kosten des Erwerbes und der Aufrechterhaltung des Patentes nicht nach, so erlöschen seine Rechte an der Erfindung. Er ist verpflichtet, von seiner Absicht, die Rechte an der Erfindung aufzugeben, den Erfinder drei Monate vor Fälligwerden der Patentgebühren schriftlich in Kenntnis zu setzen. Unterläßt er eine derartige Mitteilung, so haftet er dem Erfinder auf Ersatz des diesem durch Erlöschen des Patentes erwachsenen Schadens. Betreibt der Arbeitgeber die Verwertung des Patentes nicht, oder nicht in einer der Erfindung entsprechenden Weise, so kann der Erfinder nach fruchtlosem Ablauf einer dem Arbeitgeber zur ordnungsmäßigen Verwertung der Erfindung gesetzten dreimonatlichen Frist die Ausschließung des Arbeitgebers von der Verwertung der Erfindung im Wege der Klage verlangen.

Mit der Rechtskraft des Ausschlußurteiles fällt das Recht auf Verwertung seiner Erfindung an den Erfinder zurück. Der Arbeitgeber ist verpflichtet, den dem Erfinder durch Nicht- oder nicht ordnungsmäßige Verwertung der Erfindung entstandenen Schaden zu ersetzen.

6. Als Entschädigung für die Ueberlassung der Erfindung an den Arbeitgeber hat der Erfinder Anspruch auf einen angemessenen Teil an dem Nutzen, den die Verwertung der Empfindung während der Patentdauer dem Arbeitgeber bringt. Als „angemessen“ ist mindestens der dritte Teil des Nutzens anzusehen. Ist eine Vereinbarung über die Art der Beteiligung des Erfinders nicht getroffen, oder stellt sich heraus, daß die vereinbarte Beteiligung unangemessen ist, so kann sie auf Antrag des Erfinders durch Urteil auf den angemessenen Anteil festgesetzt werden.

7. Abmachungen, die den vorstehenden Bestimmungen zuwiderlaufen, sind nichtig.

8. Auf Erfindungen, für die nur ein Gebrauchsmuster erteilt ist, sowie auf Geheimverfahren, für die ein gewerblicher Schutz nicht nachgesucht wird, finden vorstehende Bestimmungen entsprechende Anwendung.

tatsächlich etwa Ansprüche der Angestellten mit Recht erhoben werden können, inwieweit der jetzige Zustand einer Aenderung dringend bedürftig ist, oder ob nicht im großen und ganzen den berechtigten Anforderungen der Angestellten auch unter dem jetzigen System Genüge geschieht. Auch dann, wenn das letztere bejaht wird, würde allerdings die Frage auftauchen, ob es zweckmäßig und richtig ist, etwa gegenüber den hinter dem allgemeinen Niveau gewerblicher Anständigkeit zurückbleibenden Firmen — es wird auch solche geben — die Gesetzgebung in Bewegung zu setzen. Ich möchte glauben, daß auch da immer die Verhältnismäßigkeit zu prüfen ist, und daß es sich darum handelt, zunächst einmal festzustellen, ob etwa derartig schwere Mißstände sich irgendwo herausgebildet haben, derartig schwere Benachteiligungen der Angestellten, daß zu einer formellen Regelung der Angestelltenerfindungen durch das Gesetz geschritten werden muß.

Die technisch-industriellen Beamten und eine große Reihe von Sozialpolitikern, wissenschaftlichen Sozialpolitikern und politischen Sozialpolitikern, wenn ich mich so ausdrücken darf, also Parlamentariern, suchen nun diese ganze Frage in der sehr einfachen Weise zu regeln, daß sie an die Spitze aller ihrer Erörterungen den Satz stellen: die Erfindung, die von einem Angestellten gemacht worden ist, gehört dem Angestellten. Damit ist die Situation beispielsweise für sämtliche gewerbliche Unternehmungen, die in der Form der Kollektivpersönlichkeit bestehen, Aktiengesellschaften usw. völlig klar und ohne weiteres entschieden; keine Erfindung darf der Aktiengesellschaft als solcher gehören, sondern sie gehört irgend einem der zahlreichen Angestellten vom Generaldirektor herunter bis zum jüngsten Lehrling und Portier — irgend einer muß ja innerhalb dieses Gewerbeunternehmens die Erfindung gemacht haben. Dem steht dann immer als dritte Persönlichkeit die Aktiengesellschaft, die Genossenschaft, die Gesellschaft m. b. H. usw. gegenüber. — Diese ja durch ihre Einfachheit bestechende Lösung, wie sie auch gerade in letzter Zeit wieder vertreten worden ist, ist meines Erachtens als gänzlich ungeeignet abzuweisen; man kann der Frage nur dadurch näher kommen, daß man sie in ihre einzelnen Bestandteile auseinanderlegt.

Die Frage der Angestelltenerfindungen kann unter zwei ganz verschiedenen Gesichtspunkten geprüft werden, einem patentrechtlichen und einem allgemein zivilrechtlichen. Vom Standpunkte des Patentrechts tritt meines Erachtens eigentlich nur eine einzige Frage auf; es fragt sich nämlich: soll es bei dem jetzigen System bleiben, daß patentrechtlich der Inhaber der Erfindung der Anmelder ist — dann hat die ganze Frage mit dem Patentrecht nichts zu tun —, oder soll an Stelle dieses deutschen Systems das amerikanische treten, in dem es heißt: der wirkliche Erfinder ist der dem Patentamte gegenüber berechtigte Inhaber des Patents. Dann hat natürlich eine Prüfung stattzufinden, wer der wirkliche Erfinder ist, und daraus würden sich alle diese Konsequenzen und Schwierigkeiten ergeben, deren Erörterung innerhalb des Gebietes des Patentrechts liegt. Meine Herren, ich möchte es für ausgeschlossen halten, daß in Deutschland eine erhebliche und bedeutsame Anschauung entstehen könnte, das deutsche Patentrecht im Sinne des amerikanischen Patentrechts umzugestalten. Die Gründe, die dafür entscheidend gewesen sind, daß patentrechtlich der Anmelder als Inhaber der Erfindung gilt, als der zur Ausübung der Erfindung Berechtigte, bestehen meines Erachtens heute noch in genau derselben Wichtigkeit fort, wie sie bei Erlaß des Patentgesetzes bestanden haben, und es könnte sich daher hier nur um die eine Frage handeln, auf die ich nachher zurückkommen werde und die auch in dem Programm des Juristentages — das übrigens nicht ganz objektiv ist, sondern in sich schon eine suggestive Entscheidung enthält — angedeutet worden ist. Wenn dem so ist und die Herren mir beistimmen — allerdings eine Auffassung, die von anderer Seite sehr lebhaft bekämpft wird —, dann kommt die Frage innerhalb des allgemeinen bürgerlichen Rechts, insbesondere innerhalb des Vertragsrechts zur Entscheidung, und dann ist es auch ganz richtig, daß politische Parteien und die Interessentengruppen diese Frage nicht bis zur Reform des Patentrechts hinausschieben wollen, sondern sie innerhalb unserer Gewerbeordnung zu regeln wünschen; sie steht eigentlich dann auf demselben Boden, auf dem die Regelung der Konkurrenzklausel und ähnliches steht.

Von diesen Vorerörterungen aus komme ich nun zu einer weiteren Scheidung: Es handelt sich einmal um eine Frage, wenn ich mich so ausdrücken darf, der Standes- und Berufsehre hinsichtlich der Regelung der Angestelltenerfindungen, zweitens um eine Frage des materiellen Nutzens oder vielmehr, rechtlich gesagt, des Umfangs der Verpflichtungen und Rechte, die sich aus dem Dienstvertrage ergeben.

Wenn ich auf das erstere eingehe, so wird in weiten Kreisen der deutschen gewerblichen Angestellten es heute als eine Forderung der Berufs- und Standesehre bezeichnet, daß derjenige, welcher eine Erfindung gemacht hat oder wesentlich an der Erfindung mit beteiligt gewesen ist, als Erfinder oder als Mitarbeiter auch nach außen hin zur Geltung kommt. Auf anderen Gebieten liegt genau dasselbe Bestreben vor. Ein Teil der Herren wird sich vielleicht daran erinnern, daß vor einigen Monaten sich hier in Berlin ein heftiger Zeitungskampf darüber erhoben hat, wer das Neue Schauspielhaus am Nollendorfplatz, das von der bekannten Firma Boswau & Knauer erbaut worden ist, entworfen hat. Ein bei der Firma angestellter Ingenieur sagte, er sei der Verfasser des Projekts, und dadurch, daß auf einer Tafel, die irgendwo angebracht ist, seiner Mitwirkung nach keiner Richtung hin gedacht sei, fühle er sich in seiner Berufs- und Standesehre verletzt, und er reklamierte unter Berufung an die Oeffentlichkeit und an das sittliche Empfinden der Oeffentlichkeit seinen Anteil an dieser geistigen Schöpfung. Er fand eigentlich allgemeine Zustimmung innerhalb der übrigen Ingenieurkreise, und auch die Oeffentlichkeit stellte sich, soweit sie in den Zeitungen zum Ausdruck kam, auf den Standpunkt, daß hier eine Erwähnung dieses Herrn notwendig sei. Auch in anderen Fällen — ich gehöre selbst einem Preisrichterkollegium an, indem die ersten Architekten, Wallot und eine Reihe anderer, sich befinden — hat man sich von vornherein auf den Standpunkt gestellt, daß die Mitarbeiterschaft eines anderen Ingenieurs oder Architekten auch in den Konkurrenzentwürfen zum Ausdruck zu bringen sei, daß also bei einem Entwurf, der in irgend einem Bureau angefertigt worden ist, erwähnt werden müsse: es haben dabei die Kollegen Architekt X. oder Ingenieur Y. usw. mitgeholfen. Diese Auffassung betrifft eigentlich eine Frage, die nicht auf zivilrechtlichem Gebiete liegt; sie ist eine der vielen sozialpolitischen Forderungen, die heute nach den verschiedensten Richtungen von einzelnen Berufsständen und Gruppen erhoben werden, die sich deshalb auch lediglich aus der Anschauung der jeweiligen Zeit und der einzelnen Berufsgruppe entscheiden lassen. Wir haben über diese Frage schon damals gesprochen, als wir zum ersten Male — nicht ganz in demselben Kreise, aber doch von denselben Gesichtspunkten aus — zusammen waren, und es ist damals gerade Herr Justizrat Haeuser gewesen, der hinsichtlich dieses Punktes hervorgehoben hatte, daß an sich dagegen nichts einzuwenden sei, daß in Patentschriften, wie das vielfach gewünscht wird, der Erfinder, falls er sich feststellen ließe, miterwähnt werde, daß also in irgend einer Weise der Name des betreffenden Angestellten zur Kenntnis der Außenwelt komme.

Nun handelt es sich hierbei allerdings nicht allein um die Berufs- und Standesehre, sondern auch um Folgerungen, die durchaus materieller Natur sind. Die betreffenden Angestelltenkreise vertreten die Auffassung: wenn bekannt wird, Herr Ingenieur X. oder Herr Chemiker Y. ist zum wesentlichen Teile, ja vielleicht in der

Hauptsache an einer Erfindung beteiligt gewesen, so wird eine größere Nachfrage nach seiner Kraft von seiten anderer Firmen entstehen, er wird in der Wertschätzung innerhalb der industriellen Kreise steigen, und es wird ihm daher leichter gelingen, eine besser bezahlte und organisatorisch höhere Stellung zu erlangen, als wenn er lediglich im Schatten der Firma seine Arbeit leistet und nach außen hin seine Tüchtigkeit und seine schöpferische Begabung nur kleinen Kreisen bekannt wird. Auch von diesem Gesichtspunkte aus wird eine Bekanntgabe des Namens des Angestellten-Erfinders erstrebt.

Der dritte Gesichtspunkt, von dem aus diese ganze Organisation zu betrachten ist, ist der materielle, ist die Forderung, daß der Angestellte an dem wirtschaftlichen Nutzen, der sich aus einer Erfindung oder, richtiger gesagt, aus einem Patent, aus dieser ausschließlichen gewerblichen Berechtigung ergibt, die vom Staate dem Patentinhaber verliehen wird, beteiligt werde. Die Auffassung, die von den Angestellten vertreten wird, geht von folgenden Erwägungen aus: Der einzelne Angestellte übernimmt durch seinen Dienstvertrag mit seinem Geschäftsherrn wohl eine Verpflichtung, mit Aufbietung von Fleiß, Sorgfalt und organisatorischem Geschick diejenigen Aufgaben zu lösen, die ihm auf Grund seines Dienstvertrages innerhalb des ganzen Geschäftsorganismus zugewiesen werden; aber das schöpferische Ingenium, das dem einzelnen die Möglichkeit gebe, etwas Neues zu schaffen, das nebenbei auch noch die Eigenschaft habe, gewerblich verwertbar zu sein, dieses Ingenium sei etwas Besonderes, das wenigstens dem Durchschnitt nach nicht zu den vertragsmäßigen Eigenschaften eines gewerblichen oder industriellen Angestellten gehöre; dieses schöpferische Ingenium falle aus dem Kreise der Dienstverpflichtungen heraus, und wenn der Betreffende auf Grund dieser ihm eigenen Begabung etwas finde und schaffe, was für die Industrie wertvoll sei, so sei es nicht mehr als recht, daß er auch an den Früchten dieses Findens einen besonderen, rechtlich gesicherten Anteil erhalte. Demgegenüber wird von der Industrie und auch aus den Kreisen der Theoretiker geltend gemacht, daß nur ein verhältnismäßig kleiner Teil der Erfindungen heute diesen Weg gehe, den die Angestellten immer vor sich sehen, und daß auch innerhalb der Angestellten zweifellos große Gruppen und Unterschiede gemacht werden müssen.

Wenn ich zunächst auf den Weg eingehe, den nach der Gegenauffassung heute die industriellen Erfindungen in der Regel gehen, so wird geltend gemacht, daß es eben nur Ausnahmefälle seien, in denen der einzelne gewissermaßen auf Grund einer schöpferischen Intuition plötzlich einen großen Gedanken erfaßt, der sich ihm so klar vorstellt, daß er ihn zu einer praktischen Ausgestaltung, zu einer praktisch verwendbaren Erfindung bringen könne, sondern in der Regel werde heutzutage die Erfindung auf Grund einer systematischen, methodisch fortschreitenden Arbeit gemacht, und die Zielpunkte, nach denen diese Arbeit gehen soll, werden wiederum von vornherein auf Grund einer sorgfältigen Erwägung der wirtschaftlichen Wege und auch der wissenschaftlichen Aufgaben und Möglichkeiten, die je nach dem augenblicklichen Stande der Technik vorhanden sind, gewiesen. Demnach handle es sich im allgemeinen bei der Schöpfung patentfähiger Erfindungen innerhalb der Industrie einmal um das Zusammenwirken sehr vieler Kräfte neben und nacheinander, zweitens um ein Zufügen sehr vieler kleiner Steine, zu denen jeder einzelne beiträgt, und endlich drittens weniger um eine Schöpfung der Phantasie, der schöpferischen Intuition, als um eine langsame methodische Arbeit, die durchaus innerhalb des Könnens der begabten Berufsgenossen liegt und liegen kann. Wenn dem so ist, so besteht sehr wohl die berechtigte Erwartung für den Industriellen, daß dieses Maß von schöpferischer Intuition einem guten Ingenieur, einem guten Chemiker usw. in gewissem Umfange mitgegeben sein müsse, um ein guter Ingenieur oder Chemiker zu sein. Wohl sei der eine in höherem, der andere in geringerem Maße imstande, in dieser schöpferischen Weise zu arbeiten; in der Regel sei dieses Maß von schöpferischer Intuition, das verlangt werde, aber nicht so groß, daß es nicht als möglich und zulässig gelten sollte, auf Grund rechtlicher Verpflichtung, wenn ich mich so ausdrücken darf, auch auf diese Betätigung geistiger Arbeit Beschlag zu legen und sie in den Organismus der einzelnen gewerblichen Unternehmung einzufügen. Das wird übrigens zum Teil auch von den Vorkämpfern der Angestelltenansprüche anerkannt. Sie vertreten aber die Auffassung, daß innerhalb jedes, auch dieses methodischen Weges, sich irgendwo ein Moment finde, der die bis dahin vielleicht unendlich vielen Möglichkeiten, mit denen das Ziel erreicht werden kann, bis auf zwei oder drei ausschalte und erkennen lasse: das ist der Weg oder einer der Wege, die wirklich zum Ziele führen. Derjenige, der in diesem Moment diesen Gedanken gehabt hat — und das lasse sich in jedem einzelnen Falle feststellen, das sei mit gutem Willen durchaus möglich —, der sei zweifellos der Schöpfer dieser Erfindung, während alle die anderen nur die Vorarbeiter oder Ausgestalter der Erfindung seien; dieser aber sei derjenige, aus dessen Geist die Erfindung herausgeschaffen werde und der in erster Linie Anspruch auf die Erfindung und ihren Erfolg habe, jedenfalls mit seinem Anspruch nicht völlig ausgeschaltet werden dürfe.

Es wird weiter zugegeben, daß auch innerhalb der Schichtung

der einzelnen industriellen Angestellten gewisse Unterscheidungen gemacht werden müssen. Man erkennt an, daß, wenn ein Chemiker in ein Versuchslaboratorium hineingesetzt und ihm eine bestimmte Aufgabe gestellt wird — sagen wir, eine bestimmte Anzahl von Körpern oder chemischen Stoffen nach einer ganz bestimmten Richtung hin zu untersuchen —, daß er allerdings, wenn er diese Aufgabe übernimmt, sich auch vertragsmäßig verpflichtet, alles, was er auf diesem Wege findet, seinem Geschäftsherrn zur Verfügung zu stellen. Man zieht aber eine Reihe von weiteren Folgerungen. So kann es beispielsweise bei der Verfolgung des ihm vom Geschäftsherrn gewiesenen Weges und Zieles geschehen, daß der untersuchende Chemiker findet, daß sich auch noch andere Wege mit gänzlich anderen Zielen einschlagen lassen, die wirtschaftlich wertvoll sind; von diesen Wegen und Möglichkeiten, die sich nicht auf Grund der ihm aufgegebenen dienstlichen Verpflichtungen, sondern nur anläßlich seiner dienstlichen Verpflichtungen bei ihm eröffnen, davon wird behauptet — oder darüber besteht der Streit —, ob auch sie Eigentum des Geschäftsherrn sind oder ob sie nicht dem industriellen Angestellten, der die Wege gefunden habe, zugehören.

Weiter: Es mag dem betreffenden Angestellten eine Aufgabe gestellt worden sein, — ich will sagen, aus gewissen chemischen Stoffen irgendwelche Farben festzustellen, neue Farbenverbindungen zu konstruieren — und nun gelangt er bei dieser Prüfung auf die Idee, daß sich gleichzeitig gewisse Kombinationen für ein Verfahren der Farbenphotographie verwenden lassen, und er verfolgt diese Anregung nicht etwa in dem Laboratorium des Etablissements weiter, sondern in seinem Privatlaboratorium außerhalb seiner Dienstzeit, zu Hause — wie ist es dann mit den Ergebnissen seiner Forschungen? Angeregt wurde der Betreffende durch die Arbeiten, die ihm nach seinem Dienstvertrage oblagen; dann hat er aber selbständig weitergeforscht, und er hat die Untersuchungen in seinem eigenen Heim zu Ende geführt, zweifellos hat er aber — ich denke dabei an ein Erkenntnis des Reichsgerichts — während seiner Dienststunden, was vielleicht gar nicht zu verhindern ist, vielfach, anstatt sich mit der laufenden Tagesarbeit zu beschäftigen, über sein neues Verfahren der Farbenphotographie sinniert, also einen Teil der Zeit, die dem Etablissement zur Verfügung stehen soll, zweifellos mit für seine Erfindung verwandt.

Ein fernerer Fall: Irgend ein Chemiker einer Farbenfabrik ist vor die Aufgabe gestellt, irgend welche Stoffe nach gewissen Richtungen zu untersuchen. Es ergibt sich die Möglichkeit, zu irgend einer Kombination zu kommen, die zwar für die ganze Farbenchemie usw. keinen Wert hat, aber sehr erhebliche Vorteile für die Eisenindustrie oder irgend eine abseits liegende Industrie bietet, die gänzlich außerhalb des Wirkungskreises des Etablissements liegt, in dem der Chemiker angestellt ist. Er kommt auf diese Erfindung innerhalb seiner Geschäftsstunden und innerhalb der Ausübung seines Berufes. Auch da wird behauptet, diese Erfindung könne zweifellos nicht dem Geschäftsherrn gehören, sie sei Eigentum des Angestellten. Demgegenüber ist natürlich ohne weiteres zu sagen, daß jeden Augenblick die betreffende Fabrik, die nicht bloß ein technischer, sondern auch ein wirtschaftlicher Organismus ist, die Möglichkeit haben könnte, sich nach dieser Richtung hin auszudehnen.

Meine Herren, es treten demnach eine ganze Reihe von einzelnen Möglichkeiten auf, die alle nach der einen oder anderen Richtung ihre Entscheidung verlangen.

Dazu kommt aber noch ein weiteres. Wie ich schon anführte, sind die Angestellten der einzelnen industriellen Betriebe zweifellos nach ihren verschiedenen Aufgaben geschieden. Wir haben von einem Chemiker gesprochen, der in einem Versuchslaboratorium beschäftigt ist und dem gewisse Aufgaben gestellt sind. Wie aber dann, wenn der Betreffende vielleicht als Aufsichtsbeamter oder in einer verhältnismäßig untergeordneten Stellung im Betriebe steht und bei irgend einer Gelegenheit — immer in Kenntnis der Erfahrungen und der Organisation innerhalb des Betriebes — sich ihm die Möglichkeit bietet, eine Erfindung zu machen, die an sich dem Betriebe angehört, den Betrieb technisch zu fördern geeignet ist, aber doch gänzlich außerhalb des Bereiches der regelmäßigen dienstlichen Verpflichtungen des Angestellten liegt? — Wie gesagt, der Bund der technischen industriellen Beamten, und nicht nur diese, sondern ein großer Teil der industriellen Angestellten vertreten mit steigender Energie die Auffassung, daß es notwendig sei, in allen diesen Fällen für den Angestellten entweder das alleinige Eigentum oder wenigstens ein Miteigentum an der Erfindung in dem Werke, in dem sie gemacht ist, zu konstruieren. Dem steht eine Reihe von Verträgen gegenüber, von denen ja vor einiger Zeit einzelne im Reichstage verlesen worden sind, die sich auf den Standpunkt stellen, daß Erfindungen, mögen sie einen Namen oder Gegenstand haben, welchen sie wollen, mögen sie außerhalb oder innerhalb des Etablissements gemacht sein, während der ganzen Zeit des Dienstverhältnisses und — es gibt auch solche Verträge, und mir scheint, daß auch sie nicht ohne weiteres zu verwerfen seien — auch über das Dienstverhältnis hinaus dem Etablissement, in dem der Betreffende angestellt ist, zugehören.

Aus diesem Konflikt einen Ausweg zu finden, ist, wie ich vorhin schon anführte, nur möglich, wenn man die Frage in eine Reihe von einzelnen Forderungen oder einzelnen Resolutionen auflöst. Ich möchte zunächst glauben, daß diese ganzen Fragen anders zu beurteilen sind für die Personen, welche als leitende Angestellte zu bezeichnen sind, und zwar nicht nur für diejenigen, welche dazu berufen sind, als Mitglieder des Vorstandes oder als Prokuristen und dergleichen das Unternehmen, dem sie angehören, rechtlich nach außen hin zu vertreten, sondern es wird eine Abgrenzung in organisatorischer Richtung gemacht werden müssen. Ich kann mir nicht denken, daß nach unserer deutschen Rechtsanschauung gefolgert werden könnte, daß ein Generaldirektor, ein Abteilungsdirektor, der Leiter einer einzelnen Betriebs-Abteilung, lediglich verpflichtet ist, nur die Tagesarbeit zu machen, und daß eine weitere Förderung der Aufgaben des Unternehmens außerhalb seiner Berufspflichten liegt. Wenn die Herren mir darin beistimmen, daß es sich hier überhaupt nicht um eine patentrechtliche, sondern um eine gewerberechtliche Frage handelt, dann kann ich, offen gesagt, keinen irgendwie prinzipiellen Unterschied konstruieren zwischen einem Kaufmann, der vielleicht ein kühn gewagtes und glänzend durchgeführtes Geschäft für sein Unternehmen hereinbringt, das ihm dadurch große Gewinne schafft, und einem industriellen Angestellten, dem Leiter eines Betriebes, der nach irgend einer Richtung hin Erfindungen für sein Werk macht. (Sehr richtig!) Das eine wie das andere kann im einzelnen Falle weit über den Durchschnitt der Aufgaben und Leistungsverpflichtungen hinausgehen, die man von dem einzelnen verlangt. Ja, meine Herren, ich gehe noch weiter. Ich will Zustände nehmen, wie sie bei uns in Europa verhältnismäßig selten sind, die aber, wenn ich beispielsweise an Firmen wie Wörmann und dergleichen denke, vorkommen, Faktoreien in Deutschsüdwestafrika usw., wo der betreffende Angestellte verpflichtet ist, unter Entbehrungen, eventuell unter Daransetzung seiner Gesundheit und seines Lebens für die Firma einzutreten. Auch hier sage ich: es ergibt sich kein prinzipieller Unterschied zwischen dem einen und dem anderen. Man kann nicht sagen: es gehört das nicht zu den regelmäßigen Pflichten des Angestellten, und er kann zweifellos rechtlich nicht verlangen, daß er für die Aufwendungen besonders entschädigt wird, die er über das Maß des Gewöhnlichen hinaus gemacht hat. Die Frage der sozialen Ausgleichung liegt auf allen diesen Gebieten natürlich anders. Darauf komme ich noch zurück.

Ich bin deshalb der Meinung, daß zunächst diese, wenn ich so sagen soll, leitenden Angestellten aus dem ganzen Programm der Angestellten-Bewegung herausfallen, und, meine Herren, in den Anschauungen der Angestellten fallen sie auch aus ihrem Programm heraus; ihnen schwebt immer bloß vor, daß ein kleiner Angestellter, ein junger Chemiker, junger Ingenieur, der irgend wo sitzt, sich an irgend einer Erfindung beteiligt habe, und daß es ganz asozial sei während die Firma aus solchen Erfindungen großen Gewinn herausziehe, ihn nicht daran zu beteiligen, ihm nicht einen Rechtsanspruch darauf zu geben. Andererseits ist auch in diesen Kreisen, nach der ganzen Behandlung bisher zu schließen, nicht berücksichtigt worden, daß, wenn man die Frage rechtlich aufbaut, ohne Unterscheidungen zu treffen, der Generaldirektor des Werkes genau ebenso zu behandeln ist wie der jüngste Angestellte.

Meine Herren, stimmen Sie dem bei, daß einmal die ganze Gruppe der leitenden Angestellten, die also verantwortlich sind nicht bloß für das Bestehen, sondern auch für die weitere Entwickelung und Förderung des Werkes, ausscheidet, so wird sich zweitens wohl mit einer gewissen Leichtigkeit eine Einignng darüber ergeben, daß in allen den Fällen, wo es sich darum handelt, daß einem Angestellten ein bestimmtes Ziel gesetzt wird, eine bestimmte Untersuchung aufgetragen wird, die dazu führen soll, etwas gewerblich Verwertbares zu schaffen, das Ergebnis dieser Untersuchung in den Kreis des Etablissements hineingehört. Ebenso wie der Angestellte, der vielleicht Monate hindurch auf Kosten der Firma ungemein kostspielige Versuche vergeblich angestellt hat, nicht angehalten werden kann, nunmehr der Firma Schadenersatz zu leisten, ebenso muß dann, wenn es sich um ein positives Ergebnis solcher Untersuchungen handelt, dieses der Firma zugute kommen.

Endlich die große Masse der übrigen Angestellten! Für die stellt sich die Entscheidung zweifellos schwieriger. Es handelt sich um alle die Fälle, in denen der Angestellte, ich möchte sagen, nicht mit der Absicht, eine Erfindung zu machen, an seine tägliche Arbeit herangeht, sondern wo sich ihm anläßlich seiner täglichen Arbeit die Möglichkeit ergibt, irgend etwas Neues und gewerblich Verwertbares zu schaffen. Derartige Fälle kommen ja nicht nur bei Angestellten, sondern auch bei Arbeitern vor. Ein Arbeiter, der die Augen aufmacht, kann unter Umständen auf wertvolle Neuerungen innerhalb des Produktionszweiges des einzelnen Etablissements, in dem er tätig ist, hinweisen, und wenn er auch nicht in der Lage ist, diese Idee weiter zu verwirklichen, zum Abschluß zu führen, so ist ihm doch wohl die Möglichkeit gegeben, die Idee aufzunehmen und als wertvoll zu betrachten. Es sind das ja Fragen, die in diesem Kreise allgemein bekannt sind. Ich möchte aber doch darauf hinweisen, daß wir beispielsweise in unserem preußischen Eisenbahnetat immer eine Position haben: Belohnungen für Arbeiter und andere Angestellte, welche wertvolle Ideen — so kann man meistens bloß sagen — der Verwaltung zur Kenntnis geben. Es wird daraus, wie die Nachweisungen ergeben, in jedem Jahre eine Reihe von Prämien und Belohnungen verteilt. Es liegen also derartige von der Verwaltung als wertvoll anerkannte Anregungen und Ideen aus diesen Kreisen vor. Ich möchte glauben, daß es sich hier im einzelnen Falle wohl darum handeln kann, ob dem Angestellten eine Anerkennung zu geben ist oder nicht. Ich bin aber doch der Meinung, trotzdem, was ich eben angeführt habe — und da beziehe ich mich wieder auf die Verhältnisse unseres größten gewerblichen Betriebes, der preußisch-hessischen Eisenbahnverwaltung —: wenn Sie die Höhe dieses Fonds sich ansehen und sehen, wievielen Personen aus diesem Fonds im Laufe des Jahres Belohnungen gezahlt werden, so ist das eine verhältnismäßig so ungemein kleine Zahl, daß man unmöglich sagen kann, wenn man diese Frage auf diese Industrie überträgt, es handle sich um Fälle, die so häufig vorkommen, in denen so häufig Ungerechtigkeit geübt wird, daß hier die Gesetzgebung eingreifen muß. Denn, meine Herren, um das zu beweisen, muß etwas anderes bewiesen werden, und das haben die betreffenden Herren aus der Angestellten-Bewegung bis jetzt wenigstens nicht bewiesen. Es mögen ja, was ich ohne weiteres zugeben will und muß, einzelne Ausnahmefälle vorliegen, die kraß und tadelnswert sind. Es sind auch einzelne Firmen mit Namen genannt worden, die zu lebhaften Beanstandungen nach dieser Richtung hin Anlaß gegeben haben. Im großen und ganzen wird aber das einzelne Etablissement immer in seinem eigensten Interesse danach streben, gerade denjenigen der unteren oder mittleren Angestellten, der sich als über das Maß agil, geschickt, sorgfältig, mit großer Begabung gezeigt hat, innerhalb des Betriebes selbst an eine bessere Stelle zu setzen, ihm eventuell durch Gehaltszulage, durch Remunerationen, durch sonstige Vorteile ein Entgelt dafür zu bieten, daß er diese Vorteile der Firma geboten hat. Sollte das im einzelnen Falle nicht geschehen — es wird sogar behauptet, daß einzelnen Angestellten im Gegenteil Schaden erwachsen sei, daß sie zurückgesetzt worden seien —, so würde doch nachzuweisen sein, daß dies etwas anderes als Ausnahmefälle seien. Ich kann mir, offen gesagt, nicht denken, daß ein Etablissement gegen sein eigenstes Interesse, gegen das naheliegendste wirtschaftlich-organisatorische und technische Interesse handeln und diese Herren schlecht behandeln sollte, anstatt ihnen einen Vorteil zu gewähren. — Daß in solchen Dingen Neid, Eifersucht und alle sonstigen niedrigen Eigenschaften sowohl bei den Kollegen wie unter Umständen bei den Vorgesetzten mitspielen werden und mitspielen mögen, um dem Betreffenden die Früchte seiner Arbeit zu entziehen, das wird sich durch alle gesetzlichen Bestimmungen nicht verhindern lassen.

Wenn ich nun die Konsequenzen meiner Ausführungen ziehe, so komme ich zu der Auffassung, daß im großen und ganzen wesentliche Aenderungen an dem jetzigen Zustande weder erwünscht noch möglich sind, wenn man nicht zu der Annahme kommen will, die bisher gänzlich unserem Dienstvertrage fehlt, nicht bloß dem gewerblichen Dienstvertrage, sondern überhaupt jedem, bei dem es sich nicht um jederzeit ersetzbare, also lediglich um vertretbare Leistungen handelt, sondern bei denen Leistungen höherer, geistiger Art in Frage stehen, zu der Annahme, daß der einzelne nur verpflichtet sei, mittelmäßige Leistungen zu bieten, auch wenn er an sich in der Lage ist, mehr zu bieten, sondern wenn wir daran festhalten, daß auch nach dem privatrechtlichen Dienstvertrage sich der einzelne verpflichtet, mit seiner Persönlichkeit sich ganz in den Dienst des Etablissements zu stellen. Ich möchte da auf etwas anderes übergreifen. Wenn ich in einer Privatanstalt einen Lehrer engagiere, so engagiere ich ihn auf Grund eines privatrechtlichen Anstellungsvertrages. Auch hier sage ich aber: wenn ich ihn als Lehrer oder als Erzieher engagiere, so erwarte ich nicht nur eine mittelmäßige Leistung, die auch der unbegabteste geben kann, sondern ich sehe es als eine zwar sozial anzuerkennende, rechtlich aber doch innerhalb der Grenzen seines Dienstvertrages liegende Leistung an, wenn er sich der Förderung der ihm zur Erziehung anvertrauten Zöglinge mit seiner ganzen Persönlichkeit hingibt, wenn er sich auch noch des Abends der schwach Begabten annimmt und dem armen Jungen, der fern vom Hause in der Pension weilt, tröstend und menschlich nahe tritt. Dafür hat er rechtlich nicht noch etwas Besonderes zu beanspruchen. Aehnlich liegt es doch auch hier.

Der prinzipielle Unterschied zwischen den beiden Auffassungen, über den man nicht hinweg kommt, liegt darin, daß die andere, also die mir entgegenstehende Auffassung den Standpunkt vertritt: Erfindungen machen oder die Kraft, eine Erfindung zu schaffen, ist etwas spezifisch anderes als jede andere Kraft, jede andere Betätigung, die in dem gewerblichen oder überhaupt wirtschaftlichen Leben zur Erscheinung kommt. Ich bestreite das, ich behaupte: dieselbe schöpferische Intuition liegt bei dem großen kaufmännischen Unternehmen, liegt bei den Leitungen eines großen, genial durchgeführten Bankgeschäfts. — Wir haben ja Exzellenzen und dergleichen, denen nach dieser Richtung hin eine schöpferische Intuition nachgesagt wird. Das ist alles etwas,

was schließlich nahe an die dichterische Phantasie streift, die überall hineingehört, ohne die man selbst in einem an sich so trockenen oder realistischen Berufe, wie es unsere Jurisprudenz ist, auch nichts Gutes und Hervorragendes leisten kann.

Ich habe nun versucht, meine Herren, das, was ich hier dargelegt habe, in einer Reihe von Resolutionen zusammenzufassen, von denen ich nicht wünschen möchte, daß sie in dieser Weise angenommen werden (Heiterkeit), denn sie sind dazu — das möchte ich offen sagen — noch nicht reif. Ich möchte sie lediglich als eine Grundlage für die weiteren Erörterungen hinstellen, um jedem einzelnen von ihnen damit einen sichereren Maßstab zu bieten, als das allein an der Hand der Ausführungen, die ich gemacht habe, möglich ist. Die Leitsätze lauten:

1. Erfindungen in der Industrie werden unter den jetzigen Umständen in der Regel durch das Zusammenwirken vieler Kräfte innerhalb der einzelnen industriellen Unternehmungen hervorgebracht.
2. Die erfinderische Tätigkeit innerhalb der dienstlichen Tätigkeit des Angestellten ist ein Teil seiner Vertragsverpflichtung gegenüber dem Unternehmen.
3. Leistungen über den Durchschnitt hinaus finden innerhalb der Industrie regelmäßig auch Belohnung durch höheres Gehalt, Beförderung und dergleichen.
4. Es ist erwünscht, zuzulassen, daß der Name desjenigen Angestellten, der an einer Erfindung besonderen Anteil hat, bei der Patentanmeldung mit angegeben werden kann.

— Das wäre das einzige, was nach meiner Meinung zum Patentrecht gehört. —

5. Erfindungen, die außerhalb des Wirkungskreises des Angestellten von dem Angestellten in oder anläßlich seiner dienstlichen Tätigkeit gemacht werden, gehören dem Angestellten; er ist aber verpflichtet,

— das ist die Auffassung, die gerade auch von den technischen industriellen Angestellten hineingetragen worden ist, um einen Ausgleich zwischen den Interessen des Geschäftsherrn und den Interessen des Angestellten zu finden —

er ist aber verpflichtet, dem Geschäftsherrn auf dessen Verlangen eine Lizenz zu gewähren. Es ist in erster Reihe an die alleinige Lizenz seines Geschäftsherrn gedacht. Die Sache würde sich also so entwickeln: solche Erfindungen würden an sich dem Angestellten gehören, sie gehen auf seinen Namen, werden von ihm angemeldet. Der Geschäftsherr kann aber sagen: du hast die Erfindung, während du bei mir im Vertragsdienst standest, gemacht, infolgedessen habe ich — um mich so auszudrücken — ein Vorkaufsrecht auf diese Erfindung.

Du darfst sie niemand anders anbieten als mir; ich kann die Vorteile, die sich daraus ergeben, gegen Entschädigung für mein Etablissement verlangen. —

6. Erfindungen, die der Angestellte in seiner Privattätigkeit macht und die außerhalb des Geschäftskreises des Unternehmens, dem er angehört, liegen, gehören dem Angestellten.

Meine Herren, das ist eine Frage, wo man sehr zweifelhaft sein kann, ob die Fassung, wie ich sie formuliert habe, anzunehmen ist.

7. Für Erfindungen, die ein Angestellter nach dem Ausscheiden aus seinem Dienstverhältnis selbst oder durch einen Dritten anmeldet, kann der frühere Geschäftsherr die Erteilung einer Lizenz verlangen, sofern seit dem Ausscheiden des Angestellten weniger als .... Jahre vergangen sind und der frühere Geschäftsherr glaubhaft macht, daß der Angestellte im wesentlichen Umfange die Erfahrungen benutzt hat, die ihm das Unternehmen zur Verfügung gestellt hat.

Ich glaube, daß auch nach dieser Richtung hin Bestimmungen getroffen werden müssen, weil es sonst verhältnismäßig sehr leicht ist für den einzelnen, die Erfahrungen, die sich innerhalb des Dienstvertrages ihm bieten, sich nutzbar zu machen, eventuelle Erfindungen geheim zu halten und sie erst nach seinem Austritt aus dem Unternehmen zu verwerten. Soweit ich höre, wird ja gerade von den Angestellten behauptet, daß derartiges schon heute vielfach vorkommt, daß der einzelne, um sich die wirtschaftlichen Früchte einer Erfindung, die er innerhalb eines Angestellten-Verhältnisses gemacht hat, nicht entgehen zu lassen, die Erfindung durch einen Dritten anmelden läßt, oder sie für sich behält und erst nach dem erfolgten Austritt anmeldet. Das wird gerade von seiten der Angestellten-Bewegung als Grund dafür angeführt, daß eine Regelung nötig sei, weil Erfindungen, die so gemacht werden, zum Schaden der Industrie entweder überhaupt geheim bleiben oder erst später und unter anderen Voraussetzungen verwertet werden.

Meine Herren, das wäre eine Reihe von Leitsätzen, die ich mir aufzustellen erlaubt habe. Ich bin, wie ich hervorgehoben habe, nicht der Auffassung, daß damit das Problem nach der einen oder anderen Richtung hin zur Entscheidung gebracht worden ist. Ich glaube aber, wir werden nach der einen oder anderen Seite zu einer Aeußerung kommen müssen. Wenn die Industrie, die, wie ich glaube, die Bedeutung dieser Frage lange Zeit zu gering eingeschätzt hat, nicht zu einer objektiven Abgrenzung dieser Fragen gelangt, so wird das geschehen, was schon manchmal geschehen ist, daß die ganze öffentliche Meinung und die politischen Parteien von anderer Seite vollkommen beeinflußt werden (sehr richtig!), und daß wir vielleicht schon im Laufe weniger

Wochen, jedenfalls aber im Laufe der nächsten Monate fest formulierte Anträge, auf die sich sämtliche politische Parteien festlegen, erhalten werden, die lediglich den Anschauungen der Angestellten entsprechen, ohne Berücksichtigung der doch sehr wesentlichen und wichtigen Gesichtspunkte, die auch für die Industrie in Frage kommen.

Ich darf vielleicht noch eins hinzufügen für die von den Führern der Angestellten-Bewegung vertretene Anschauung: jede Erfindung gehöre dem oder den Angestellten, die sie innerhalb oder außerhalb des Betriebes gemacht haben, und für Erfindungen, die innerhalb des Dienstverhältnisses gemacht werden, soll dem betreffenden Geschäftsherrn eine Zwangslizenz eingeräumt werden. Für diese Anschauung wird angeführt, sie allein gebe die Möglichkeit, die geistigen Kräfte der industriellen Angestellten, auf denen doch zum großen Teil auch die Förderung und die Weiterführung der Industrie beruhe, in vollem Umfange für die Industrie in Anspruch zu nehmen, und alles — wie einer der Führer sich ausdrückt —, was in den Köpfen der deutschen Ingenieure und Chemiker vorhanden ist an neuen, guten, verwertbaren Gedanken, aus ihnen herauszulocken. Meine Herren, das ist eine Auffassung, die auf die Oeffentlichkeit in dieser scharfen, prägnanten Fassung zweifellos Eindruck machen wird und Eindruck gemacht hat. Deshalb glaube ich, müssen ihr schon jetzt die Auffassungen der Industrie gegenübergestellt werden, gegenübergestellt werden in Objektivität, in Fürsorge für die berechtigten Anforderungen des Unternehmers, aber auch in Anerkennung dessen, was in dem Ringen der Angestellten auf Anerkennung ihrer geistigen Arbeit berechtigt ist.

Wie unser Offizierkorps, so sind auch die deutschen technischen Angestellten, mit Stolz können wir es sagen, die besten der Welt; auf sie stützt sich zu wesentlichem Teile der Fortschritt und Aufschwung der deutschen Industrie; aber wie der Offizier unserer Armee kann auch der einzelne technische Angestellte seine Forderungen nur geltend machen im Einklang mit den Arbeitsbedingungen des Organismus, in den er sich eingefügt hat. Diese Auffassung auch in der Oeffentlichkeit zu verbreiten, ist hohe Zeit, wenn die Industrie noch auf die Oeffentlichkeit, die Parlamente und die Regierungen einwirken will. Deshalb haben wir es für nötig gehalten, dieses wichtige und komplizierte Problem schon heute vor Ihnen aufzurollen. (Beifall.)

Vorsitzender: Meine Herren, der Herr Berichterstatter hat am Schlusse seiner so überaus lichtvollen und erschöpfenden Ausführungen Ihnen nicht eine Resolution vorgeschlagen, sondern eine Reihe von Leitsätzen als Grundlage zur Diskussion gestellt, und er hat die Ansicht ausgesprochen, daß es zweckdienlich wäre, wenn es auch bei diesem Punkte der Tagesordnung zu einem positiven Resultat kommen möchte — vielleicht nicht in der Form einer Resolution, sondern so, daß Sie gewisse Grundzüge aufstellen. Ich kann mich diesem Antrage anschließen. Ich meine allerdings, daß wir nicht über die einzelnen Leitsätze zunächst werden diskutieren können, sondern daß es angezeigt sein wird, zunächst einmal über die ganze Materie in eine Generaldiskussion einzutreten. Diese Diskussion möchte ich hiermit eröffnen.

Ingenieur **Gondos**-Cöln: Meine Herren, über diese Frage läßt sich allerdings sehr viel sagen. Ich glaube, daß wir das Thema heute nicht erschöpfen können, und möchte mich daher ganz kurz fassen. Ich stehe auf dem Standpunkt, daß das Verhältnis des Angestellten zu seinem Dienstherrn ein Treueverhältnis ist. Der Angestellte verpflichtet sich, seine ganze geistige Tätigkeit dem Dienste der Firma zu widmen und ihre Interessen nach bestem Können zu fördern. Er muß dabei alles aufwenden, was der Firma in dem Konkurrenzkampfe nutzt, und alles vermeiden, was ihr schadet. Er ist also auch verpflichtet, auf Verbesserungen zu trachten.

Was ist denn nun eine „Angestellten-Erfindung"? Wir dürfen nicht vergessen — und das muß ich betonen —, daß der Firma hierbei immer die Hauptarbeit zukommt. Die Firma hat ihre Vorleistungen und langjährigen Erfahrungen zur Verfügung gestellt, die Mittätigkeit des Ober-Ingenieurs, ihre Versuchseinrichtungen, sowie die oft ganz bedeutenden Mittel zur Ausführung der Versuche. Alles steht dem Angestellten zur Verfügung, und auf Grund dieser Vorarbeit und Mitarbeit der Firma sowie seiner Kollegen macht der Angestellte eine Verbesserung, oder nennen wir es meinetwegen auch Erfindung; — die Aufgabe war vom Geschäft gestellt, es war eine Lösung, welche er nicht allein fand, sondern die durch die Lage der Verhältnisse gegeben war, durch die Versuche, die Vorarbeiten, die ihm zur Verfügung standen. Nun, glaube ich, dann gebührt auch mit Fug und Recht der Firma die Erfindung. Denn hier stehe ich auf dem Standpunkte des geehrten Herrn Regierungsrat Professor Leidig: was ist eigentlich der Unterschied zwischen einer Erfindung oder der sonstigen geistigen Tätigkeit eines Angestellten, z. B. eines kaufmännischen Beamten, eines Beamten, der etwa Verträge entwirft und dergleichen? Dieser entfaltet doch dieselbe geistige, inventive Tätigkeit!

Wir wollen aber einmal hiervon absehen und wollen annehmen, es wäre wirklich etwas Intuitives, Außergewöhnliches, worauf der Mann gekommen wäre, und wir wollen ihm als Belohnung gewisse Rechte einräumen. — Ja, meine Herren, dann machen wir ihn zum Partner des Geschäftes, zum Mitkontrahenten! Wir hatten den Fall bei der Firma, die ich hier zu vertreten die Ehre habe. — In den Engagementsverträgen der Angestellten verpflichtete die Firma sich, alle Erfindungen der Angestellten auf deren Namen anzumelden und ihnen von dem Gewinne einen gewissen Prozentsatz zu geben. Ferner verpflichtete sich die Firma, für den Fall, daß sie auf die Erfindung nicht reflektieren oder die Patente verfallen lassen sollte, dem Angestellten die Erfindung zur Verfügung zu stellen. Wir machten also den Angestellten zum Teilhaber, wir hatten einen Gegenseitigkeitsvertrag. Was war die Folge? Die Folge war, daß die Herren, wahrscheinlich belehrt durch ihre Rechtsanwälte, sagten: wir haben einen Vertrag, bitte, nun übe den Vertrag auch aus, wir wollen einen angemessenen Profit haben, du darfst die Erfindung nicht brach liegen lassen! Nun gibt es ja für eine Aufgabe mehrere verschiedene Lösungen, man kann die Sache so und auch anders machen. Jeder Angestellte wollte aber nun die Aufgabe stets so gelöst haben, wie er sie gelöst hatte, und er verlangte: du mußt diese Maschine ausführen, ich will meine Lizenz davon haben. Die Fälle kamen nicht einmal, sie kamen öfter vor. Ja, dann, meine Herren, ist doch der Fabrikant gar nicht mehr Herr im eigenen Haus, wenn er nicht mehr die Maschinen verkaufen kann, die gefragt werden, die billig und besser sind, sondern nur die, die die Angestellten wünschen, weil sie die Lizenzen haben wollen. Die Zustände wurden unhaltbar; wir sagten uns schließlich: so geht es nicht weiter, lieber gar keine Erfindungen, lieber wursteln wir so weiter! (Sehr richtig und Zuruf: das ist die Folge!)

Dann kamen noch andere Schwierigkeiten patentrechtlicher Natur. Die Herren sagten: ich will die Erfindung nicht nur in Deutschland angemeldet haben, du mußt sie auch im Auslande anmelden. Sie wurden da vermutlich von ihren Patentanwälten belehrt: die Unionspriorität nützte nichts, es müßte die Anmeldung in allen Auslandsstaaten sofort erfolgen, es könnten sonst Vorbenutzer dazwischen kommen. Wir sollten nun die Anmeldung in aller Herren Länder sofort einreichen, was natürlich stets ca. 2000--3000 M. kostete. Wenn wir das nicht wollten, so hieß es: wir müßten dann die Erfindung zurückgeben. Man kann jedoch sozusagen im statu nascendi der Erfindung die Tragweite der Sache nicht gleich übersehen; es dauert oft zwei bis drei Jahre und mitunter noch länger, bis man weiß, woran man ist.

Also, meine Herren, wir schaffen unhaltbare Zustände, wenn wir den Angestellten Rechte einräumen. Es ist damit nicht gesagt, daß man die Angestellten für besondere Leistungen nicht entsprechend belohnen soll, etwa durch Gratifikationen usw. Man belohnt gern die brauchbaren Angestellten, das liegt auch im Interesse des Unternehmens, denn das Wegengagieren von Angestellten ist nichts Seltenes, es ist die Regel in Deutschland. Es werden Angestellte mitsamt den Konstruktionen, mitsamt den Zeichnungen wegengagiert. Der Fall ist vorgekommen. Also jede Firma hat das eigene Interesse daran, ihre Angestellten angemessen zu belohnen. Ich glaube auch, ein jeder wird zugeben, daß die technischen Angestellten mindestens ebensogut, wenn nicht besser, belohnt werden wie die kaufmännischen und sonstigen Angestellten; sie kommen schon vorwärts. Aber nur keine Rechte einräumen, dann ist der Fabrikant verloren, in den Händen seiner Angestellten.

Ich will das Thema nicht weiter ausführen, man könnte ja längere Zeit darüber reden; ich wollte nur diesen Punkt recht eindringlich beleuchten.

Fabrikbesitzer Dr. **Goldschmidt**-Essen. Ich möchte bei der vorgeschrittenen Stunde nur auf eins hinweisen. Ich erachte den Gegenstand für den wichtigsten, den wir überhaupt in unserer zweitägigen Sitzung hier besprochen haben. Ich möchte auf die ungeheure volkswirtschaftliche Bedeutung dieser ganzen Angelegenheit hinweisen. Meine Herren, wir haben eine große Anzahl von Etablissements in Deutschland, die ganz systematisch arbeiten lassen auf dem Gebiete der Erfindungen. Wenn unsere deutsche Industrie so große Fortschritte in den letzten Jahrzehnten gemacht hat, so sind gerade diejenigen Etablissements die führenden gewesen, die derartige Einrichtungen besitzen und auf diese Weise die Technik immer weiter gefördert haben. Wenn nun das Etablissement nicht mehr in der Lage ist, aus dieser Arbeit Nutzen zu ziehen — für Verfahren 50 000 M., hunderttausende Mark, und es gibt Etablissements, die davor noch viel mehr alljährlich ausgeben —, dann wird es diese Arbeiten nicht mehr im Deutschen Reiche machen lassen, wo es sich nicht davor schützen kann, daß auch die Früchte seiner Arbeit ihm nicht entzogen werden, sondern es wird in andere Länder hinausgehen, wo dieser Schutz gewährt wird. Das ist der allerbedenklichste Punkt dabei, daß die Arbeit aus dem Lande getragen wird. Wenn die Angestellten heutzutage darüber klagen, von den Erfindungen hätten sie nichts, sie würden nicht dafür belohnt — meine Herren, jeder, der unsere gewerblichen Verhältnisse kennt, weiß, wie hungrig jedes Etablissement nach tüchtigen Leuten ist —, der wird auch wissen, daß jedes Etablissement, mit ganz wenigen Ausnahmen viel mehr in den Händen seiner tüchtigen Angestellten ist als umgekehrt. (Sehr richtig!) Ein tüchtiger Angestellter wird überall genommen. Die Klagen kommen jedenfalls vielfach von solchen Herren, die da meinen, sie hätten eine große Erfindung gemacht, sie wären sehr tüchtige Leute, während sie im Grunde genommen Phantasten sind. (Sehr richtig!) Die Leitsätze, die der Herr Berichterstatter vorgeschlagen hat, decken im großen und ganzen das, was die Industrie wünschen und fordern muß. Ich habe nur zwei Bedenken. Das eine ist, daß die Namen der Angestellten, die eine Erfindung machen, angegeben werden sollen. Das Bedenken ist ja nicht sehr groß. Ich fürchte nur, daß dadurch nnerhalb des Etablissements sehr viel Mißstimmung erregt wird. Die Erfindung geht ja nicht von einem aus, es sind 3 bis 4 Leute daran beteiligt. Es kommt nicht nur der Abteilungschef, sondern auch der Leiter der Firma, der vielleicht erfinderisch tätig ist, in Frage; es sind Assistenten, Hilfsarbeiter usw. daran beteiligt — wer will schließlich sagen, welcher von diesen nun die Erfindung wirklich gemacht hat? Gegen die Namensnennung habe ich daher Bedenken. — Wir werden nicht Frieden mit den Angestellten bekommen, sondern Unfrieden säen, und das ist das Schlimmste, was in einem Etablissement geschehen kann.

Was dann die Erfindungen außerhalb des Geschäftskreises des Unternehmens angeht, so muß ich sagen: der Handlungsgehilfe muß ja seine ganze Arbeitskraft dem Etablissement zur Verfügung stellen, warum soll es beim Gewerbegehilfen anders sein? Ich schließe das durch Vertrag stets aus. Die ganze Arbeitskraft gehört dem Unternehmen. Wenn wir dem Mann erlauben, daß er außerhalb für sich tätig sein kann, sei es erfinderisch, sei es anderweitig, so ist er doch nur halb bei uns. Jemand, der in einer chemischen Fabrik arbeitet und zu Hause Erfindungen an einem Fahrrad oder Automobil macht, wird in seinen Gedanken nicht bei seiner Arbeit im Laboratorium sein, sondern immer auf dem Automobil sitzen. Er ist für uns ein unbrauchbarer Beamter. Also auch in dieser Beziehung wollen wir diese Erfindungen ausschließen. Es muß uns wenigstens das Recht gegeben sein, mit den Gewerbegehilfen einen Vertrag dahin abzuschließen, daß sie ihre ganze Arbeitskraft ausschließlich dem Etablissement zur Verfügung zu stellen haben, sofern sie natürlich erwerbend ist.

Das ist im großen und ganzen das, was ich in der Kürze der Zeit zu der Frage ausführen wollte.

Vorsitzender: Meine Herren, die Sache ist überaus wichtig, deshalb wollen wir doch die Kürze der Zeit nicht zu sehr betonen.

Direktor **Langen**-Cöln-Deutz: Ich möchte von vornherein betonen, daß ich in allen wesentlichen Punkten mit dem Herrn Berichterstatter einig gehe. Auch ich bin davon überzeugt, daß eine gesetzliche Regelung dieser Frage heute durchaus unnötig und unerwünscht ist.

Was zunächst eine gesetzliche Regelung der Nennung des Namens anbetrifft, so glaube ich, daß die gar nicht ausführbar ist, aus all den angeführten Gründen. Ich bin aber der Ansicht, daß es in vielen Fällen wohl berechtigt ist, den Namen eines besonders Beteiligten, bei Werken der Ingenieur-Kunst, in der Oeffentlichkeit zu erwähnen. Diese Berechtigung muß aber durch die allgemeine Gewohnheit sich einbürgern und nicht durch gesetzliche Bestimmungen aufgezwungen werden.

Was die Frage nach dem Besitzrechte des Erfinders an seinem Patent angeht, so bin ich auch hier der Ansicht, daß, falls in der nächsten Zeit eine gesetzliche Regelung erfolgen sollte, sie ganz bestimmt zum Schaden der Industrie ausschlagen würde. Ich halte es für sehr notwendig, daß von seiten der Verbände und der einzelnen größeren Interessentenpruppen die öffentliche Meinung aufgeklärt wird und daß nicht bloß einseitig von den Angestellten aus, wie es heute großenteils der Fall ist, die öffentliche Meinung in der Richtung bearbeitet wird, als ob die heutigen Zustände durchaus haltlos und für den Angestellten rechtlos wären. Auf das eine möchte ich die Angestellten hinweisen, daß, falls gesetzliche Bestimmungen zum Schaden der Industrie eingeführt werden würden, ihre eigene Stellung dadurch herabgedrückt würde; der Angestellte würde dadurch zum Arbeiter herabgedrückt. Es ist das Vorrecht des Angestellten, an einem Strange mit dem Unternehmer zu ziehen. Das wird nur dann möglich sein, wenn er sich vollständig in den Dienst des Unternehmens stellt. Diese Stellung sollten sich die Angestellten selbst wahren. Wenn gesetzliche Bestimmungen gemacht werden, die zum Schaden der Industrie benutzt werden, so würde es selbstverständlich das Bestreben der Unternehmungen sein, die Arbeit der Angestellten so aufzuteilen, daß der einzelne nicht mehr einen Einblick in das ganze Unternehmen haben wird, soweit das eben möglich sein wird. Das wird aber wieder die Gesamtheit unseres industriellen Lebens schädigen, die Entwickelung würde eine langsame und schwächliche sein. Denn gerade das betrachte ich als einen Vorzug eines guten Unternehmens, daß der Angestellte, der wirklich gute Gedanken hat, diese überall und leicht zum Ausdruck bringen kann und daß auch die Erfindungstätigkeit der Angestellten durch die entsprechende Stellung, die sie im ganzen Werke einnehmen, angeregt wird.

Vorsitzender: Meine Herren, es hat sich niemand weiter zum Worte gemeldet. Es wird für uns die Frage sein, ob wir hier zu einem positiven Beschlusse oder zur Aufstellung von Leitsätzen kommen wollen.

Herr Justizrat Haeuser hat folgenden Antrag gestellt:

„Die Kommission schließt sich den Ausführungen des Berichterstatters, Herrn Regierungsrat Professor Dr. Leidig, grundsätzlich an, ohne für jetzt zur Formulierung der Leitsätze im einzelnen Stellung zu nehmen."

Herr Justizrat Haeuser sagte mir persönlich, daß er es für schwierig halte, heute schon von Kommissions wegen Leitsätze zu formulieren. Ich glaube, dem Antrage des Herrn Haeuser können wir uns alle anschließen.

Abgeordneter Dr. **Beumer**-Düsseldorf: Meine Herren, die Lösung, die Herr Justizrat Haeuser vorgeschlagen hat, scheint mir, auch zumal im Hinblick auf die Kürze der Zeit, durchaus notwendig zu sein. Ich möchte aber doch daran die Bitte knüpfen, daß die Herren, wenn sie nach Hause kommen, Mittel und Wege suchen, um eine Aufklärungsarbeit nach dieser Richtung hin zu leisten. Ich habe persönlich den dringenden Wunsch, daß diese ausgezeichneten Ausführungen des Herrn Professor Leidig möglichst bald durch den Druck vervielfältigt und in weitere Kreise hineingetragen werden. Ich kann aus meiner fünfjährigen Erfahrung im Reichstage sagen, daß eine Unkenntnis auf diesem Gebiete vorhanden ist, die geradezu zum Himmel schreit. Von der Art und Weise, wie in unseren großen chemischen Fabriken, wie in unseren Maschinenfabriken Erfindungen gemacht werden, haben nur eine verschwindend kleine Zahl von Reichstagsabgeordneten überhaupt eine Ahnung. Demgegenüber stehen die Schlagworte der Angestellten, die natürlich auf Leute, die von diesen Dingen keine Kenntnis haben, einen Eindruck machen müssen. — Der Gedankengang: dem Manne wird eigentlich sein Eigentum dadurch gestohlen, daß die Firma die Erfindung für sich ausbaut und ihm nicht die Ausführung überläßt — ist für den gewöhnlichen Reichstagsmenschenverstand, möchte ich sagen, (Heiterkeit!) natürlich ganz einleuchtend. Wenn aber derartige tatsächliche Dinge bekannt werden, wie sie uns in diesem lichtvollen Referat von Herrn Professor Leidig in so ausgezeichneter präziser Weise gegeben worden sind, so glaube ich denn doch, daß sich hier und da Leute finden werden, die sich die Sache von einer anderen Seite ansehen. Ich möchte auch, daß gerade in die Kreise der verbündeten Regierungen das hineingetragen wird. Dort haben wir wirklich noch verständige Leute, die sich mit diesen Dingen beschäftigen, denen aber das vielleicht auch nicht so bekannt ist, was uns heute von dem Herrn Berichterstatter dargelegt wurde. Kurzum, meine Herren, ich fasse das, was ich gesagt habe, dahin zusammen: es muß eine Aufklärungsarbeit geleistet werden, wenn Sie nicht alle die Gefahren heraufbeschwören wollen, von denen auch Herr Langen mit völligem Rechte gesprochen hat, Gefahren, nicht allein für die deutsche Industrie, sondern — davon bin ich überzeugt — auch für die Angestellten selbst. (Zustimmung.) Einschnürende gesetzliche Maßnahmen würden die Angestellten in ihrer Stellung herabdrücken; denn es würde dann das eintreten, was der Herr Vorredner schon erwähnt hat, daß man den einen Mann nur noch in die Ecke, den anderen in jene Ecke stellt, um jene Unzuträglichkeiten zu vermeiden.

Die Gefahr, meine Herren, daß wir solche gesetzlichen Bestimmungen bekommen, ist — das möchte ich noch zum Schluß sagen — wirklich größer, als Sie glauben. Leisten Sie darum auch in diesem Sinne Aufklärungsarbeit, die dringend notwendig ist!

Vorsitzender: Zum Worte hat sich niemand weiter gemeldet. Herr Justizrat Haeuser hat angeregt, wohl auch im Hinblick auf die Worte, die Herr Dr. Beumer eben gesprochen hat, ob es nicht gut wäre, in einer öffentlichen Versammlung zu versuchen, die Kenntnis über diese Angelegenheit aufzuklären, und ob es nicht angezeigt sein möchte, daß die Kommission das Direktorium des Centralverbandes in einer Resolution ersuchen würde, eine solche Versammlung einzuberufen. Herr Justizrat Haeuser hat infolgedessen seinem Antrage einen zweiten Teil hinzugefügt:

„Die Kommission ersucht den Centralverband, in einer Versammlung die öffentliche Meinung aufzuklären."

Regierungsrat Prof. Dr. **Leidig**-Berlin: Meine Herren, die Frage der Angestellten-Erfindung bewegt ja, wie Sie wissen, weite Kreise seit längerer Zeit. Sie ist auch auf dem letzten Juristentage in Kiel kurz gestreift worden. Ich hatte damals auch das Wort dazu genommen. Der Verband der Patentanwälte hatte nun seinerzeit in Aussicht genommen, eine große öffentliche Versammlung einzuberufen, weil er der Auffassung war, daß es sehr schwer sei, die beiden Parteien zusammenzubringen, daß er aber eine vermittelnde, objektiv dastehende Institution sei, welche die Sache in die Hand nehmen könnte. Er hatte sich aus Anlaß meiner Ausführungen in Kiel an mich gewandt, ich möchte doch das eine Referat übernehmen, während das andere Referat Herr West, oder ich weiß nicht wer von der anderen Seite, übernehmen sollte. Ich habe es damals abgelehnt, und zwar unter der Begründung, daß wir die Patentkommission eingesetzt haben und die Frage hier erörtert werden solle, und weil ich, offen gesagt, mich auch nicht für kompetent erachtete, in solcher öffentlichen Versammlung in einem längeren Referate Erklärungen abzugeben, wobei dann eventuell Konzessionen, die ich mache, bei der Stellung, die ich zurzeit einnehme, nachher auf das Konto der Industrie geschrieben werden würden. Ich führe das deshalb an, weil die Absicht, eine derartige öffentliche Versammlung einzuberufen, beim Verbande der Patentanwälte noch immer besteht; er hat bis jetzt nur keinen Referenten gefunden, wenigstens keinen aus den Unternehmerkreisen, wenn ich mich so ausdrücken soll. Er hat sich auf meinen Rat auch noch an Herrn Dr. Tille und Herrn Dr. Lehmann gewandt. Er scheint aber überall Absagen bekommen zu haben. — So liegt augenblicklich die Sache.

Justizrat **Haeuser**-Höchst a. M.: Meine Anregung denke ich mir allerdings etwas anders: Auf einer solchen öffentlichen Versammlung soll nicht etwa gewissermaßen eine kontradiktorische Verhandlung zwischen beiden Teilen stattfinden. Ich kann mir von solchen Verhandlungen zunächst nicht sehr viel versprechen; denn es kommen lauter Widersprüche zutage, und der Unbeteiligte geht aus solchen Versammlungen heraus, ohne sich ein richtiges Bild gemacht zu haben. Ich halte es für richtiger, daß eine solche Versammlung nur von industriellen Kreisen beschickt wird und daß Reichstagsabgeordnete und außerdem die Presse eingeladen werden, so daß wir unsere Ansicht, die Ansicht der Industrie, in einer Versammlung also in dem Sinne öffentlich zum Ausdruck bringen. Zu den Ausführungen, die dann dort gefallen sind, kann ja die Gegenseite ihrerseits auch wieder Stellung nehmen. Es kommt auf diese Weise aber dann wenigstens einmal in der Oeffentlichkeit in einer wirksamen Form die Meinung der einen Seite zum Ausdruck, während, wenn man bloß schreibt resp. Beschlüsse faßt, nur das in die Presse kommt, was der Presse paßt, unter Umständen sehr wenig oder sehr Entstelltes. Die einfachen Petitionen schlagen beim Reichstag — den Eindruck habe ich wenigstens immer — verhältnismäßig sehr wenig durch.

Ingenieur **Ingrisch**-Düsseldorf: Ich stehe auf dem Standpunkt, daß es in der Frage, die wir zuletzt angeschnitten haben, für die Industrie außerordentlich wichtig ist, daß man sich auch an der Aufklärungsarbeit so beteiligt, wie das die Angestellten tun. Besonders agitatorisch in dieser Beziehung — das wissen Sie alle, meine Herren — wirkt ja der Bund der technisch-industriellen Beamten. Diese Herren halten z. B. auch am Rhein sehr häufig Versammlungen ab, in der die höchsten Töne geredet werden. An diesen Versammlungen beteiligt sich besonders stark der Reichstagsabgeordnete Potthoff; er ist vielleicht einer von den wenigen unter den Reichstagsmitgliedern, die in dieser Frage orientiert sind. Ich halte es für nicht fehlerhaft, wenn man zu einer solchen Versammlung hingehen und den Angestellten auch einmal die Kehrseite der Medaille zeigen würde. (Sehr richtig!) Ich werde, wenn meine Firma damit einverstanden ist, solche Versammlungen besuchen und werde den Versuch machen, die großen Unklarheiten, die in den einzelnen Köpfen spuken, zu beseitigen.

Ich wollte dann noch darauf hinweisen, daß ein kleines Werk von Siemens & Budde erschienen ist, das das Recht der Angestellten an der Erfindung behandelt und das im wesentlichen auf dem Standpunkt der Ausführungen des Herrn Regierungsrat Professor Dr. Leidig steht. Diese Darlegungen sind äußerst interessant; sie haben natürlich unter den angestellten Ingenieuren Aergernis erregt, die einfach gesagt haben: davon verstehen die Herren nichts, das müssen sie uns überlassen, wie unsere Erfindungen zu bewerten sind. (Heiterkeit.)

Dann ist neulich in einer Versammlung am Rhein — das wird Sie vielleicht auch interessieren — ein sehr bemerkenswerter Ausspruch gefallen, der dahin geht: ja, wenn die Industrie respektive die Industriellen für unsere Intelligenz, für unsere sogenannten Erfindungen — die manchmal, wie das auch hier schon ausgesprochen worden ist, sehr fragwürdiger Natur sind —, uns nicht das Aequivalent bietet, das wir haben wollen, dann machen wir es einfach so — und dazu hat sich der Bund der technischen industriellen Beamten meines Wissens bereit erklärt — wir schicken unsere Erfindungen nach Berlin und lassen sie einfach von der Zentralstelle anmelden, dann kann kein Mensch herausbekommen, wer der Erfinder ist. Solchen Ansichten muß doch ganz entschieden entgegengetreten werden. Das kann sich die Industrie unmöglich gefallen lassen, wenn sie nicht ganz ungeheueren Schaden erleiden soll. Die Angestellten werden am Ende selber einsehen, wie schlecht sie bei der Verfolgung solcher Pläne fahren werden. Infolgedessen möchte auch ich sehr empfehlen, eine aufklärende Tätigkeit zu entfalten und vor allen Dingen anzusetzen an der Wurzel des Uebels, in den Versammlungen, die die Angestellten selbst abhalten.

Vorsitzender: Ich darf die Diskussion schließen. Es liegt nur der Antrag des Herrn Justizrat Haeuser vor. Es wird noch die Frage sein, ob in das Referat, das uns der Herr Berichterstatter gehalten hat, seine Leitsätze am Schlusse aufgenommen werden sollen. Der Herr Berichterstatter selber ist darüber zweifelhaft, wie er mir sagte. Wenn aber die Herren der Ansicht sind, daß die Leitsätze aufzunehmen sind, dann wird es vielleicht doch gut sein, daß wir diese Sätze noch einmal durchgehen, um eventuell, falls nach der Ansicht der Mehrheit das eine oder andere zu ändern sein möchte, solche Aenderungen vorzunehmen. Das wird uns ja nicht lange Zeit aufhalten.

Abgeordneter Dr. **Beumer**-Düsseldorf (zur Geschäfsordnung): Meine Herren, wenn eine solche Resolution, wie sie Herr Justizrat Haeuser vorgeschlagen hat, in die Oeffentlichkeit kommt, dann ist es vielleicht doch zweckmäßig, einen anderen Weg zu beschreiten und etwa zu sagen:

„Die Kommission bedauert die vielfach falschen Auffassungen, die in der öffentlichen Meinung über die Frage der Angestellten-Erfindung bestehen und ersucht den Centralverband Deutscher Industrieller demgegenüber die dringend notwendige Aufklärungsarbeit zu leisten."

Dann haben wir wenigstens doch die Richtung angegeben, in der wir gegenüber diesen vielfach falschen Auffassungen vorzugehen haben.

Justizrat **Haeuser**-Höchst a. M.: Meine Herren, ich möchte vorschlagen, diesen Antrag mit dem meinigen dahin zu vereinigen, daß man sagt:

„Die Kommission schließt sich den Ausführungen des Herrn Berichterstatter grundsätzlich an. Sie bedauert die vielfach falschen Auffassungen . . . usw."

Vorsitzender: Damit würde sich mein Bedenken erledigen. Der Herr Berichterstatter würde dann seine Leitsätze am Schlusse seines Referates, als seine Auffassung, bringen. (Zustimmung.) Dazu brauchen wir unsere Zustimmung nicht zu geben. (Dr. Goldschmidt: Ueber die Leitsätze waren wir nicht ganz einig!) Die Leitsätze würden nur am Schlusse des Referates stehen. Wir sagen in der Resolution nur: Die Kommission schließt sich den Ausführungen grundsätzlich an. Das könnte allerdings auf die Leitsätze übertragen werden. (Dr. Goldschmidt: Der Satz mit der Nennung des Namens müßte herausgestrichen werden!) Sie haben aber wohl keine Bedenken, daß Herr Regierungsrat Leidig seine Leitsätze aufnimmt, vielleicht etwas modifiziert.

Der kombinierte Antrag lautet jetzt:

„Die Kommission schließt sich den Ausführungen des Herrn Berichterstatters Regierungsrat, Professor Dr. Leidig, grundsätzlich an. Sie bedauert die vielfach falschen Auffassungen, die in der öffentlichen Meinung über die Frage der Angestellten-Erfindung bestehen und ersucht den Centralverband Deutscher Industrieller demgegenüber die dringend notwendige Aufklärungsarbeit zu leisten."

(Der Antrag wird einstimmig angenommen.)

Meine Herren! Wir haben damit die Punkte, die heute auf der Tagesordnung standen, erledigt. Ich habe es unterlassen, bei jedem

Referat den Herren Berichterstattern den Dank der Kommission auszusprechen. Ich habe das absichtlich nicht getan, indem ich mir vorbehielt, am Schlusse unserer heutigen Beratung allen Herren Berichterstattern den gleichen Dank zu sagen. Denn, meine Herren, Sie haben mit mir alle wohl die Empfindung, daß alle Herren Referenten in gleichem Maße eingehend klar und erschöpfend ihren Vortrag gehalten haben und daß ihnen dafür — sie haben dadurch zu der positiven Arbeit, die die Kommission geleistet hat, wesentlich beigetragen — der wärmste Dank der Kommission gebührt. Diesen Dank drücke ich hiermit auf das herzlichste aus.

Ich danke Ihnen alle, meine Herren, die Sie an der Sitzung teilgenommen haben, für Ihre so rege Mitarbeit. Ich hatte mir vorgenommen, ganz besonders noch dem Herrn Vertreter des Vereins zur Wahrung der Interessen der chemischen Industrie den Dank der Kommission auszusprechen; er ist bereits fortgegangen, ich habe das beim Abschied persönlich getan.

Meine Herren, wir sind aber noch nicht ganz am Ende unserer heutigen Arbeit. Die Kommission hat die Aufgabe, eingehend die Wünsche zu prüfen, die bezüglich des Patentgesetzes, des Gebrauchsmusterschutzes und des Warenzeichenrechtes in der Industrie bestehen. Wir haben einen Teil, und zwar den wesentlichsten Teil heute behandelt und dazu unsere Beschlüsse gefaßt. Ich will vorausschicken, ich halte es für selbstverständlich, daß, wenn die Kommission ihre Arbeiten beendet haben wird, der Centralverband eine Denkschrift über diese Arbeiten zusammenstellen und das Ergebnis der Arbeiten dem Reichsamt des Innern unterbreiten wird. Ich bin nur der Ansicht, daß wir unsere Aufgabe noch nicht ganz erfüllt haben, und daß es sich fragen wird, welche Gegenstände die Kommission nun noch weiter beraten soll. Die Geschäftsführung des Centralverbandes möchte nicht allein diese Frage beantworten, sondern hat den Vorschlag gemacht, eine Unterkommission zu bilden, welche diese Fragen des Patentrechtes, des Gebrauchsmusterschutzes und des Warenzeichenrechtes aufstellt, also die Tagesordnung für die weiteren Sitzungen der Kommission aufstellt. Ich möchte bitten, daß die Herren ihrerseits ihre bezüglichen Wünsche äußern, wie wir nun die Fragen, die von der Kommission weiter behandelt werden sollen und werden müssen, herausziehen sollen, ob das durch eine Unterkommission geschehen soll, oder ob Sie einen anderen Weg dazu vorschlagen.

Regierungsrat Professor Dr. **Leidig**-Berlin: Meine Herren, ich glaube, daß wir die Fragen, die augenblicklich im Vordergrunde des Interesses stehen, diesmal durchgesprochen haben. Die anderen

Fragen, um die es sich noch handelt, sind, wenn ich mich so ausdrücken darf, mehr technischer Art. Ich will beispielsweise auf die Frage hinweisen, ob nach einer bestimmten Verjährungszeit das Patent noch angefochten werden kann oder nicht. Darüber sind die Anschauungen verschieden. Es gibt noch eine ganze Reihe von Fragen: die Gestaltung des Verfahrens im einzelnen, die Nichtigkeitserklärung und noch verschiedene andere, die zweifellos, eine jede für sich, wichtig und bedeutsam sind und die eben so wie diese vom Standpunkt der Industrie aus erörtert werden müssen. Die Sahne aber haben wir, glaube ich, heute abgeschöpft im Patentrecht. (Zuruf: die Präklusivfrist ist wichtig!) Sie ist zweifellos bedeutsam; die Anschauungen darüber sind aber in der Industrie nicht ganz einig. — Es kommt aber jedenfalls noch der ganze Gebrauchsmusterschutz dazu, der für eine Reihe von Industrien, namentlich für die Textilindustrie, für die Industrie der Musikwerk-Automaten und dergleichen eine fast ebenso große, wenn nicht größere Bedeutung hat als das Patentrecht. Und es kommt endlich noch für eine Anzahl von Industrien — es sind das weniger die schweren Industrien, aber eine Reihe von Fertigfabrikaten-Industrien — das Warenzeichengesetz sehr erheblich in Betracht. Da hat sich allmählich über die grundlegenden Fragen eine communis opinio herausgebildet, in welcher Richtung die Reform gehen soll. Aber erörtert muß das auch noch werden. Ich würde daher meinerseits vorschlagen, nochmals die Kommission einzuberufen zu den Fragen des Gebrauchsmusterschutzes und des Warenzeichenrechtes und zu den Fragen, die noch vom Patentrechte übrig sind, beispielsweise der fünfjährigen Präklusivfrist. Es wird sich noch das eine und das andere finden lassen. Ich glaube, daß es dann in nochmals zwei Tagen möglich sein wird, das ganze Gebiet durchzusprechen, um damit eine gewisse Grundlage für die weiteren Erörterungen innerhalb der Industrie zu schaffen; denn mehr kann diese Kommission nicht bieten, als Anhaltspunkte für den einzelnen, ob er sich für oder gegen die Reformvorschläge aussprechen soll, die von den verschiedensten Seiten der Oeffentlichkeit unterbreitet werden.

Vorsitzender: Ginge das nicht auf die Weise zu machen, daß wir die Herren bitten, diejenigen Punkte, die sie noch zur Diskussion gestellt zu sehen wünschen, der Geschäftsführung des Centralverbandes mitzuteilen, und daß wir darum auch die beiden Herren bitten, die schon fortgegangen sind? — Würde das den Zweck erfüllen, oder wünschen Sie, daß eine Unterkommission eingesetzt wird?

Ingenieur **Gondos**-Cöln: Der Centralverband soll entweder selbst oder durch eine Unterkommission das Programm der nächsten Sitzung feststellen und gleichzeitig die Berichterstatter dazu bestellen. Wir haben gestern und heute gesehen, daß es mit Referenten besser geht.

Vorsitzender: Es ist wohl zweifellos, daß wir es so machen werden, wie wir es diesmal gemacht haben. Es werden zwar nicht ganz dieselben Herren zur Kommission gehören, weil es andere Materien sind. Aber das ist Sache der Geschäftsführung des Centralverbandes, welche immer auf die Herren, die diesmal dagewesen sind, Rücksicht nehmen wird, weil diese schon eingearbeitet sind.

Regierungsrat Professor Dr. **Leidig**-Berlin: Meine Herren, wir können das im einzelnen gar nicht übersehen. Es kommt darauf an, wann die Kommission zusammentritt. Ich bin auch der Meinung, daß in jedem Falle als Thema der Kommission auch das schweizerische Patentgesetz zur Sprache kommen muß. Die Frage des schweizerischen Patentgesetzes bewegt unsere ganze chemische Industrie so ungemein — ob nämlich die Schweiz ihre vertragsmäßige Zusage erfüllt hat oder nicht —, daß es ganz merkwürdig wäre, wenn eine patentrechtliche Kommission aus der Industrie diese Frage nicht erörterte. So gibt es noch eine Reihe anderer Fragen, die hinzukommen würden, um vom Standpunkt der Industrie aus besprochen zu werden. Ich glaube, wir kommen zu keinem anderen Ergebnis, als daß wir in Aussicht nehmen, das Gebrauchsmusterschutzgesetz, Warenzeichenrecht und was sonst noch dazu gehört, auf die Tagesordnung zu setzen, und dann vielleicht diejenigen Herren, denen ein bestimmter Punkt am Herzen liegt, bitten, wie das schon Herr Geheimrat Koenig angeregt hat, das freundlichst der Geschäftsführung mitzuteilen. Es wird daraufhin eine Korrespondenz stattfinden und gesagt werden, entweder: wir nehmen es hinein — oder: wir nehmen es aus dem und dem Grunde nicht hinein. Es wird sich dann allerdings — was ich eigentlich taktischer Weise nicht aussprechen sollte — leicht ergeben, daß der betreffende Herr dann gebeten wird, auch das Referat zu übernehmen.

Vorsitzender: Meine Herren, ich möchte feststellen, daß wir es der Geschäftsführung des Centralverbandes überlassen, die weitere Sitzung der Kommission einzuberufen, die Tagesordnung dieser Sitzung festzustellen und Berichterstatter dafür zu besorgen; daß ferner die Mitglieder der Kommission, die ihrerseits Punkte für die Tagesordnung vorschlagen wollen, die Güte haben werden, diesen Vorschlag eventuell mit Bezeichnung eines Berichterstatters der Geschäftsleitung mitzuteilen und daß man diese Bitte auch an diejenigen Herren Kommissionsmitglieder richtet, die bereits fortgegangen sind.

Regierungsrat Professor Dr. **Leidig**-Berlin: Ich habe mir die Sache so gedacht, daß, sobald sich ergibt, daß die Kommission einberufen werden soll, etwa in zwei Monaten, ein Rundschreiben an sämtliche Herren der Kommission ergehen würde, worin mitgeteilt wird: für den Zeitpunkt ist die Einberufung in Aussicht genommen; haben die Herren Wünsche hinsichtlich der Tagesordnung usw.?

Vorsitzender: Das ist Sache der Ausführung; damit können wir nur einverstanden sein.

Damit wären wir am Schlusse unserer heutigen Beratung. Wünscht jemand der Herren noch das Wort? Das ist nicht der Fall. Dann danke ich Ihnen nochmals für Ihre rege Mitarbeit und schließe die Sitzung der Kommission.

Fabrikbesitzer Dr. **Goldschmidt**-Essen: Es ist noch ein Punkt übersehen worden. Der Herr Vorsitzende hat den Herren Berichterstattern gedankt. Ich glaube, wir alle sind dem Herrn Vorsitzenden zu großem Danke verpflichtet für die umsichtige Leitung in diesen beiden Tagen und für die große Geduld, die er mit uns gehabt hat. (Bravo!)

Schluß der Sitzung: 3 Uhr 15 Minuten.

II.

Grundzüge

des

preußischen Entwurfs eines Wassergesetzes.

An die

Mitglieder des Centralverbandes Deutscher Industrieller.

Berlin, den 15. Februar 1908.

In dem preußischen Landwirtschaftsministerium ist der Entwurf eines preußischen Wassergesetzes ausgearbeitet worden.

Wenn auch die in dem früheren Entwurf vom Jahre 1893 enthaltenen Vorschriften über die Reinhaltung der Gewässer in dem neuen Entwurf nicht aufgenommen worden sind, so berührt doch auch dieser Entwurf nach verschiedenen Richtungen hin die Interessen der Industrie.

Wir geben anbei eine kurze Darstellung des Inhalts des Entwurfs und ersuchen die geehrten Mitglieder, sich möglichst bis zum 1. Mai zu dem Entwurfe gutachtlich äußern zu wollen. Besonders dankbar würden wir es begrüßen, wenn unsere Mitglieder außerhalb Preußens sich gleichfalls zu dem Entwurf auf Grund ihrer Erfahrungen mit ihrem heimischen Wasserrecht äußern wollten. Es würde dies um so mehr zu begrüßen sein, als das Wasserrecht in mehreren deutschen Bundesstaaten erst neuerdings Reformen und gesetzlichen Abänderungen unterworfen worden ist.

I. Einleitende Vorschriften.

Das Gesetz unterscheidet:

1. Wasserläufe, das sind die in natürlichen oder künstlichen Betten fließenden oberirdischen Gewässer ohne Unterschied, ob der Abfluß das ganze Jahr hindurch oder in regel-

mäßiger Wiederkehr zeitweilig stattfindet, einschließlich ihrer oberirdisch fließenden Quellen.

Auf unterirdische Gewässer findet das Gesetz nur insoweit Anwendung, als es dies ausdrücklich bestimmt.

2. Geschlossene Gewässer, das sind diejenigen, die keinen solchen Abfluß, wie er unter 1 beschrieben ist, haben.

Die Wasserläufe zerfallen wieder in

1. Ströme: die natürlichen Wasserläufe, soweit sie dem öffentlichen Schiffsverkehr dienen, einschließlich ihrer dem Schiffsverkehr nicht dienenden Nebenarme;
2. Schiffahrtskanäle: die künstlichen Wasserläufe, soweit sie dem öffentlichen Schiffsverkehr dienen;
3. Hochwasserflüsse: diejenigen nicht zu 1 und 2 gehörigen natürlichen und künstlichen Wasserläufe, deren Unterhaltung wegen der bei ihnen erfahrungsmäßig bestehenden Hochwassergefahr besonders schwierig oder kostspielig ist;
4. Flüsse und Kanäle: diejenigen übrigen natürlichen und künstlichen Wasserläufe, deren Unterhaltung aus Gründen eines öffentlichen oder gemeinwirtschaftlichen Nutzens geboten ist;
5. Bäche und Wassergräben: alle übrigen Wasserläufe.

Nur derjenige Teil eines Wasserlaufs, auf dem ein öffentlicher Schiffsverkehr stattfindet, ist ein Strom; ein Wasserlauf kann danach der Länge nach unter verschiedene Bestimmungen fallen, so daß etwa der oberste Teil ein Bach, demnächst ein Teil ein Fluß, endlich der untere Lauf ein Strom ist; es ist aber auch möglich, daß der Wasserlauf der Breite nach unter verschiedenes Recht gestellt wird, so daß ein Teil der Wasserfläche ein Strom, ein andrer ein Fluß usw. ist. — Ist die ganze Wasserfläche ein Ströme, so gelten auch alle innerhalb der Längenabteilung des Wasserlaufs abzweigenden Nebenarme, mögen sie schiffbar oder nicht schiffbar sein, als Ströme; bildet beispielsweise die linke Hälfte des Wasserlaufs den Strom, während die rechte als Fluß gilt, so sind nur die von der linken Seite abzweigenden Nebenarme Ströme, während die rechts abzweigenden als Flüsse oder auch als Bäche, gegebenenfalls auch als Hochwasserflüsse, gelten.

Die Zugehörigkeit der einzelnen Wasserläufe zu einer der vorher unter 1—4 bezeichneten Gattungen wird durch Eintragung in Verzeichnisse festgestellt, die vom Oberpräsidenten aufgestellt werden. Eine große Anzahl von Wasserläufen werden im Gesetz selbst als Ströme und Schiffahrtskanäle bezeichnet; im übrigen stellt der Provinzialrat nach Anhörung der Beteiligten die Verteilung der Wasserläufe auf die einzelnen Gattungen fest. Gegen den Beschluß des Provinzialrats ist Beschwerde an den Minister gegeben.

Ein einmal eingetragener Wasserlauf bleibt den für seine Gattung bestehenden Vorschriften so lange unterworfen, als er im Verzeichnisse nicht gelöscht ist.

Alle nicht in das Verzeichnis eingetragenen Wasserläufe gelten als Bäche und Wassergräben. Nicht eingetragen werden auch die geschlossenen Gewässer; über die Eigenschaft eines geschlossenen Gewässers wird im Verwaltungsstreitverfahren entschieden.

Alle Wasserläufe und geschlossenen Gewässer unterliegen denselben Vorschriften des allgemeinen bürgerlichen Rechts, die für Grundstücke gelten, soweit das Wassergesetz nicht abweichende Bestimmungen trifft.

Die Uferlinie, d. h. die Grenze zwischen dem Bett der Gewässer und den Ufern wird durch den gewöhnlichen Wasserstand, im Ebbe- und Flutgebiet durch das Hochwasser der gewöhnlichen Flut bestimmt.

II. Zur Förderung der Gewässerkunde, sowie zur Kundbarmachung der Rechtsverhältnisse sind für die Wasserläufe, die in das beim Oberpäsidenten geführte Verzeichnis eingetragen sind, Wasserbücher anzulegen. Sie können auch für andre Wasserläufe (Bäche, Gräben usw.) angelegt werden.

Sie sind Vermerkbücher; die Eintragungen haben keine rechtserzeugende oder rechtserhaltende Wirkung, wenn ihnen in der Länge der Zeit auch tatsächlich eine gewisse Vermutung der Rechtmäßigkeit und Richtigkeit innewohnen wird.

III. Das Eigentum an den Gewässern.

Ströme stehen immer, Schiffahrtskanäle, soweit nicht im einzelnen Falle das Eigentum anders geordnet ist, im Eigentum des Staates; alle übrigen natürlichen und künstlichen Wasserläufe stehen im Eigentum der Anlieger; bei künstlichen Wasserläufen kann das Eigentum an ihnen auch anders geordnet sein.

Das dem Anlieger als solchem gehörige Eigentum am Wasserlauf ist untrennbar verbunden mit dem Eigentum am Ufergrundstück, dagegen kann das Recht auf Benutzung und Veränderung des Wasserlaufs auch ohne Uebertragung des Eigentums am Ufergrundstück übertragen werden. Ein Grundbuchblatt erhalten Wasserläufe nur auf Antrag des Eigentümers oder eines Berechtigten.

Wenn das öffentliche Interesse es erfordert, kann die Wasserpolizeibehörde die Entnahme von Pflanzen, Schlamm, Erde, Sand, Kies und Steinen aus einem Wasserlaufe regeln oder beschränken. — Vor Inkrafttreten des Gesetzes kann durch Königliche Verordnung das Eigentum, und damit in der Regel auch die Unterhaltungspflicht, an denjenigen Wasserläufen, die gesetzlich nunmehr zu Eigentum der Anlieger werden würden, dort, wo bisher ein gesetzliches Eigentum der Anlieger nicht bestanden hat, auf öffentlich rechtliche Verbände übertragen werden. Es entspricht dies Wünschen aus den westlichen Provinzen.

IV. Vorflut.

Der Abfluß fließenden Wassers jeder Art, also auch industrieller Abwässer, darf weder zum Nachteile höher liegender Grundstücke gehindert, noch zum Nachteil tiefer liegender Grundstücke verstärkt oder in seiner Richtung verändert werden. Dies gilt für alles, auch das wildabfließende oberirdische und für die unterirdischen Leitungen von Wasser.

Das Einbringen von Schlamm, Sand, Erde, Schlacken, Steinen, Holz und andern Stoffen, welche die Vorflut zu erschweren geeignet sind, in die Wasserläufe, ist verboten, sofern es nicht von der Wasserpolizeibehörde zugelassen wird.

V. Benutzung und Veränderung der Wasserläufe.

Als Benutzung der Wasserläufe gilt der Gebrauch und Verbrauch ihres Wassers, sowie die Verwendung des Wasserlaufs zur Abführung oder Zuführung von Wasser oder andern flüssigen Stoffen (z. B. industriellen Abwässern); als Veränderung der Wasserläufe gilt die dauernde oder doch bei bestimmten Wassermengen regelmäßig wiederkehrende Senkung oder Hebung des Wasserspiegels, insbesondere eine durch Hemmung des Wasserablaufs erfolgende dauernde Ansammlung von Wasser, sowie die Verlegung oder Veränderung des Bettes.

Solche Veränderungen verwandeln einen natürlichen Wasserlauf nicht in einen künstlichen.

Eine Benutzung oder Veränderung der Wasserläufe, geschlossenen und unterirdischen Gewässer ist nicht gestattet, wenn ihr überwiegende Rücksichten des öffentlichen Wohls entgegenstehen. Die zur Durchführung dieser Vorschriften erforderlichen Vorschriften erläßt die Polizeibehörde.

Bei geschlossenen Gewässern ist im übrigen der Eigentümer, soweit nicht Rechte Dritter entgegenstehen, zur ausschließlichen Verfügung über das Wasser befugt.

In gleicher Weise kann der Eigentümer eines Grundstücks über das auf dem Grundstück in Brunnen, Zisternen oder andern Behältern angesammelte Wasser sowie über die in dem Grundstück enthaltenen unterirdischen Gewässer, nicht aber auch über die oberirdisch fließende Quelle eines Wasserlaufs, verfügen.

Bei den Wasserläufen ist zu unterscheiden:

In gewissem Umfange ist ihre Benutzung jedermann gestattet: Gemeingebrauch. Regelmäßig ist dem Eigentümer das Recht auf Benutzung und Veränderung des Wasserlaufes gegeben, doch ist er mannigfachen Beschränkungen dabei unterworfen, insbesondere bedarf er zu gewissen Anlagen der behördlichen Genehmigung, und durch staatliche Verleihung kann auch andern Personen, die ein Interesse an der Ausnutzung des Wassers haben, das Recht hierzu gegeben werden. Gewisse Rechte kann auch der Eigentümer selbst nur durch die Verleihung erwerben.

a) Gemeingebrauch:

Die Benutzung der Wasserläufe zur gewöhnlichen Abwässerung, zum Baden, Waschen, Viehtränken und Schwemmen sowie das Schöpfen daraus fur häusliche und wirtschaftliche Zwecke ist im allgemeinen jedermann gestattet. Die Befugnis zur Benutzung fremder Grundstücke oder zur Errichtung von Anlagen im Bett des Wasserlaufs ist in diesem Gemeingebrauch nicht enthalten. Unter denselben Bedingungen können die Ströme und Schiffahrtskanäle von jedermann für den öffentlichen Verkehr benutzt werden. Anderweite gesetzliche Ordnungen, z. B. das Schleppmonopol auf Schiffahrtskanälen, sind natürlich zulässig.

Insoweit auf nichtschiffbaren Wasserläufen (Hochwasserflüssen, Flüsser, Bächen, Wassergräben) ein öffentlicher Verkehr, namentlich ihr Befahren mit Kähnen oder ähnlichen kleinen Fahrzeugen oder ihre Benutzung zur Flößerei gemeinüblich oder besonders zugelassen ist, bleiben diese Arten der Benutzung allgemein gestattet.

Im öffentlichen Interesse oder aus Gründen eines überwiegenden wirtschaftlichen Bedürfnisses kann die Benutzung dieser Wasserläufe für den öffentlichen Verkehr durch den Regierungspräsidenten auch neu zugelassen werden.

Die Ausübung des Gemeingebrauchs kann aus Rücksichten des öffentlichen Wohles geregelt und beschränkt werden. Insbesondere ist die Wasserpolizeibehörde be dem Vorliegen dieser Voraussetzung auch befugt, allgemein anzuordnen, daß für einzelne Benutzungsarten in jedem Einzelfall ihre Genehmigung einzuholen sei.

b) Rechte des Eigentümers.

Dem Eigentümer eines Wasserlaufs stehen die aus dem Eigentum sich ergebenden Rechte ohne weiteres zu. Daher gebührt ihm beispielsweise das Recht auf Gewinnung von Kies, Pflanzen und Schlamm aus dem Wasserbett. Außerdem legt der Entwurf dem Eigentümer aber auch das an sich in dem Eigentum nicht enthaltene „Recht auf Benutzung und Veränderung des Wasserlaufs" bei, ein Recht, das sich im wesentlichen als eine Nutzung des Wasserlaufs darstellt. Bei den gesetzlich im Eigentum der Anlieger stehenden Wasserläufen stehen diese Rechte jedem Anlieger längs seines Ufergrundstücks zu. Eine Uebertragung dieser dem Eigentümer zustehenden Rechte kann auch ohne das Eigentum an dem Wasserlauf an Dritte erfolgen; die Uebertragung bedarf aber der Genehmigung der Wasserpolizeibehörde.

Der Eigentümer des Wasserlaufs ist berechtigt, dingliche Rechte an dem Wasserlauf zu bestellen. Als solche kommen insbesondere wasserrechtliche Dienstbarkeiten, so das Recht zum Kahnfahren, zur Entnahme von Sand usw. und das Erbbaurecht in Betracht. In dem Recht auf Benutzung des Wasserlaufs ist auch die Befugnis, das Wasser aus dem Wasserlauf abzuleiten, enthalten. Soweit das abgeleitete Wasser nicht bei ordnungsmäßiger Benutzung verbraucht wird, muß es in das ursprüngliche Bett des Wasserlaufs wieder zurückgeleitet werden, bevor auf der Seite, wo die Ableitung stattfindet, das Ufergrundstück eines andern beginnt. Auch darf kein

Rückstau über die Grenze des eigenen Grundstücks hinaus und keine schädliche Trockenlegung, Ueberschwemmung, Versumpfung oder sonstige Beschädigung fremder Grundstücke herbeigeführt werden.

c) Genehmigung.

Im allgemeinen bedürfen besondere Anlagen am Ufer und im Bett von Strömen und Schiffahrtskanälen sowie solche Anlagen zur Veränderung von Hochwasserflüssen, Flüssen und Kanälen oder zur Benutzung des in ihnen befindlichen Wassers der Genehmigung der Wasserpolizeibehörden. Nichtgenehmigungspflichtig sind namentlich Anlagen an Flüssen und Kanälen (nicht auch an Hochwasserflüssen), die von ihren Eigentümern in Ausübung des Nutzungsrechts am Wasserlauf errichtet werden, vorausgesetzt, daß die Ausübung nach Art und Maß orts- oder gemeinüblich ist.

Die Genehmigung kann unter Bedingungen sowie auf Zeit erteilt werden. Sie ist zu versagen, wenn der beabsichtigten Anlage Rücksichten des öffentlichen Wohls entgegenstehen; aus demselben Grunde sowie weil die Bedingungen der Genehmigung nicht erfüllt sind, kann sie auch wieder, und zwar ohne Entschädigung, zurückgenommen werden.

Wird die Genehmigung zurückgenommen, so kann die Wasserpolizeibehörde den Unternehmer anhalten, auf seine Kosten genügende Vorkehrungen zur Beseitigung oder Verminderung von gemeinschädlichen Folgen bereits ausgeführter Anlagen zu treffen oder ohne Anspruch auf Entschädigung die Anlagen gänzlich zu beseitigen.

d) Verleihung.

Das Recht zur Benutzung oder Veränderung eines Wasserlaufs können Dritte im allgemeinen nur durch staatliche Verleihung erwerben. Jeder, also auch der Eigentümer des Wasserlaufs, bedarf ferner der Verleihung, wenn ein Wasserlauf derart benutzt oder verändert werden soll, daß dadurch eine nachteilige Veränderung der Vorflut herbeigeführt oder die einem andern obliegende Unterhaltung von Wasserläufen erschwert wird. Endlich ist die Verleihung auch notwendig zu einer über die Grenzen des Gemeingebrauchs hinausgehenden Benutzung eines Wasserlaufs zur Abführung oder Zuführung von Wasser oder andern flüssigen Stoffen (z. B. gewerblichen Abwässern), wenn dadurch zum Nachteil andrer Beteiligter der Wasserstand des Wasserlaufs erhöht oder dessen Wasser verunreinigt wird.

Ueber den Antrag auf Verleihung entscheidet der Bezirksausschuß. Die Verleihung darf nur für Unternehmen erteilt werden, die der Förderung des öffentlichen Wohls, wirtschaftlichen Zwecken oder sonstigen berechtigten Interessen (z. B. zur Verschönerung) dienen und denen ein bestimmter Plan zugrunde liegt. Die Verleihung ist zu versagen, wenn dem Unternehmen überwiegende Rücksichten des öffentlichen Wohles entgegenstehen. Die Verleihung erfolgt in der Regel auf Zeit, sie kann auch von der Erfüllung von Bedingungen abhängig gemacht werden. Soweit nachteilige Wirkungen des Unternehmens nicht durch Einrichtungen ausgeschlossen werden können, die nach der Entscheidung der Verleihungsbehörde mit dem Unternehmen vereinbar sind, hat der Unternehmer Entschädigung zu leisten, die nach den Vorschriften für die Enteignung von Grundeigentum festgesetzt wird. Die Berechtigungen, die den Gegenstand einer Verleihung gebildet haben, gehen mit dem Unternehmen, für das sie verliehen sind, auf den Rechtsnachfolger über.

Die Verleihung der Berechtigungen erfolgt, wie bereits erwähnt, durch Beschluß des Bezirksausschusses, nachdem das beabsichtigte Unternehmen öffentlich bekannt gemacht und alle Interessenten aufgefordert worden sind, ihre Widersprüche geltend zu machen. Einwendungen, die auf besonderen privatrechtlichen Titeln beruhen, werden zur richterlichen Entscheidung verwiesen, über alle übrigen Einwendungen sowie über etwa erhobene Entschädigungsansprüche entscheidet der Bezirksausschuß nach Verhandlung mit den Parteien und den beteiligten Behörden. Von Amtswegen hat der Bezirksausschuß außerdem die gesetzlichen Voraussetzungen der Verleihung zu prüfen und festzustellen, ob die bestehenden polizeilichen Vorschriften beachtet sind. Wird die beantragte Berechtigung verliehen, so sind zugleich alle diejenigen, die innerhalb der bestimmten Frist keine Einwendung erhoben haben, mit ihrem Widerspruchsrecht gegen das

Unternehmen auszuschließen, dagegen bleibt ihr etwaiger Anspruch auf Herstellung von Einrichtungen, welche die benachteiligende Wirkung ausschließen, oder, soweit dies untunlich ist, auf Entschädigung bestehen.

Veränderungen des Unternehmens, die eine vermehrte Nutzung oder Verunreinigung des Wassers oder eine Veränderung des Wasserstandes oder der Vorflut oder eine Erschwerung der einem andern obliegenden Unterhaltung eines Wasserlaufs zur Folge haben, bedürfen ebenso wie die Neueinrichtung des Unternehmens der Verleihung.

Die Verleihung kann, ohne Entschädigung, durch Beschluß des Bezirksausschusses für erloschen erklärt werden,

wenn der Unternehmer das Unternehmen aufgibt, namentlich die auf Grund der Verleihung errichteten Anlagen dauernd entfernt oder eingehen läßt;

wenn das verliehene Recht für das Unternehmen unbrauchbar oder überflüssig geworden ist;

wenn der Unternehmer die ihm auferlegten Bedingungen nicht erfüllt oder die für die Ausführung des Unternehmens ihm gesetzten Fristen nicht einhält.

Gegen Entschädigung kann außerdem jederzeit die Verleihung wegen überwiegender Nachteile und Gefahren für das öffentliche Wohl wieder zurückgenommen werden.

e) Aufgebot und Ausgleichung.

Zum Zweck der Feststellung, welche Privatrechte Dritter einem Unternehmen entgegenstehen, ist der Unternehmer befugt, die Vermittlung des Bezirksausschusses in Anspruch zu nehmen, der dann in einem Aufgebotsverfahren den sich Meldenden ihre Rechte vorbehält, die übrigen mit ihrem Widerspruch gegen das Unternehmen ausschließt.

Wenn das vorhandene Wasser nicht für den Bedarf aller Berechtigten ausreicht, oder wenn bei verschiedenen Benutzungsarten eine die andre beeinträchtigt oder ausschließt, so kann jeder Beteiligte verlangen, daß die Benutzung des Wasserlaufs in einer den Interessen aller Berechtigten nach billigem Ermessen entsprechenden Weise im Ausgleichungsverfahren geregelt wird. Ist dem Mangel an Wasser oder der Beeinträchtigung oder Ausschließung einer Benutzungsart durch Aenderung der Betriebseinrichtung eines Berechtigten abzuhelfen, so kann ihm im Ausgleichungsverfahren auf Antrag eines Beteiligten auferlegt werden, sich auf dessen Kosten eine entsprechende Aenderung seiner Betriebseinrichtung gefallen zu lassen, insoweit dadurch deren Betriebsleistung nicht beeinträchtigt wird.

f) Unternehmen des Staates aus Gründen des öffentlichen Wohls.

Der Staat ist berechtigt, an Strömen und an den in seinem Eigentum stehenden Schiffahrtskanälen die aus Gründen des öffentlichen Wohls erforderlichen Veränderungen vorzunehmen. Soll dabei der Wasserstand oder der Wasserablauf durch künstliche Anlagen wesentliche Aenderungen erleiden, so ist das beabsichtigte Unternehmen öffentlich bekannt zu machen und die von den Beteiligten erhobenen Einwendungen mit ihnen zu erörtern. Nach Abschluß der Verhandlungen entscheidet dann der Regierungspräsident über die Einwendungen.

Auf Grund von Privatrechten kann weder der Ausführung des vom Staate aus Gründen des öffentlichen Wohls zur Ausführung bestimmten Planes widersprochen, noch die Beseitigung ausgeführter Anlagen verlangt werden. Dagegen ist in gewissem Umfang — so weit nicht die nachteiligen Wirkungen des Unternehmens durch Einrichtungen, die der Regierungspräsident anordnet, ausgeschlossen werden können — ein Entschädigungsanspruch anerkannt, doch wird wegen Veränderung der Vorflut, wegen Erschwerung der Unterhaltungslast und wegen vorübergehender Beeinträchtigung von Wassernutzungsrechten Entschädigung nur dann gewährt, wenn das Unternehmen eine wesentliche Aenderung des Wasserstandes oder des Wasserablaufs herbeiführt. Noch enger sind die Voraussetzungen, unter denen für Veränderungen des Grundwasserstandes Schadensersatz verlangt werden kann.

Die Pflichten der Anlieger an Strömen gegenüber dem Staate sind in allem wesentlichen entsprechend den Vorschriften des jetzt geltenden Strombauverwaltungsgesetzes vom 20. August 1883 geordnet worden.

VI. Unterhaltung der Ströme, Schiffahrtskanäle, Hochwasserflüsse, Flüsse und Kanäle.

Die Unterhaltung des Wasserlaufs umfaßt die Instandhaltung des Bettes und der Ufer, soweit sie zur Erhaltung oder Wiederherstellung der Vorflut, bei Strömen und Schiffahrtskanälen auch zur Erhaltung der Schiffbarkeit erforderlich ist. Der Unterhaltungspflichtige ist befugt, diejenigen Veränderungen auf der von ihm zu unterhaltenden Strecke vorzunehmen, die zur Unterhaltung des Wasserlaufs geboten sind. Zu künstlichen Anlagen, durch die der Wasserstand oder der Wasserablauf eine wesentliche Aenderung erleidet, ist er nicht ohne weiteres befugt. Maß und Art der Unterhaltungsarbeiten stellt der Staat, bei den Hochwasserflüssen, Flüssen und Kanälen insbesondere die Wasserpolizeibehörde durch Polizeiverordnung oder polizeiliche Verfügung fest.

Arbeiten, die zur Erfüllung der Unterhaltungspflicht mit tunlichster Schonung fremder Rechte ausgeführt sind, begründen keinen Anspruch auf Entschädigung, anderseits dürfen Anlagen am Ufer eines Wasserlaufs, welche die Unterhaltung erschweren, nur gegen Entschädigung des Unterhaltungspflichtigen errichtet werden.

Die durch das Wassergesetz begründete Verpflichtung zur Unterhaltung eines Wasserlaufs ist eine öffentlich rechtliche Verpflichtung, die durch Observanz, Verjährung oder privatrechtliche Verfügung weder aufgehoben noch geändert werden kann.

Unterhaltungspflichtig sind:

hinsichtlich der Ströme der Staat,
hinsichtlich der Hochwasserflüsse die Provinzialverbände,
hinsichtlich der Flüsse die Gemeinden,
hinsichtlich der Schiffahrtskanäle und Kanäle die Eigentümer, soweit dies nicht im einzelnen Falle anders geordnet ist.

Die Anlieger der Ströme, Hochwasserflüsse und Flüsse sind verpflichtet, das Ufer von Hindernissen des Wasserablaufs frei zu halten, sowie einfachere Befestigungen der Ufer herzustellen und zu unterhalten. Wo die den Anliegern obliegende Unterhaltung der Ufer wegen Zersplitterung des Besitzstandes oder aus andern Gründen erfahrungsmäßig mangelhaft geschieht, kann sie dem zur Unterhaltung des Wasserlaufs Verpflichteten auf seinen Antrag für Rechnung der Anlieger von der Wasserpolizeibehörde übertragen werden.

Wird durch die Ausführung oder Benutzung von Anlagen zur Benutzung oder Veränderung eines Wasserlaufs die Unterhaltungslast gesteigert, so kann der Unternehmer der Anlage zur Leistung eines angemessenen Beitrages zur Unterhaltung des Wasserlaufs herangezogen werden, sofern darüber nicht bereits in einem vorausgegangenen Verleihungsverfahren Bestimmung getroffen ist.

Wenn die Unterhaltung des Wasserlaufs eine Ueberbürdung der Verpflichteten zur Folge haben würde, dann ist der ihre Leistungsfähigkeit übersteigende Kostenbedarf, wo es sich um Verpflichtungen der Anlieger handelt, von den Gemeinden, wo es sich um Verpflichtungen der letzteren handelt, von den Kreisen, und bei deren Unvermögen von den Provinzen zu übernehmen.

VII. Instandhaltung der Bäche und Wassergräben und der zur Vorflut dienenden Leitungen von Wasser.

Sämtliche oberirdische Leitungen von Wasser, insbesondere Bäche und Vorflutgräben, ebenso auch die unterirdischen Leitungen von Wasser müssen durch Räumung und Auskrautung so instandgehalten werden, daß die Vorflut nicht beeinträchtigt wird. Die Wasserpolizeibehörde kann auch anordnen, daß zwecks Instandhaltung der Bäche und Wassergräben einfachere Befestigungen der Ufer vorgenommen werden. Die Anordnung richtet sich gegen den Anlieger; die Instandhaltung der Wasserläufe selbst liegt zunächst dem Eigentümer des Wasserlaufs, subsidiär aber auch dem Anlieger ob.

VIII. Stauanlagen.

Als Stauanlagen werden ständige Anlagen bezeichnet, die durch Hemmung des Wasserablaufs eine Hebung des Wasserspiegels oder eine Ansammlung von Wasser bezwecken. Bei der Genehmigung oder Verleihung einer Stauanlage sind Festsetzungen zu treffen

über die bauliche Einrichtung der Anlage und ihrer Zubehörungen, soweit die Wassermenge oder die Vorflut dadurch beeinflußt wird,

über die innezuhaltenden Stauzeiten und Stauhöhen,

über die zu benutzende Wassermenge, falls ihre Beschränkung erforderlich ist,

über die zum Schutze gegen nachteilige Wirkungen des Staus etwa erforderlichen Maßnahmen.

Jede verliehene oder genehmigte Stauanlage muß mit mindestens einem Merkzeichen versehen werden, an dem die innezuhaltenden

Stauhöhen deutlich angegeben sein müssen. Die Bestimmung und Setzung des Merkzeichens erfolgt durch die Wasserpolizeibehörde.

Im allgemeinen darf der Unternehmer einer Stauanlage sie nur mit Genehmigung der Wasserpolizeibehörde beseitigen und er ist verpflichtet, die bauliche Einrichtung der Stauanlage und ihre Zubehörungen, solange die Anlage besteht, in ordnungsmäßigem Zustand zu erhalten, so daß insbesondere keine Verschwendung des Wassers zum Nachteil andrer Berechtigter stattfindet.

Von Bedeutung für die Industrie ist auch die Vorschrift, daß die Genehmigung zum Gebrauch eines Wasserlaufs zu Triebwerkszwecken nicht den Verbrauch von Wasser umfaßt, vielmehr nur das Recht gibt, das in der Stauanlage gesammelte Gefälle zu benutzen; der Unternehmer ist dabei verpflichtet, das ankommende Wasser in den Wasserlauf nach unten wieder abzuführen.

Die Ausführung und der Betrieb von Talsperren, Stauwehren und sonstigen Sammelbecken größerer Art steht unter staatlicher Aufsicht. Die Staatsbehörde kann dem Unternehmer die Vornahme derjenigen Sicherheitsmaßregeln aufgeben, die nach ihrem Ermessen zum Schutze der unterhalb liegenden Grundstücke und Baulichkeiten notwendig sind.

IX. Enteignung.

Im Wege der Enteignung kann für wasserwirtschaftliche Unternehmen in Anspruch genommen werden:

die Entziehung oder Beschränkung von Grundeigentum oder Rechten am Grundeigentum, sowie, was neu ist,

die Beseitigung oder Beeinträchtigung von Rechten zur Benutzung oder Veränderung eines Wasserlaufs einschließlich der Quellen und unterirdischen Wasseradern.

Auf die Enteignung von Solquellen findet diese Vorschrift keine Anwendung.

Die Enteignung erfolgt im allgemeinen nach den Vorschriften des Enteignungsgesetzes vom 11. Juni 1874, doch ist zur Gewährung des Enteignungsrechts keine Königliche Verordnung erforderlich, es genügt hierzu ein Beschluß des Bezirksausschusses. Das Verfahren ist im einzelnen etwas vereinfacht.

Neben diesem Enteignungsverfahren bleiben die besonderen Enteignungsvorschriften des Bergrechts übrigens fortbestehen.

X. Wassergenossenschaften.

Der Entwurf kennt nur noch öffentliche Wassergenossenschaften; die Bildung neuer freier Wassergenossenschaften, für die auch kaum ein Bedürfnis vorliegt, auf Grund des Wasserrechts ist nicht mehr möglich; sollen derartige Organisationen geschaffen werden, so können sie fernerhin nur gemäß dem Bürgerlichen Gesetzbuch oder als Gesellschaften mit beschränkter Haftung errichtet werden.

Die Vorschriften des Entwurfs schließen sich im wesentlichen an die Bestimmungen des Wassergenossenschaftsgesetzes vom 1. April 1879 und an das Abänderungsgesetz für das Gebiet der Wupper und ihrer Nebenflüsse vom 19. Mai 1891 an.

Wassergenossenschaften können gebildet werden:

zur Benutzung und Veränderung von Wasserläufen sowie zur Reinhaltung und Unterhaltung von Gewässern,
zur Ent- oder Bewässerung von Grundstücken und zur Unterhaltung von Ent- und Bewässerungsanlagen,
zum Schutze der Ufer,
zur Anlegung, Benutzung und Unterhaltung von Sammelbecken und zur Herstellung und Verbesserung von Wasserstraßen (Flößereien) und andren Schiffahrtsanlagen.

Was insbesondere die Genossenschaften zur Anlegung von Sammelbecken anlangt, so gelten die Vorschriften des Entwurfs nur für Sammelbecken für gewerbliche Anlagen. Hier kann der Eintritt widersprechender Eigentümer der bei dem Unternehmen zu beteiligenden gewerblichen Anlagen erzwungen werden, wenn

1. das Unternehmen eine bessere Ausnutzung der gewerblichen Triebkraft von Wasserläufen oder eine bessere Ausnutzung des Wassers zu sonstigen gewerblichen Zwecken verfolgt, und
2. nur bei Ausdehnung auf die im Eigentume der Widersprechenden befindlichen gewerblichen Anlagen zweckmäßig ausgeführt werden kann, und wenn
3. die Mehrheit der Beteiligten sich für das Unternehmen erklärt hat.

Hinsichtlich solcher Unternehmungen, für die nach der Art ihres Betriebes die Anlegung des Sammelbeckens eine erhöhte Ertragsfähigkeit nicht in Aussicht stellt, findet ein Zwang zum Eintritt nicht statt.

Eigentümer gewerblicher Anlagen, die, ohne Genossen zu sein, aus den ausgeführten Genossenschaftsanlagen Vorteil ziehen, können zu Beiträgen zur Genossenschaft herangezogen werden; Eigentümer von gewerblichen Anlagen, die nach der Bildung der

Genossenschaft den Betrieb ihrer Anlage auf die Benutzung der Sammelbecken oder der aus den Sammelbecken fließenden Wasserläufe einrichten, dürfen, soweit die bessere Benutzung erst durch das genossenschaftliche Unternehmen möglich geworden ist, das Wasser nur benutzen, nachdem sie der Genossenschaft beigetreten sind.

XI. Behörden.

Im allgemeinen führen der Regierungspräsident, der Landrat und die Ortspolizeibehörde die Wasserpolizei. Durch Königliche Verordnung kann auch dem Oberpräsidenten die Wasserpolizei über Ströme und Schiffahrtskanäle übertragen werden.

Den Landräten und den städtischen Polizeiverwaltern werden als technische Berater in wasserwirtschaftlichen Angelegenheiten zu Regierungsbaumeistern befähigte Beamte des Ingenieurbaufachs beigegeben.

Für die Hochwasserflüsse, Flüsse, Kanäle, Bäche und Wassergräben können durch Polizeiverordnung Schauordnungen erlassen werden, durch die Schaukommissionen zur Beaufsichtigung dieser Wasserläufe gebildet und Bestimmungen über die Erfüllung der gesetzlichen Unterhaltungspflicht getroffen werden. Diese Bestimmungen können auch durch Strafandrohungen gesichert werden.

Den Schaukommissionen kann die Aufsicht über die Erhaltung der Vorflut, die Benutzung, Veränderung und Unterhaltung der Wasserläufe, sowie die Erfüllung der den Inhabern von Neuanlagen gesetzlich obliegenden Verpflichtungen übertragen werden. Ihre Vorsitzenden können an Stelle der sonst zuständigen Wasserpolizeibehörden mit der Ausübung einzelner Befugnisse der Wasserpolizeibehörde betraut werden, insbesondere können sie das Recht zum Erlaß wasserpolizeilicher Verfügungen erhalten.

III.

Eingaben und Rundschreiben.

1.

Der Entwurf einer Maß- und Gewichtsordnung und die Textilindustrie.

Eingabe an die **Kaiserliche Normal-Eichungs-Kommission**, Berlin.

Berlin, den 21. September 1907.

Der Kaiserlichen Normal-Eichungs-Kommission beehren wir uns, zum Entwurf einer Maß- und Gewichtsordnung das auf unsre Veranlassung von Herrn Justizrat Dr. Neisser ausgearbeitete Gutachten über die einschlägigen Verhältnisse und Wünsche der Textilindustrie ergebenst zu unterbreiten.

Wir möchten zu der von Herrn Dr. Neisser treffend als ein entscheidendes Hindernis der Eichung eines großen Teils der in der Textilindustrie üblichen Meßinstrumente dargestellten Abhängigkeit der deutschen Textilindustrie von englischem Maß und Gewicht noch besonders betonen, wie einmütig in dieser Beziehung die Anschauungen durch die ganze deutsche Textilindustrie sind.

In der Spinnerei steht in erster Linie der Umstand entgegen, daß fast alle Maschinen, Meß- und Registrierapparate auf englischem Maß und Gewicht beruhen. Selbst zahlreiche in Deutschland (elsässische Maschinenbaugesellschaft in Mülhausen) hergestellte Spinnmaschinen sind nach englischem Maß ausgeführt. Diese Maschinen, die schon in der Spinnereivorbereitung dienen, bedingen auch Anwendung des englischen Maßes, des Schnellers. Wo Garne, z. B. zum Färben und Bleichen, in Strähne gebracht werden müssen (geweifte, gebündelte Garne), erfolgt ihre Haspelung ebenfalls nach Schnellern. Der Umfang der in der Baumwollindustrie üblichen Weise wird nach englischem Maß gemessen. (Haspelumfang = $1^1/_2$ Yards = 54″ = 1,0716 m.) Die durch den Haspelumfang sich ergebende Länge ($1^1/_2$ Yards) ist ein Faden. Der Schneller zählt 7 Wiedel oder Gebinde zu je 80 Faden, also 560 Faden = 840 Yards. Da nun die Garnnummer gleich derjenigen Zahl der Schneller ist, welche auf ein englisches Pfund gehen, wird der Haspelumfang und mit ihm das englische Längenmaß in Verbindung mit dem englischen Pfund zur Grundlage der sowohl den Garnhandel als auch die Weberei beherrschenden Garnnumerierung. „Diese Garnnumerierung hat sich“, so sagt die Handels- und Gewerbekammer für Schwaben und Neuburg, „abgesehen von Elsaß und Frankreich universell durchgesetzt, insbesondere auch im überseeischen Ausland und in den englischen Kolonien. Die vielfachen Versuche zu ihrer Beseitigung sind bisher noch alle mißglückt. Aus Wettbewerbungsgründen ist es der deutschen Baumwollspinnerei nicht möglich, ohne England von der bisherigen Garnnumerierung abzugehen. Das bedingt, daß für die Berechnung des Schnellers und damit für die Berechnung des Akkordlohns im größten Teil der Spinnerei das englische Maß zunächst noch beibehalten werden muß. Die Augsburger Handels- und Gewerbekammer tritt allerdings grundsätzlich für die Einführung der metrischen Garnnumerierung ein und erklärt die jetzige, auf englischem Maß und Gewicht beruhende Titierung der Garne als einer inneren Berechtigung entbehrend. Zunächst aber hindern Wettbewerbsgründe ein einseitiges Vorgehen der deutschen Spinnerei, und wie heute die Dinge liegen, wäre eine Aenderung der Verhältnisse wohl nur von der Annahme des metrischen Maß- und Gewichtssystems in England zu erwarten.“

In gleichem Sinne betreffs der Unmöglichkeit, sich jetzt mit einem Male von den englischen Maßen usw. zu emanzipieren, äußerte sich die Handelskammer von M.-Gladbach; sie erklärt: „Eine Aenderung der zurzeit in der Baumwollspinnerei gebräuchlichen englischen Maße erscheint ausgeschlossen, weil die Spinnmaschinen nach englischen Maßen gebaut sind, besonders auch die Vorderzylinder derselben, deren Umfang für die Länge des gelieferten Fadens maßgebend ist. Eine Durchführung der Messung nach metrischem System ist so lange unmöglich, als die deutschen Spinnereien mit dem Bezug ihrer Maschinen auf England angewisen sind und nicht die fast in der ganzen Welt gebräuchliche englische Garnnumerierung im Wege internationaler Vereinbarung durch die metrische ersetzt ist. . . . Eine Einführung des metrischen Systems für Bestimmung der Garnlänge stößt auf die gleichen Schwierigkeiten wie bei den Baumwollspinnereien.“

Zur Würdigung dieser Verhältnisse muß in Betracht gezogen werden, daß, während die deutsche Eisenindustrie, mindestens die deutsche Roheisenproduktion, die englische erheblich überflügelt hat, die englische Textilindustrie noch weitaus über die ganze Erde hin voransteht. Die englische Spinnerei zählt mit etwa 40 Millionen Spindeln über viermal so viel als die deutsche; gegen vier Fünftel der Erzeugnisse der englischen Textilindustrie werden exportiert, der englische Nähfaden-Trust ist maßgebend für den Weltmarkt usw.

Im einzelnen werden die zur Maß- und Gewichtsordnung in Betracht kommenden Verhältnisse der deutschen Textilindustrie mit den sich daraus ergebenden Folgerungen in beiliegendem Gutachen dargelegt.

Die leonische Industrie hat, wie die Textilindustrie, Tagelöhne und Akkordlöhne. In der Schmelzerei, Drahtzieherei und Spinnerei erfolgt die Entlöhnung in der Regel nach Tageslohnsätzen. Die Feststellung des Stücklohnes geschieht nach der Fertigstellung des Fabrikates; stellenweise werden Teilzahlungen geleistet. Die Berechnung wird verschiedentlich je nach Art der Artikel oder nach Brauch durch Messen nach der Länge oder durch Abwägen vorgenommen. Es sind Meßstäbe und Meßbänder gebräuchlich, andre Meßwerkzeuge und Meßmaschinen sind zur Berechnung des Lohnes selten und kommen kaum in Betracht. Um das Gewicht festzustellen, bedient man sich der gewöhnlichen Balkenwagen, indem man das Gewicht entweder nach metrischen Einheiten oder nach den Gewichten des Bestimmungslandes ermittelt. Die Adjustierung der leonischen Waren findet, da sie großenteils sehr feinfädig sind und auf das Kilogramm eine Länge von 30 000 bis 120 000 m haben, vielfach in kleinen Gewichten statt, und zwar teils auf Spulen, teils in Strängen und Strängchen. Eine Anzahl Spulen oder Stränge bilden Pakete. Spulen, Strängchen und Paket müssen den üblichen Landesgewichten entsprechen.

Betreffs der Einführung der gesetzlichen Eichung des metrischen Systems liegen die Verhältnisse in der leonischen Industrie nicht ganz einheitlich. Gegen eine amtliche Eichung sträubt man sich, soweit sie überhaupt tunlich, grundsätzlich vorwiegend nicht, doch hält man überall eine fortgesetzte Kontrolle der Maße und Gewichte im inneren Betriebe für überflüssig, und verwahrt sich gegen die dadurch und durch etwaige häufige Nacheichungen entstehenden unnützen Belästigungen. Die Schwierigkeiten, welche der Durchführung der allgemeinen Wägung nach metrischem System entgegenstehen, liegen verschiedentlich darin, daß die Einheitsgewichte sich nur durch Zusammensetzen einer Anzahl Gewichtsstücke des metrischen Systems bilden lassen. Für den Export in das Ausland muß aber in Gewicht und Adjustierung auf die

Gepflogenheit des Bestimmungslandes Rücksicht genommen werden. Für England und englische Kolonien sind englische und verschiedene andre Gewichte anzuwenden, für China und Japan wieder andre, auch das Wiener und spanische Pfund kommen mit ihren Unterabteilungen vor usw. Es wird also für den Verkauf ins Ausland eine große Anzahl von Gewichtssorten gebraucht je nach der Vielseitigkeit der exportierenden Firma. Bei der Fabrikation ist es nötig, Gewichtstücke bei der Hand zu haben, welche einmal geprüft das Auslandsgewicht darstellen. Würden die Gewichte von Fall zu Fall mit metrischen Gewichten zusammengestellt, so wären häufige Irrungen unvermeidlich. Die Lohnberechnungen können natürlich nicht auf den vielerlei Gewichten aufgebaut werden. Wegen ihres Exportes ist es aber für einen bedeutenden Teil der leonischen Industrie von wesentlichem Interesse, daß ihm nach wie vor die Benutzung beliebiger Auslandsgewichte erlaubt sei, die er sich selbst beschafft. Eine amtliche Eichung bezw. fortwährende amtliche Nacheichung würde bei der Menge und Kleinheit dieser Gewichte kaum tunlich sein.

Gutachten
des Centralverbandes Deutscher Industrieller,

erstattet von Herrn Justizrat Dr. Neißer, Syndikus des Verbandes Schlesischer Textilindustrieller E. V.

Berlin, im September 1907.

Dem Reichstage ist im November 1905 seitens der verbündeten Regierungen der Entwurf einer neuen Maß- und Gewichtsordnung zugegangen, durch welchen das bisher geltende Recht in mannigfacher Hinsicht Abänderungen erfahren soll. Es ist namentlich eine Abänderung, durch die die Fabrikbetriebe, und zwar in erster Reihe die Betriebe der Textilindustrie in Mitleidenschaft gezogen werden und die in diesen Kreisen lebhafte Beunruhigung hervorgerufen hat: Während nämlich nach Art. 10 Abs. 1 der geltenden Maß- und Gewichtsordnung für das Deutsche Reich die Eichpflicht beschränkt war auf solche Maße, Gewichte und Wagen, die zum Abmessen und Abwägen im öffentlichen Verkehre Anwendung finden, ersetzt § 6 Abs. 1 des Entwurfs die Worte „im öffentlichen Verkehre" durch die Worte „im Verkehre" und bringt dadurch zum Ausdruck, daß künftighin, wie es in der Begründung des Entwurfs heißt, auch „zu dem bei Akkordarbeiten stattfindenden Messen und Wägen von Rohstoffen und Arbeitserzeugnissen zum Zwecke der Ermittelung des Akkordlohnes geeichte Meßgeräte werden benutzt werden müssen".

Die Reichstags-Kommission, der der Entwurf überwiesen wurde, hat nun zwar die Worte „im öffentlichen Verkehre" wieder hergestellt, dafür aber dem Abs. 1 des § 6 einen Abs. 2 hinzugefügt, in dem die Tendenz, die für die Akkordlohnberechnung bestimmten Maße, Gewichte und Wagen zu treffen, noch schärfer zum Ausdruck gelangt ist. Dieser von der Kommission hinzugefügte Abs. 2 lautet:

> „Auch zur Ermittelung des Arbeitslohnes in fabrikmäßigen Betrieben dürfen nur geeichte Maße, Gewichte und Wagen angewendet und bereit gehalten werden."

Allerdings wird durch Abs. 5 desselben Paragraphen der Bundesrat ermächtigt:

> für bestimmte Arten von Betrieben, sowie für den Verkehr bestimmter Arten von Waren, insbesondere für den Verkehr nach und von dem Auslande, die Anwendung und Bereithaltung solcher nicht nach den inländischen Vorschriften geeichter Meßgeräte zuzulassen, welche auf einem andern als dem metrischen System beruhen,

und § 10 erteilt noch einmal dem Bundesrate die generelle Befugnis:

> einzelne Arten von Gegenständen, die nach den Vorschriften des Gesetzes eichpflichtig sind, von der Verpflichtung zur Umeichung oder Nacheichung auszunehmen.

Allein in dieser diskretionären Befugnis des Bundesrates glaubten weite Kreise der Industrie keine genügende Sicherung vor den Schädigungen und Belästigungen erblicken zu sollen, die aus einer Ausdehnung der Eichpflicht auf die im inneren Fabrikbetrieb verwendeten Meßgeräte notwendig verknüpft sein würden.

Deshalb sind die Interessenvertretungen der Industrie im vergangenen Jahre von ihren Mitgliedern vielfach darum angegangen worden, bei den gesetzgebenden Faktoren auf eine anderweitige Gestaltung des Gesetzes und auf einen sicheren Schutz der Betriebe vor Schädigungen durch übertriebene Ausdehnung des Eichzwanges hinzuwirken.

Zwar ist nun infolge der inzwischen erfolgten Auflösung des Reichstags die Vorlage unerledigt geblieben. Es erscheint jedoch die Annahme begründet, daß sie in der Fassung, die sie durch die Kommissionsbeschlüsse erfahren hat, dem neuen Reichstage wieder zugehen wird. Auch die Normal-Eichungs-Kommission geht von dieser Annahme aus, denn sie hat im März des Jahres an eine Reihe von

Vertretungen des Handels und der Industrie einen Fragebogen versandt, um Material zur Frage der Eichung der in der Textilindustrie üblichen Meßmittel zu gewinnen und um namentlich zu erfahren, wie sich die Textilindustrie selbst zu dieser Frage stelle — entgegenkommend oder ablehnend. —

Durch dieses Vorgehen haben sich nun der Centralverband Deutscher Industrieller und eine Reihe von Handelskammern und wirtschaftlichen Verbänden der Textilindustrie veranlaßt gesehen, auch ihrerseits eine Enquete über die einschlägigen Verhältnisse in die Wege zu leiten. Mit der Verarbeitung des in reicher Fülle zur Verfügung gestellten Materials ist der Verband Schlesischer Textilindustrieller E. V. betraut worden.

Auf der Grundlage der Auskünfte von über 300 textilindustriellen Betrieben soll im nachfolgenden versucht werden:

A. darzulegen, in welcher Weise und mit welchen Hilfsmitteln in den verschiedenen Zweigen der Textilindustrie die für die Akkordlohnberechnung, den Einkauf und Verkauf erforderlichen Messungen und Wägungen vorgenommen werden;

B. zu prüfen, ob die Eichung dieser Hilfsmittel möglich und zweckmäßig wäre;

C. den Standpunkt zu entwickeln, den die Textilindustrie gegenüber dem Entwurfe einer Maß- und Gewichtsordnung notwendig einnehmen muß.

A. Die in der Textilindustrie zum Zwecke von Akkordlohnberechnung, Einkauf und Verkauf üblichen Messungen und Wägungen.

I. Baumwollenspinnerei.

1. Wolferei.

Zeitlöhnung für alle einschlägigen Arbeiten, namentlich für die Arbeiten an der Auflegemaschine, überwiegt.

Für die Schlagmaschine besteht hin und wieder Stücklöhnung, die sich bald nach der Zahl der fertigen Endwickel, bald nach dem durch Zeigerwagen festgestellten Gewicht des gelieferten Gutes, bald nach der Wattenlänge in Yards bemißt. Letztere wird durch einen an der Ausgebewalze der Schlagmaschine (Finisseur) befindlichen Tourenzähler (Caflischuhr) festgestellt.

2 Karderie.

Auch in der Karderie bildet Zeitlöhnung die Regel. Wo Akkordlohn eingeführt ist, bildet den Maßstab für seine Bemessung bald das Gewicht des Produktes, bald die Länge des Bandes, die durch Indikatoren mannigfacher Art nach englischem Maß festgestellt wird. Mitunter wird der Akkordlohn auch danach berechnet, wie häufig die Karden ausgestoßen, d. h. gereinigt werden.

3. Vorspinnerei.

In der Vorspinnerei bildet der Akkordlohn für Streckerinnen und Vorspinnerinnen die Regel. Die Helferinnen erhalten zumeist Zeitlöhnung. Die Akkordlohnberechnung erfolgt auf Grund der Längenmaße des gelieferten Vorgarnes, und zwar mit Ausnahme einiger elsässischer Spinnereien nach englischem Maße.

Die Feststellung dieser Länge erfolgt bei den weit überwiegend gebrauchten englischen Strecken und Flyern durch sogenannte Hanksuhren; das sind Indikatoren, die durch Zahnrad- und Schneckensysteme mit dem Ablieferungszylinder verbunden sind und dessen Umdrehungen registrieren. Am weitesten verbreitet sind die nach Ormes System.

Bei elsässischen und schweizerischen Flyern wird der Zähler, (Compteur) von den Spindeln angetrieben. Er registriert die Spindeltouren.

Hin und wieder, namentlich im Elsaß, wird der Lohn der an den Strecken beschäftigten Arbeiter auch nach dem Kilogramm des Produktes der Grobspulbank berechnet, das durch geeichte oder doch eichungsfähige Wagen ermittelt wird.

4. Feinspinnerei und Zwirnerei.

Auch in der Feinspinnerei überwiegt bei weitem die Akkordlöhnung; während aber in der Vorspinnerei das Längenmaß der Produkte regelmäßig die Grundlage der Lohnberechnung bildet, stützt sich die Lohnberechnung der Feinspinnerei häufiger auf das metrische Gewicht des gesponnenen Garnes.

Wo die Länge maßgebend ist, wird sie festgestellt:

a) bei Selfaktoren durch Indikatoren an der Auszugswelle, welche die Zahl der Auszüge registrieren, aus der sich dann in Verbindung mit Auszugslänge und Spindelzahl die Garnlänge ergibt;

b) in der Ringspinnerei durch Uhren, die, wie in der Vorspinnerei, die Umdrehungen des Ablieferungszylinders zählen.

In der Zwirnerei findet man Zeitlöhnung sehr häufig. Wo Akkordlöhnung besteht, bildet das metrische Gewicht des Produktes oder auch die Zahl der Bündel, à 10 Pfund englisch, die Grundlage der Lohnberechnung.

5. Weiferei.

Hier kommt Zeitlohn wohl überhaupt nicht vor. Der Akkordlohn richtet sich entweder nach metrischem Gewicht des geweiften Garnes oder — bei weitem häufiger — nach dessen Länge in englischen Einheiten.

Meßapparat ist hier die Weife selbst, die regelmäßig einen Umfang von 1 1/2 Yard besitzt. 560 Umgänge = 840 Yard bilden einen Hank (auch Schneller oder Zahl genannt).

Da der Hank auch die Grundlage der englischen Numerierung für Baumwollengarne bildet, insofern als die Nummer angibt, wieviel Hanks auf ein englisches Pfund gehen, so stellt auch bei Entlohnung nach englischem Gewicht in Wahrheit die Länge die Bemessungsgrundlage dar. Denn dieses Gewicht wird nur in den seltensten Fällen durch Wägung, in der Regel vielmehr theoretisch ermittelt, indem man die Hankzahl durch die Garnnummer dividiert.

Die Garnlänge wird durch eine Multiplikation des Umfangs der Weife (Haspel) mit der Zahl der Umgänge ermittelt.

Die Zahl der Umgänge registriert ein Zählapparat, der zugleich die Weife nach einer bestimmten Anzahl von Umgängen selbsttätig abstellt.

6. Spulerei.

Hier ist Akkordlohn nach metrischem Gewicht des gelieferten oder übernommenen Garnes die allgemeine Regel.

Die Abwägung erfolgt auf zumeist geeichten Dezimalwagen.

7. Packerei.

Auch in der Packerei, bei welcher neben Zeitlöhnung Akkordlöhnung vielfach vorkommt, bildet das Gewicht des gepackten Gutes häufig die Grundlage der Lohnberechnung. Mitunter ist die Bündelanzahl maßgebend.

8. Ein- und Verkauf.

Baumwolle wird nach Gewicht eingekauft und regelmäßig schon im Hafen verwogen. In der Spinnerei findet mitunter eine Kontrolle durch geeichte Brückenwagen statt.

Beim Garnverkauf muß unterschieden werden zwischen Copsgarn und Kreuzspulengarn auf der einen Seite, Bündelgarn und Warps auf der andern Seite.

Erstere werden nach metrischem Gewicht verkauft und zu diesem Zwecke auf zumeist geeichten Wagen (sehr häufig Laufgewichts-Brückenwagen) abgewogen.

Letztere werden nach englischem Gewicht verkauft; wie oben erwähnt, gibt dieses die Weife (bezw. bei Warps die Meßvorrichtung an der Schermaschine) schon selbsttätig her. Es erfolgt aber zumeist noch eine Kontrollwägung auf Tafelwagen, die vielfach auf englisches Gewicht eingestellt sind.

9. Vorgarn- und Garnnummer-Kontrolle.

In allen Stadien der Fabrikation wird das Produkt zum Zwecke der Beurteilung seiner Nummer (Feinheit = Länge durch Gewicht) und zur Kontrolle, ob die Maschinen richtig funktionieren, einer Prüfung durch Längen- und Gewichtsmessungs-Apparate unterzogen. Das Produkt aus der Schlagmaschine kommt auf eine Federwage. Das Vorgarn wird auf einer Yardrolle abgehaspelt und dann auf einer Neigungswage gewogen. Das fertige Copsgarn kommt auf Probeweifen von $1^1/_2$ Yard Umgang, die nach einer bestimmten Anzahl Umdrehungen ein Glockenzeichen geben; dann wird es auf einer Wage irgendwelchen Systems abgewogen. Bei Bündelgarnen erübrigt sich natürlich die erste Manipulation des Abhaspelns, weil das Bündel ja schon eine bestimmte Länge darstellt. Sehr zahlreiche Systeme solcher Haspel- und Sortierwagen sind im Gebrauch; vielfach ist das Längen- und Gewichtsmaßinstrument kombiniert. Alle diese Instrumente sind auf englisches Maß und Gewicht eingestellt und müssen es sein, da sie zur Feststellung der englischen Nummer dienen soll.

II. Flachs-, Werg-, Hanf- und Jute-Spinnerei.

1. Hechelei.

In der Hechelei besteht bald Zeitlohn, bald Akkordlohn.

Letzterer richtet sich je nach dem Stadium der Arbeit, entweder nach dem Gewicht des Rohflachses oder nach dem Gewicht des gehechelten Produktes. Das Gewicht wird auf metrischen Wagen festgestellt.

In einzelnen Betrieben tritt an Stelle dieses Akkordlohn-Maßstabes die Anzahl der Handvoll Flachses, die in die Kluppen der Hechelmaschine eingespannt werden. Ein mit der Maschine verbundenes Kluppenzählwerk registriert diese Zahl.

2. Wergreinigung.

In der Wergreinigung (Wolferei, Krempelei) besteht vielfach Zeitlöhnung. Nur in der Hanfwerg-Krempelei bildet Akkordlöhnung die Regel. Berechnungsgrundlage ist hier entweder das auf Wagen ermittelte Gewicht des Produktes oder häufiger die Zahl der Kannen oder Kardenstrecktöpfe, die die Maschine abliefert. Jede Kanne enthält ein Band von bestimmter Länge. An der Ablieferungswalze der Karde befindet sich ein automatischer Meßapparat, welcher die Umdrehungen zählt und ein Glockenzeichen ertönen läßt, sobald die Kanne die richtige Füllung erhalten hat. Nach der Zahl dieser sogenannten Klingellängen wird dann der Akkordlohn berechnet.

Auch in der Flachswerg-Krempelei gibt es solche Meßapparate, die anzeigen, wann die Kannen gefüllt sind. Sie haben aber, soweit uns bekannt, mit der Lohnberechnung nichts zu tun. Sie dienen nur technischen Fabrikationszwecken, namentlich zur Feststellung des Ansatzgewichtes.

In der Hanfwerg-Spinnerei werden die Kannen dann in der Regel noch auf ungeeichten Schnellwagen abgewogen. Allein hier steht die Wägung außer Zusammenhang mit der Akkordlohnberechnung. Sie dient nur dazu, den Kanneninhalt zu kontrollieren, um der Vorspinnerei die richtige Bandstärke zuzuführen.

3. Vorspinnerei.

Auch in der Vorspinnerei überwiegt die Zeitlöhnung. Daneben kommt Akkordlöhnung nach Länge des produzierten Vorgarnes vor. Diese wird durch Tourenzähler, die die Umdrehungen des Vorspinnzylinders oder der Hauptwelle registrieren, ermittelt oder auch nach der Zahl der Abzüge bemessen.

Aehnlich ist die Praxis in der Jutespinnerei. Hier ertönt nach einer bestimmten Anzahl Umdrehungen des Ablieferungszylinders die Spyndleclock. Aber vielfach kommt auch Akkordlohnberechnung nach metrischem Gewicht des erzeugten Vorgarnes vor.

4. Feinspinnerei und Weiferei.

Hier bildet, wo nicht Zeitlöhnung besteht, die Fadenlänge die Grundlage der Lohnberechnung.

Die Spinnrollen werden auf der Weife (Haspel) abgehaspelt, deren Umfang in Flachs- und Jutespinnerei $2^1/_2$ Yard beträgt und deren Umgänge, ähnlich wie in der Baumwollenspinnerei, durch eine Zählvorrichtung registriert und unterbrochen werden.

In der Jutespinnerei überwiegt der Akkord nach metrischem Gewicht des Gespinstes.

5. Spulerei, Knäuelei und Packerei.

Hier wechselt Zeitlohn mit Akkordlohn nach Gewicht, Pack- oder Schockzahl.

6. Ein- und Verkauf.

Der Einkauf von Flachs, Werg, Hanf und Jute erfolgt nach metrischem Gewicht.

Flachs- und Hanfgarn werden nach Pack oder Schock, also nach englischem Maß, das durch die Weife hergegeben wird, verkauft. Auch Jutegarne werden englisch numeriert, aber zumeist nach metrischem Gewicht verkauft.

6. Garnnummer-Kontrolle.

Diese geschieht wie in der Baumwollenspinnerei.

III. Streichgarnspinnerei.

Im allgemeinen ist Zeitlöhnung üblich.

In der Wollsortierung, Feinspinnerei und Zwirnerei findet sich Akkordlöhnung nach metrischem Gewicht der sortierten Wolle bezw. des gesponnenen oder gezwirnten Garnes.

Ein- und Verkauf erfolgen nach metrischem Gewicht. Die Numerierung ist in den einzelnen Landesteilen sehr verschieden, die Nummernkontrolle erfolgt in der üblichen Weise durch Haspel und Wagen verschiedener Konstruktion.

IV. Wollkämmerei und Kammgarnspinnerei.

In der Wollsortierung ist neben Zeitlöhnung Akkordlöhnung nach Zollgewicht der sortierten Wolle üblich. Die Wagen sind überall geeicht.

In der Wäscherei kommt neben reiner Zeitlöhnung auch eine Kombination mit Akkordlöhnung nach Gewicht vor.

Auch in der Kämmerei überwiegt Zeitlöhnung. Selten findet sich Akkordlöhnung nach metrischem Gewicht von Zug Kämmlingen.

In der Vorbereitung ist Zeit- und Akkordlöhnung üblich. Der Akkord richtet sich in einigen Etablissements nach dem metrischen Gewicht des Vorgarnes, wobei natürlich je nach der Nummer verschiedene Sätze bezahlt werden. 25 Kilogramm werden auf einmal abgewogen, Holzspulen und Holzkasten, in denen sich die Spulen befinden, werden als Tara abgezogen. Seltener richtet sich der Akkordlohn nach der durch Zähler an der Maschine festgestellten Vorgarnlänge.

Ebenso liegen die Verhältnisse in der Feinspinnerei und Zwirnerei, nur daß, soweit uns bekannt, Akkord nach Garnlänge nirgends üblich ist.

In der Spulerei und Packerei besteht allgemein Zeitlöhnung. In der Weiferei überwiegt Akkordlöhnung, bald nach metrischem Gewicht des gesponnenen Garnes, bald nach Längeneinheiten (in der Regel 500 Meter), die nach Haspelumfang und Umdrehungszahl wie in den andern Zweigen der Spinnerei und durch ähnliche Meßvorrichtungen festgestellt werden.

Dasselbe gilt von der Aufmachung für den Einzelverkauf bei Strick- und Zephyrgarnen.

Ein- und Verkauf von Wolle, Kammzugkämmlingen und Garn erfolgt nach Gewicht in metrischen Einzelheiten. Hier sind wohl überall geeichte Dezimalwagen üblich. Zur Gewichtskorrektur beim Verkauf bestehen Konditionsapparate.

Die Garnnummer wird durch Meterrolle oder Sortierhaspel und Neigungswage festgestellt. Die Numerierung beruht auf metrischer Grundlage. Die Nummer gibt an, wieviel Meter auf ein Kilogramm gehen.

V. Weberei.

1. Vorarbeiten.

In der Spulerei ist Zeitlöhnung wenig üblich, Akkordlöhnung überwiegt bei weitem. Die Grundlage der Lohnberechnung bildet weitaus am häufigsten die Anzahl der Längeneinheiten, wie sie die Spinnerei bereits eingeteilt liefert, also die Stück-, Strähn- oder Schockzahl der zum Spulen ausgegebenen Garne. Nur in der Thrustlecops- und Jutegarn-Spulerei wird das fertiggespulte Garn auf metrischen Wagen abgewogen und danach der Spulerlohn berechnet. Vielfach sind hier Schnellwagen, ähnlich den von der Paketpost gebrauchten, üblich.

Auch in der Schlichterei und Kettenschererei (Zettelei) überwiegt die Akkordlöhnung, obwohl hier, namentlich in der Schlichterei, auch häufig Zeitlöhne gezahlt werden. Der Akkordlohn wird nach Länge und Anzahl der geschlichteten bezw. gescherten Ketten bemessen. Meßinstrument ist der Scherrahmen selbst, der einen bestimmten Umfang hat und dessen Umgänge durch ein Differentialzahngetriebe automatisch registriert werden. Diese Meßapparate können durch Auswechseln von Zahnrädern auf verschiedene Stücklängen eingestellt werden und sind häufig mit einer Einrichtung versehen, vermöge deren sie das Ende der einzelnen Stücke durch ein Zeichen markieren, „schmitzen"; — ein durch ein Schneckengetriebe bewegter Stempel markiert die Kettfäden an einer Seite mit roter Farbe. — Sowohl metrisches als auch englisches Längenmaß kommen vor.

Aber auch andere Bemessungssysteme des Akkordlohns findet man. Bald bildet das Längenmaß des zum Scheren ausgegebenen Garnes — durch die Spinnerei festgestellt —, bald das Gewicht der gescherten Ketten die Grundlage der Berechnung.

In der Stärkerei findet sich abwechselnd Zeitlöhnung und Akkordlöhnung nach der Zahl der gelieferten englischen Maßeinheiten.

2. Eigentliche Weberei.

Ausnahmslos besteht für die Tätigkeit des Webers Akkordlöhnung, und einen Faktor der Lohnberechnung bildet überall die Länge des Gewebes. Die Ermittlung dieser Länge aber geschieht auf sehr mannigfaltige Weise.

Vielfach ist die Länge der Kette, wie sie von der Schlicht- oder Schermaschine festgestellt und markiert ist (siehe oben), auch für den Weberlohn maßgebend.

In andern Webereien bildet die Schußzahl die Berechnungsgrundlage. In der Jacquardweberei läßt sich diese durch die Zahl der Jacquardkarten mathematisch exakt ermitteln, bei andern Arten der Weberei kennt man besondere Schußzähler am Webstuhl, die durch das Zahnradgetriebe des Stuhls in Bewegung gesetzt werden. (Webstuhluhr von M. Schneider in Schwenningen a. N.)

In sehr vielen Betrieben aber erfolgt zum Zwecke der Lohnberechnung eine besondere Nachmessung des fertigen Gewebes (die übrigens zu Verkaufszwecken auch dann zu geschehen pflegt, wenn der Akkordlohn auf andrer Grundlage festgestellt wird).

Eine fast unübersehbare Mannigfaltigkeit von Meßwerkzeugen ist im Gebrauch, von dem einfachen Meterstab oder Meterbandmaß bis zur kompliziertesten Maschine.

Sieht man von den einfachen Handmaßen und von den nicht minder einfachen Meßtischen, über die die Ware gezogen wird, ab, so lassen sich im ganzen und großen zwei Typen unterscheiden, je nachdem die Ware in Lagen von bestimmter Faltenlänge gefaltet, „gelegt“ oder aber gewickelt, gerollt wird.

Das primitivste Meßinstrument des ersten Typus, das aber noch häufig im Gebrauch ist, ist die Meßlatte, ein Holzgestell, an dem sich zwei eiserne Arme in bestimmtem Abstand befinden. An den Armen hängen Messingplättchen mit Häkchen, die die hin- und hergelegte Ware an der Falte festhalten.

Eine vervollkommnete Meßlatte mit mechanischem Antrieb ist die Meß- und Legemaschine mit geradem oder gewölbtem Tische, bei welchem ein hin- und herschwingendes Doppellineal die Ware in Lagen von bestimmter Länge zwischen Gummiwalzen oder mit Nadeln versehene Körper preßt. Solche Maschinen werden namentlich bei schmaler und mittelbreiter Ware gebraucht.

Bei breiter Ware verwendet man die ähnlich wirkenden Rektometer.

Für Rollenwaren dagegen gibt es Meßvorrichtungen, die mit der Wickelmaschine verbunden sind Die Ware passiert ein entweder selbsttätig sich bewegendes oder durch Reibung in Bewegung gesetztes Walzenpaar. Die Anzahl der Umdrehungen der Meßwalze wird automatisch registriert.

Aehnlich wirkende Meßvorrichtungen für alle Arten von Geweben werden auch ohne Verbindung mit Wickelmaschinen als selbständige Apparate konstruiert. Die Ware wird unter ihnen durch über eine Fläche — einen Passiertisch oder dergleichen — manuell oder maschinell geführt und setzt dabei durch Reibung ein geriffeltes Meßrad oder Meßräderpaar in Bewegung, das durch eine Achse mit einem Uhrwerk in Verbindung steht. Vielfach wird hierbei die Ware zu gleicher Zeit auf Webfehler und dergleichen geprüft. Die Unterlagefläche ist dann der Schautisch des Warenübernehmers. Solche Meßräder sind namentlich bei bunter Ware und bei breiten Leinengeweben im Gebrauch.

Damit ist aber die Zahl der mechanischen Meßvorrichtungen für Gewebe noch lange nicht erschöpft.

Sowohl die Meß- und Legemaschinen als auch die Walzenmeßvorrichtungen und Meßräder werden in den meisten Betrieben auf korrekte Messung durch Stichproben, bei denen Nachmessung durch Rektometer oder Meterstab erfolgt, kontrolliert.

Meß- und Passiertische sind hin und wieder mit eingelegtem geeichtem Meterstabe versehen. Auch bei Meßwalzen findet man — allerdings selten - eingelegte stählerne Bandmaße.

In der Tuchfabrikation findet sich vereinzelt auch Akkordlohnberechnung nach dem metrischen Gewichte des dem Weber zugewogenen Schusses.

3. Ausrüstung.

Für Stärken, Walken, Mangeln, Kalandern, Bleichen, Sengen, Scheren (Croppen), Beateln und Legen bestehen überwiegend Zeitlöhne. In der Näherei, Nopperei, Knoterei, Säumerei überwiegt Akkordlöhnung. Maßgebend ist bald die von der Weberei festgestellte Gewebelänge, bald die Stückzahl (bei Taschentüchern, Säcken oder dergl.).

4. Ein- und Verkauf.

Beim Einkauf findet häufig eine Kontrolle der vom Spinner gelieferten Garne durch Probehaspeln und Wagen statt.

Für den Verkauf ist die Länge maßgebend, die, wie oben dargelegt, ermittelt wird. Um dem Käufer die Kontrolle der Stücklänge und den Verschnitt zu erleichtern, ist es vielfach üblich, papierne mit metrischer Maßeinteilung versehene Maßbänder in die Ware einzulegen. Die Wickelmaschine besorgt dies selbsttätig. (Patent Stephan-Crimmitschau.)

Da diese Papierbänder leicht verrutschen, wird bei dicker Ware (Möbelstoffe und dergl.) neuerdings der gleiche Zweck auf anderm Wege erreicht. Die Wickelmaschine stanzt in metrischen Längenabständen automatisch in den Rand der Gewebe kleine mit laufender Nummer versehene Messingmarken.

Die meisten Gewebe werden nach Metermaß gehandelt. Hin und wieder kommen ausländische oder ältere partikulare Längenmaße (Leipziger Ellen oder dergl.) zur Anwendung.

VI. Veredelung.

Bleicherei, Färberei, Appretur.

In der Leinengarn-Bleicherei ist für die wesentlichen Arbeiten Akkordlöhnung üblich. Für eine „Partie" von in der Regel 12 ½ Zentnern wird ein fester Satz bezahlt, in den sich die Arbeiter nach bestimmtem Verhältnisse teilen. Dezimalwagen sind üblich.

In der Stückbleicherei bildet Akkordlöhnung die Ausnahme. Wo sie besteht, wird der Lohn häufig nach der durch Meßräder ermittelten Länge der gebleichten Ware berechnet.

In der Garnfärberei und Appretur ist bald Zeitlöhnung, bald Akkordlöhnung nach der in der Spinnerei festgestellten Zahl der englischen Pfunde, bald eine Kombination beider Löhnungsarten üblich.

In der Stückfärberei besteht weit überwiegend Zeitlöhnung. Hin und wieder findet man Akkordlöhnung nach Maßgabe der von der Weberei festgestellten Meterzahl der Ware.

In der Mangelei, Kalanderei, Beatelei, Zeichenschneiderei, Stücknäherei wird in der Regel Akkordlohn nach Anzahl der Stücke bezahlt.

Zur Berechnung der Appreturlöhne in den Lohnappreturen wird die Ware auf der Meß- und Legemaschine gemessen.

VII. Verschiedene Zweige der Textilindustrie.

In der Kunstwollfabrikation pflegt nur für die Lumpensortiererei Akkordlohn gezahlt zu werden. Der Lohn richtet sich nach metrischem Gewicht des sortierten Materials.

In der Wäsche, Karbonisierung, Färberei, Reißerei ist Zeitlöhnung üblich.

In der Wollwarenfabrikation (Wirkerei, Knüpferei, Stickerei) besteht vorwiegend Akkordlöhnung, und zwar für die Spulerei nach Bündel-Garn oder Gewicht vor dem Spulen, für die Schererei der Kettenbäume (die in der Wirkerei Haspeln genannt werden), nach Haspelumdrehungen (Haspelumfang: in der Regel 4 Ellen), die registriert werden, in der Weberei und Stickerei nach dem Dutzend der gefertigten Stücke, in der Wirkerei nach dem auf Tafelwagen ermittelten metrischen Gewicht der fertigen Ware.

In der Teppichweberei werden den Spulern und Bäumern Akkordlöhne nach dem Gewicht des ausgegebenen Materials, den Webern solche nach laufendem Meter oder Quadratmeter der Teppichware, die auf geeichten Meßtischen gemessen wird, gezahlt.

In der Teppichknüpferei wird der Akkordlohn nach der Anzahl der eingeknüpften Schlingen bemessen.

In der Gardinenfabrikation besteht Akkordlöhnung, und zwar für die Spulerei und Bleicherei nach den von der Spinnerei abgeteilt gelieferten englischen Pfunden, für die Näherei nach Originalrollen Einfaßband à 550 Meter, für die Weberei nach gearbeiteten Racks, die durch einen am Webstuhl befindlichen Rackzähler festgestellt werden, für das Tambourisieren und Benähen der Gardinen nach der durch Stückzähler ermittelten Zahl der Stiche, für das Legen und Packen nach Stückzahl.

In der Verbandstoffabrikation wird der Lohn nach Stückzahl berechnet.

Verbandwatte in kleinen Packungen wird für den Verkauf auf nicht geeichten kleinen Hebelwagen abgewogen.

In der Chenillenzwirnerei wird der Akkordlohn per Kilo des Produktes berechnet.

B. Die Erstreckung des Eichzwanges auf die Meß- und Wägegeräte der Textilindustrie.

Für einige Haupttypen der in der Textilindustrie verwendeten Meß- und Wägegeräte soll die Frage nach Möglichkeit und Zweckmäßigkeit der Eichung im folgenden geprüft werden. Eng damit zusammen hängt das Problem der einheitlichen Durchführung der Messung und Wägung nach metrischem System. Diesem sind einige Ausführungen am Schlusse dieses Abschnittes gewidmet.

1. Die Indikatoren an den Vorspinn-, Spinn- und Zwirnmaschinen.

Die Funktion der an den Schlagmaschinen, Karden, Strecken, Flyern und Ringmaschinen usw. befindlichen Zähluhren beruht, wie oben dargelegt, auf Umfang und Umdrehungszahl des Ablieferungszylinders. Ob bei diesen Zylindern, deren Durchmesser nur $^3/_4$ bis $1\,^1/_2$ Zoll englisch, das ist 19 bis 38 mm, zu betragen pflegt, und die überdies kanneliert, d. h. mit Längseinschnitten versehen sind, die Anbringung von Eichmarken technisch möglich ist, mag dahingestellt bleiben. Daß aber die Eichpflicht hier zu den größten Störungen im Fabrikbetriebe führen müßte, liegt auf der Hand. Die Zylinder unterliegen einer steten Abnutzung und müssen häufig abgeschliffen oder anderweitigen Reparaturen unterzogen werden. Durch das Abschleifen wird der Umfang leicht über die zulässige Fehlergrenze hinaus verändert. Bei der Reparatur können die Eichzeichen leiden. Sollte in solchen Fällen der Zylinder immer zur Nacheichung an die Eichstelle geschickt werden? Zudem werden die Zylinder zu $^{9}/_{10}$ in England hergestellt und auch die Reparaturen müssen vielfach dort vorgenommen werden.

Man wird verständigerweise solche Belästigungen dem Fabrikbetriebe doch nur dann zufügen wollen, wenn durch die Eichung irgendwelcher Zweck erreicht werden könnte. Aber das Gegenteil ist der Fall Denn die Wirkung des Zählwerkes beruht doch nicht nur auf dem Umfang des Zylinders, sondern ebenso auf der Funktion des Zahngetriebes. Die Veränderung der Zähnezahl eines Rädchens verändert das ganze Resultat. Wollte man aber auch die Zahnräder eichen, welche Gewähr für die Zuverlässigkeit des Messungsendeffektes würde damit geschaffen sein angesichts der Tatsache, daß doch die Zahnräder auswechselbar sind und sehr häufig ausgewechselt werden müssen? Endlich aber: In die Längseinschnitte der Walzen legt sich je nach Qualität des Materials mehr oder weniger Watte hinein, so daß dann auch mehr oder weniger Länge zur Ablieferung kommt. Das spielt ebensowenig, wie die Abschleißung der Zylinder bei der Spinnerei und Akkordberechnung eine Rolle, wo mit viel größeren Abweichungen durch Temperatur, Feuchtigkeit usw. zu rechnen ist. Aber der Wert einer Eichung würde doch durch diese das Meßresultat weit über die zulässigen Fehlergrenzen hinaus alterierenden Umstände vollständig illusorisch werden.

2. Die Weifen und Haspeln.

Die Eichung der Haspelkrone ist schon um deswillen technisch unausführbar, weil diese, um das Garn abnehmen zu können, zum Zusammenlegen eingerichtet sein muß und weil es kaum möglich ist, beim jedesmaligen Aufstellen genau wieder das alte Maß zu erreichen, weil sich ferner unter dem Einflusse der Temperatur und des Feuchtigkeitsgehalts der Garne ihr Umfang jeweilig verändert.

Allein auch hier muß in erster Linie auf die völlige Unnützlichkeit der Eichung nachdrücklich hingewiesen werden.

Zunächst besitzen die Maschinen keine automatische Abstellung bei Fadenbruch, sondern sie machen dann noch 1 bis 3 weitere Umdrehungen. Daher können die Strähne doch keine gleiche Länge erreichen, wenn man auch, um die Differenzen möglichst auszugleichen, das Zählrad, wie es häufig geschieht, mit 122 oder 123, anstatt mit 120 Zähnen versieht.

Ferner aber wird das Garn, das auf die Weife gelangt, übereinander gewickelt; nur der innere Garnring entspricht dem Weifenumfang, der äußere ist natürlich länger. Eicht man also den Weifenumfang, so sichert man damit noch keinesfalls die Uebereinstimmung der auf der Zähluhr angegebenen mit der wirklichen Länge. Und ein solches Ergebnis kann man auch nicht etwa dadurch erreichen, daß man durch die Eichung ein mittleres Durchschnittsmaß der Garnringe festlegt; denn dieses würde nur für eine bestimmte Garnnummer zutreffen, aber sofort unrichtig werden, wenn Garn von andrer Stärke geweift wird. In ein und derselben Spinnerei aber werden häufig Garne erzeugt, von denen das gröbste 24mal so stark ist wie das feinste.

Endlich aber würde der Wert einer Eichung auch deswegen illusorisch sein, weil die wechselnde Umlaufsgeschwindigkeit mit ihren zentrifugalen Einflüssen ein Variieren der Garnlänge bedingt.

3. Meßapparate an Schlicht- und Schermaschinen.

Diese müssen auf verschiedene Stücklängen verstellbar sein, damit das Stück, wenn es vom Stuhl kommt, der Normallänge entspricht. Denn die Waren arbeiten sich verschieden ein und die Ketten erfahren je nach Qualität und Bindung verschiedene Dehnung. Die Verstellung geschieht in der Regel durch Auswechslung von Zahnrädern. Eine Eichung wird hierdurch ausgeschlossen, wäre aber auch schon um deswillen zwecklos, weil das Garn je nach Qualität und Stärke geleitet, so daß also der mathematische Umfang des Scherrahmens, der doch allein geeicht werden könnte, zu der wirklichen Kettenlänge nicht in einem immer gleich bleibenden Verhältnisse steht.

4. Meß- und Legemaschinen.

Bei Meß- und Legemaschinen gewöhnlicher Konstruktion und ähnlichen Apparaten, die die Waren in Lagen falten, stehen der Einlegung geeichter Maße in dem geraden oder gewölbten Unterlagstisch technische Schwierigkeiten kaum im Wege. Allein diesen Maßstäben würde eine lediglich dekorative Bedeutung zukommen. Denn auch für die Meßmaschinen gilt das oben Gesagte: sie müssen verstellbar sein, nicht nur, um die Einschaltung verschiedenen Maßes den Wünschen der Kundschaft entsprechend zu gestalten, sondern auch weil sie je nach Elastizität, Stärke und Reibungskoeffizient des Gewebes verschieden reguliert werden müssen, damit eine vorgeschriebene Stücklänge erzielt wird. Es besteht also zwischen der Längengröße desjenigen Maschinenteils, der allein eichungsfähig ist, und zwischen derjenigen Längengröße, die gemessen werden soll, gar kein konstantes Verhältnis. Um dieselbe Warenlänge zu erhalten, muß die Maschine bei verschiedenen Warengattungen verschieden eingestellt werden, und die richtige jedesmalige Anpassung der Maschine an die Eigenart des Gewebes wird nur durch die Erfahrung gelehrt und durch beständige sorgfältige Nachprüfung und Nachmessung gesichert; die Eichmarken am Tisch aber bringen dabei nicht den geringsten Nutzen. Ganz im Gegenteil könnte die Eichung nur schädlich wirken, da sie leicht zu dem Irrtum verführen würde, daß das geeichte Instrument geeignet sei, objektive und zuverlässige Feststellungen zu ermöglichen.

5. Walzenmeßmaschinen für Gewebe.

Was von den Meß- und Legemaschinen gilt, trifft im allgemeinen auch für die Meßtrommeln und Meßwalzen zu; nur daß hier der Zweck der Eichung noch durch den weiteren Umstand vereitelt wird, daß zwischen der Länge des geeichten stählernen Bandes, welches in den Umfang der Meßwalze eingelegt ist und dem Umfang des tatsächlich messenden Körpers fast immer mehr oder weniger erhebliche Differenzen bestehen werden. Denn diese Meßwalzen pflegen, um ein Gleiten der Ware zu verhindern, mit rauhem Tuch, Plüsch oder dergl. überzogen zu sein. Da nun dieser Ueberzug sich naturgemäß sehr rasch abnützt und häufig erneuert werden muß, so wird der tatsächliche Walzenumfang bald kleiner, bald größer sein als der des Stahlbandes.

6. Meßräder.

Meßräder dürften schon aus technischen Gründen gar nicht eichfähig sein. Was sollte bei ihnen geeicht werden? Die Peripherie der geriffelten Laufräder, oder das Schneckenrad, oder die Zahnräder, oder das Zifferblatt, oder alles zusammen? Allein, wenn selbst eine Prüfung des gesamten Mechanismus auf korrektes Funktionieren, die ja vielleicht vorgenommen werden könnte, als unter den Begriff der Eichung fallend erachtet werden könnte, so wäre doch eine solche Vornahme bei allen denjenigen Apparaten ausgeschlossen, die nicht selbständig, sondern nur in Verbindung mit andern Maschinenteilen funktionieren und in ihrer Konstruktion der übrigen Maschinerie angepaßt sein müssen. Denn es wäre doch wohl nicht angängig, die ganze Textilmaschine vor der Aufstellung zwecks Prüfung und Stempelung an die Eichstelle zu schaffen.

7. Wagen.

In der Textilindustrie sind vielfach neben geeichten oder doch eichungsfähigen Wagen auch solche üblich, bei denen das Gewicht durch den Neigungswinkel eines Hebelsystems ermittelt wird, sowie solche, deren Wirkungsweise auf der Elastizität von Federn beruht. Insoweit diese Neigungs- und Federwagen nur zur Kontrolle der Vorgarn- oder Garnnummer oder des Kämmlingsverhältnisses oder sonst für rein technische Fabrikationszwecke verwendet werden, käme ja eine Eichpflichtigkeit überhaupt nicht in Betracht. Allein nicht selten, und zwar in Fällen, wo Genauigkeit hinter Geschwindigkeit zurückgestellt werden muß, werden derartige, sogenannte Schnell- oder Patentwagen daneben auch für andre Zwecke gebraucht, oder vielmehr: die durch diese Wagen erzielte Gewichtsfeststellung wird zwar in erster Linie technischen Fabrikationszwecken dienstbar gemacht, bildet aber auch zugleich die Grundlage für die Akkordlohnberechnung. Da Zeitersparung das Lebenselement des Großbetriebes bildet, kann auf die Benutzung solcher Wagen nicht verzichtet werden, zumal sie vermöge ihrer bequemen Handhabung - rasche Ablesung einer deutlichen Skala — in Wahrheit einen viel größeren Schutz gegen Irrtümer bieten als die eichfähigen Wagen, die zwar auf das Milligramm genau wiegen, dafür aber auch sehr große Anforderungen an die Aufmerksamkeit des bedienenden Personals stellen. Was der Paketpost recht ist, sollte doch auch der Industrie billig sein.

Wie geringer Wert im übrigen der absoluten Präzision des Wägeinstrumentes im inneren Fabrikbetrieb vielfach zukommt, mag aus folgenden Ausführungen des Leiters einer sehr bedeutenden Kammgarnspinnerei entnommen werden:

„Infolge von Witterungseinflüssen ist der Gehalt von hygroskopischem Wasser sowohl in der Rohwolle wie in den Fabrikaten manchmal schon von einem Tage zum andern wechselnd, denn diese Produkte (Rohwolle und Kämmlinge werden bekanntlich mit 17 pCt., Kammzug und Garne mit 18 1/4 pCt. Feuchtigkeit auf das Trockengewicht gehandelt) verlieren ebenso leicht einen großen Prozentsatz ihrer Feuchtigkeit, wie sie solche rasch aufzunehmen in der Lage sind. (Jeder Spinner und Kämmereileiter weiß die Schwierigkeiten genugsam zu schätzen, die ihm die Wolle und ihre Gespinste in dieser Hinsicht bieten. Es ist mit erheblichen Schwierigkeiten verknüpft, die für den Arbeitsprozeß in Wollkämmereien und Kammgarnspinnereien erforderliche relative Luftfeuchtigkeit von 80 bis 90 pCt. dauernd zu erhalten.)

In ähnlicher — wenn auch wohl abgeschwächter — Weise verhalten sich die als Garnträger verwendeten Holzspulen und Papierhülsen, sowie die als Transportgefäße dienenden Holzkästen und Körbe. Der Gewichtseinfluß der aufgenommenen Feuchtigkeit macht sich namentlich bemerkbar, sobald das sogenannte Dämpfen, welches die Fabrikate und Fabrikationshilfsmittel etwa 60° C heißem nassen Wasserdampfe aussetzt, in Anwendung kommt. Stören diese Vorgänge die Richtigkeit der Gewichtsfeststellung nicht unerheblich, so wirkt nicht minder der Umstand ein, daß es eine technische Unmöglichkeit ist, Holzspulen und Papierhülsen, deren Masse sich auf etwa 10—35 pCt. des Gespinstgewichtes beläuft, von unter sich gleicher Schwere zu beschaffen, und diese Garnträger, wie auch die Transportgefäße, dauernd in unveränderlichem Gewicht zu erhalten. Um letzteren Uebelstand tunlichst auszuschalten, werden von Zeit zu Zeit Kontrollwägungen und Nachtarierungen vorgenommen, aber trotzdem wird es wohl kaum jemals gelingen, ein Nettogewicht festzustellen, dessen Abweichung von dem absolut richtigen Wert innerhalb der für Wagen und Gewichte zulässigen Fehlergrenzen des Eichgesetzes sich bewegt.

Deshalb sind die Akkordlohnverrechnungen auf verhältnismäßig großen Gewichtseinheiten aufgebaut, bei welchen eine gemäß dem Eichgesetz nicht unerhebliche Abweichung vom richtigen Wert ohne wesentlichen Einfluß auf das Lohnergebnis ist."

8. Die einheitliche Durchführung der Messung und Wägung nach metrischem System.

Bei den bisherigen Erörterungen ist über ein entscheidendes Hindernis der Eichung eines großen Teils der in der Textilindustrie üblichen Meßinstrumente hinweggegangen worden: Ueber die Tatsache, daß in Leinen-, Jute- und Baumwollenindustrie (mit alleiniger Ausnahme eines Teils der Elsässer Betriebe) alle Vorbereitungsmaschinen der Industrie auf englisches Maß eingerichtet, alle Gespinste nach englischem Maße und Gewicht geweift, numeriert und gehandelt werden, alle Kalkulationen in Fabrikation und Handel auf englisches Maß und Gewicht sich aufbauen.

Es kann hier auf die Frage einer Reform dieses bestehenden Zustandes des näheren nicht eingegangen werden. Es soll nicht geleugnet werden, daß eine auf internationaler Vereinbarung beruhende gleichmäßige gesetzliche Numerierung und Aufmachung der Garne aller hauptsächlichen Produktionsländer manche Vorteile mit sich bringen würde, obgleich nicht übersehen werden darf, daß das plötzliche Aufgeben alt eingewurzelter Gewohnheiten und Fabrikationseinrichtungen für die Gewerbetreibenden erhebliche finanzielle Belastungen und auch sonst sehr fühlbare Störungen und Schwierigkeiten mit sich bringen.

und namentlich auch die kleinen Gewerbetreibenden und die Handweberbevölkerung überaus schwer treffen würde.

Mit schärfster Entschiedenheit aber müßte der Gedanke zurückgewiesen werden, ohne internationale Vereinbarung und namentlich ohne gleichartiges gesetzliches Vorgehen Englands für Deutschland allein Aenderungen des bisher üblichen Garnnumerierungs-Systems zwangsweise einzuführen. Denn noch heute beherrscht England in großen Gebieten der Spinnerei, namentlich in der Baumwollenspinnerei, die Welt. Von allen Baumwollspindeln laufen noch heute nahezu $^2/_3$ in England und seinen Kolonien, und auch die Spinnmaschinen müssen zum weitaus größten Teile aus England bezogen werden.

Die gesetzliche Einführung der metrischen Garnnumerierung für Deutschland (mit welcher doch natürlich ein Verbot der Einfuhr anders numerierter und gehaspelter Garne Hand in Hand gehen müßte, wenn nicht die deutsche Spinnerei einen tödlichen Schlag erleiden sollte), würde also der deutschen Weberei ihre Garnversorgung wesentlich erschweren. Denn wenn auch vielleicht ein Teil der englischen Spinner sich darauf einrichten würde, auf Bestellung und natürlich unter Preisaufschlag ihr Garn für die deutschen Abnehmer metrisch zu haspeln, so würde doch sicher ein andrer Teil diesen Unbequemlichkeiten sich nicht unterziehen, — zumal ja die englische Baumwollenspinnerei ihre hauptsächlichen Exportgebiete nicht auf deutschen, sondern auf außereuropäischen Märkten besitzt. Jedenfalls aber würde der mitunter billige und vorteilhafte Erwerb englisch gehaspelter Lagerposten ausgeschlossen sein. Ferner aber müßten dem zollfreien Veredelungsverkehr ausländischer Garne, die in Deutschland gefärbt werden, die größten Schwierigkeiten erwachsen, und es bestände endlich die Gefahr gänzlichen Aufhörens des deutschen Exports von Gespinsten nach Ländern englischen Maßsystems.

Diese Bemerkungen, die natürlich noch wesentlicher Erweiterung fähig wären, dürften zur Beantwortung der Frage der Normal-Eichungs-Kommission, welche Schwierigkeiten der einheitlichen Durchführung der Messung und Wägung nach metrischem System entgegenstehen, ausreichend sein.

Man wird es nach alledem begreiflich finden, wenn die Textilindustriellen der Erstreckung des Eichzwanges auf die im inneren Fabrikbetriebe verwendeten Meß- und Wägeinstrumente mit schwerer Besorgnis entgegensehen und wenn sie in einer solchen Neuerung eine um so ungerechtere Belastung und Belästigung erblicken, als sich irgendwelche Mißstände bei dem bisherigen Zustande nirgendwo ergeben haben.

Müssen die Fabrikanten doch auch in ihrem eigensten Interesse darauf halten, daß ihre Kundschaft durch richtiges und reichliches Maß zufriedengestellt wird, und müssen sie nicht minder bestrebt sein, alles zu vermeiden, was sie bei Differenzen mit ihren Arbeitern von vornherein in klares Unrecht zu setzen und ihre Position zu erschweren geeignet sein würde. Deshalb findet wohl auch in fast allen Fabriken eine ständige scharfe Kontrolle aller Meßapparate durch Nachmessung einzelner Gespinst- oder Gewebequanta mit geeichten Meß- oder Wägeinstrumenten statt, und nur eine solche sorgfältige und dauernde Kontrolle der Meßmaschinen, nicht aber deren Eichung, ist geeignet, fehlerhafte Feststellungen zu verhüten.

In Wahrheit haben auch bisher weder die Käufer von Textilprodukten Beschwerde darüber geführt, daß sie Mindermaß oder Mindergewicht erhalten hätten, noch auch sind — von vereinzelten und unsubstantiierten Redewendungen sozialistischer Organe und Agitatoren abgesehen — Klagen der Arbeiter über Benachteiligung durch unrichtiges Maß oder Gewicht laut geworden.

Selbst der Reichstagsabgeordnete Stolle hat in der Sitzung des Reichstages vom 25. Januar 1906 nicht über Meßmaschinen, sondern nur über die Meßbänder Klage geführt. Er hat sogar im Gegenteil, nachdem der Abgeordnete Bärwinkel hervorgehoben hatte, daß wohl überall „automatische Messung" stattfinde, wörtlich erklärt:

> „Er (der Abgeordnete Bärwinkel) bemerkte: Meßmaschinen sind in verschiedenen Fabriken gebräuchlich! Ja, aber noch lange nicht in allen! Und wenn das in vielen Betrieben noch nicht geschieht, dann müssen wir da die Arbeiter vor Uebervorteilung schützen. Wenn man sagt: Die Herren so und so haben bereits Meßmaschinen eingeführt, so ist das keine Deckung, wir können nachweisen, daß bei den Firmen X und Y es noch nicht eingeführt ist. Da müssen wir eben ein Gesetz für alle schaffen zur Sicherung der Arbeiter."

In diesen Ausführungen kommt ja doch deutlich zum Ausdruck, daß gegen die — ungeeichten — Meßmaschinen Einwendungen nicht erhoben würden, nur gegen die veralteten primitiven Meßstäbe und Meßbänder.

Letztere dem Eichzwang zu unterwerfen, dürfte in der Tat wesentlichen Bedenken nicht unterliegen. Darüber hinausgehende Vorschriften aber, die eine grundstürzende Aenderung der bestehenden Akkordlohn-Berechnungs-Systeme zur Folge haben müßten, würden — wie hundertfältige Erfahrung lehrt — nur Mißtrauen bei der Arbeiterschaft hervorrufen und den sozialen Frieden stören.

C. Der Entwurf einer Maß- und Gewichtsordnung.

Welchen Standpunkt die Textilindustrie gegenüber dem Entwurfe einer Maß- und Gewichtsordnung in der von der Reichstagskommission beschlossenen Fassung einnimmt und einnehmen muß, kann nach den vorstehenden Erörterungen nicht zweifelhaft sein.

Sie muß grundsätzlich die durch Absatz 2 des § 6 vorgesehene Ausdehnung des Eichzwanges auf die Meßinstrumente des inneren Fabrikbetriebes als unnütz, schädlich und teilweise undurchführbar verwerfen.

Wenn dennoch dieser Absatz 2 zum Gesetz erhoben werden sollte, so muß zum wenigsten dafür Sorge getragen werden, daß die Grenzen der Eichpflicht derartig gezogen werden, daß die Lebensinteressen der Industrie nicht geschädigt werden.

In dieser Hinsicht ist anzuerkennen, daß der Entwurf selbst den Wünschen der Textilindustrie bis zu einem gewissen Grade entgegenkommt. Insofern er zwischen Maßen im engeren strengeren Sinne auf der einen Seite und Meßwerkzeugen auf der andern Seite unterscheidet und den Maßen hinsichtlich der Eichpflicht nur die zur Raummessung, nicht aber die zur Längenmessung bestimmten Meßwerkzeuge gleichstellt, statuiert er eine gesetzliche Befreiung aller derjenigen in der Textilindustrie zur Längenmessung verwendeten Meßgeräte, die dem Begriff eines Maßes im strengeren Sinne nicht entsprechen.

Allein so unzweideutig auch der Wortlaut des Gesetzes ist, und so klar sich auch darüber die Motive aussprechen, — zur Vermeidung irrtümlicher Auslegung seitens untergeordneter Organe wird es dennoch notwendig sein, daß die Ausführungsbestimmungen diese Grenze der Eichpflicht festlegen und gleichzeitig Grundsätze aufstellen, nach denen die Frage, ob Maß im engeren Sinne oder Meßwerkzeug vorliegt, zu entscheiden ist.

Da aber bei der Flüssigkeit die Grenze auch bei Aufstellung von Unterscheidungsgrundsätzen Zweifel im Einzelfalle nicht ausgeschlossen sein würden, so könnte die Textilindustrie gegen schädigende Gesetzesauslegung sich nur dann für gesichert erachten, wenn wenigstens die wesentlichsten ihrer Längenmeßapparate, also die Indikatoren an Vorbereitungs-, Vorspinn- und Spinnmaschinen, die Zählapparate an Schlichtmaschinen, Schermaschinen und Weifen, die Meßwalzen, Meßtrommeln und Meßräder, die Meßtische, Meß- und Legemaschinen für Gewebe in den Ausführungsbestimmungen ausdrücklich als solche Geräte bezeichnet würden, die unter den Begriff Meßwerkzeug und nicht unter den Begriff Maß entfallen.

Allein mit einer solchen strengen Auslegung des § 6 allein würde den berechtigten Wünschen und Interessen der Textilindustrie noch nicht Genüge geschehen. **Es muß vielmehr verlangt werden, daß von der durch die §§ 10 und 6 Abs. 5 des Entwurfs dem Bundesrate beigelegten Befreiungsbefugnis in mehrfacher Hinsicht Gebrauch gemacht wird:**

1. Auch die unter den engeren Begriff der Maße fallenden, also nach § 6 eichpflichtigen Meßgeräte sind von der Verpflichtung zur Eichung auszunehmen, sofern sie bei solchen Rohstoffen, Halbstoffen oder Fabrikaten der Textilindustrie Verwendung finden, für deren Maßbestimmung nach Fabrikations- oder Handelsbrauch nicht das metrische, sondern ein andres System in Geltung ist.
2. Für den Verkehr der vorstehend zu 1 bezeichneten Arten von Gegenständen sind auch Wagen und Gewichte, die nicht nach den inländischen Vorschriften geeicht sind, zuzulassen.
3. Auch bei metrisch eingeteilten Meßbändern ist von der Verpflichtung zur Eichung Abstand zu nehmen, sofern sie dem einzelnen Warenstück durch die Maschine selbsttätig beigefügt werden (Meßbänder nach System Stephan).
4. Im inneren Fabrikbetriebe ist die Verwendung von Neigungs- und Federwagen ohne Rücksicht auf technische Eichungsfähigkeit zuzulassen, und zwar auch dann, wenn den damit vorgenommenen Gewichtsfeststellungen mittelbare oder unmittelbare Bedeutung für die Akkordlohnberechnung zukommt.

Nur wenn den vorstehend formulierten Wünschen durch Bundesrat und Normal-Eichungs-Kommission entsprochen wird, könnte die Textilindustrie der in Absatz 2 des § 6 des Entwurfs einer Maß- und Gewichtsordnung für das Deutsche Reich vorgesehenen Erstreckung des Eichzwanges ohne schwere Besorgnis entgegensehen.

2.

Vermehrung der Nickelmünzen und Ausprägung von Fünfundzwanzigpfennigstücken.

Eingabe an den Herrn **Staatssekretär des Reichsschatzamtes.**

Berlin, den 28. Oktober 1907.

Das Reichsmünzgesetz vom 9. Juli 1873 hatte für den Kopf der Bevölkerung den Gesamtbetrag der Reichssilbermünzen auf höchstens 10 M. und den Gesamtbetrag der Nickel- und Kupfermünzen auf höchstens 2 1/2 M. festgesetzt. Reichssilbermünzen sind seitdem bereits weit über jenen Satz hinaus geschaffen; durch das Gesetz vom 1. Juni 1900 wurde der auf den Kopf der Bevölkerung zulässige Betrag von 10 auf 15 M. erhöht. Schon in der Reichstagssitzung vom 13. November 1906 wurde ohne Widerspruch bemerkt, es sei ja jetzt ziemlich so viel geprägt, daß 15 M. Reichssilbermünzen auf den Kopf der Bevölkerung kommen. Sogar eine abermalige Erhöhung der gesetzlichen Grenze steht bereits in Erwägung. Ganz anders ist der Umlauf der Nickel- und Kupfermünzen gestaltet worden. Nach der letzten Veröffentlichung im Reichsanzeiger vom 9. Oktober 1907 über die Münzprägungen im September waren bis 30. September 1907 ausgeprägt 54 356 438 M. Zehnpfennigstücke und 27 054 362 M. Fünfpfennigstücke, zusammen also 81 410 800 M. Nickelmünzen; ferner 7 290 571 M. Zweipfennigstücke und 12 035 192 M. Einpfennigstücke, zusammen also 19 325 764 M. Kupfermünzen. Im ganzen besitzen wir hiernach zurzeit 100 3/4 Millionen Nickel- und Kupfermünzen. Bei einer Bevölkerung des Deutschen Reiches von über 62 Millionen, könnten wir gemäß dem alten Münzgesetz von 1873, welches 2 1/2 M. Nickel- und Kupfermünzen auf den Kopf der Bevölkerung zuläßt, deren etwa 156 Millionen Mark im Umlauf haben. Der vor nunmehr 34 Jahren von der Gesetzgebung als angemessen erachtete Höchstbetrag ist heute noch nicht einmal zu zwei Dritteln ausgegeben. An Reichssilbermünzen dagegen ist nicht nur der nach dem Gesetz von 1873 zulässige Höchstbetrag längst voll ausgeprägt, sondern noch um 50 pCt.

durch ein neues Gesetz erhöht worden. Kurz gesagt, es sind **Reichssilbermünzen** im letzten Menschenalter, im Verhältnis zu den vom Reichsmünzgesetz von 1873 als angemessen erachteten Beträgen, **doppelt so viel** in Verkehr gesetzt worden als Nickel- und Kupfermünzen.

Schon diese augenfällige Tatsache spricht dafür, daß bisher nicht dem wirklichen Bedürfnis entsprechend Nickelmünzen ausgeprägt sind. Sonst müßte das Reichsmünzgesetz von 1873 die Sachlage ungewöhnlich stark verkannt haben. Daß seither die gesteigerte Verkehrsentwicklung nur eine Vermehrung der Silbermünzen und nicht auch der Nickelmünzen erfordert hätte, ist auch nicht anzunehmen. Im Gegenteil ist unschwer nachzuweisen, daß gerade in der jüngsten Zeit durch verschiedene neue oder stärker ausgebildete Einrichtungen in Handel und Verkehr verhältnismäßig mehr Nickelmünzen gebraucht werden als früher. In der Sitzung der Petitionskommission des Reichstags vom 2. Mai 1906 erklärte bei der Beratung einer Eingabe der Handelskammer zu Osnabrück über vermehrte Prägung von Nickelmünzen und die Ausgabe eines 25-Pfennigstücks der Geheime Oberregierungsrat Herr Dombois vom Reichsschatzamt:

„Der Mangel an Nickel- und Kupfermünzen wird anerkannt. Er ist, abgesehen von den durch die Bevölkerungszunahme gesteigerten Ansprüchen der Volkswirtschaft zunächst auf den Wegfall der Zwanzigpfennigstücke aus Nickel und Silber zurückzuführen, die hauptsächlich durch Zehnpfennigstücke zu ersetzen waren. Sodann kommen in Betracht die gewaltige Entwicklung des Straßenbahnbetriebes, sowie die große Ausdehnung des Automatenbetriebes."

Der Herr Regierungsvertreter führte u. a. die interessante Mitteilung aus Karlsruhe an, daß die dortigen Gasautomaten, die alle zwei Monate entleert werden, durchschnittlich etwa 12 000 M. in Nickelmünzen enthalten. Die Annahme scheine nicht ungerechtfertigt, daß durch Automaten im Deutschen Reich ständig ein Betrag von mehreren Millionen Mark festgelegt sei. Euer Exzellenz beriefen sich in der Sitzung des Reichstags vom 13. November 1906 auf diese Darlegungen des Herrn Kommissars. Schon bei der ersten Beratung der Münzvorlage vom 4. Dezember 1899 hatte der damalige Staatssekretär des Reichsschatzamts zu den Wünschen nach stärkerer Ausprägung von Nickelmünzen geäußert: „Wenn der Verkehr von einer gesetzlichen Münzsorte größere Mengen erfordert, so müssen diese größeren Mengen beschafft werden," und der Präsident des Reichsbankdirektoriums hatte hinzugefügt: „Je mehr Scheidemünzen im Umlauf, desto besser für den Kleinverkehr."

Wohl sind in den letzten Jahren in dankenswerter Weise mehr Nickelmünzen ausgeprägt, im Jahre 1905: 3 235 842 M., im Jahre 1906: 4250000 M. und für 1907 waren weitere große Nickelprägungen in Aussicht genommen. Es ist aber durch diese erste sich auf relativ kurze Zeit erstreckende Nachholung einiger Millionen, zumal gegenüber dem im Laufe der letzten Jahre besonders stark gewachsenen Bedürfnis, ein richtiger Ausgleich noch nicht hergestellt.

Tatsächlich haben sich die Stimmen aus Gewerbe und Handel, aus dem gesamten Verkehr, die eine Vermehrung der Nickelmünzen überhaupt und die Schaffung eines 25-Pfennigstücks insbesondere, für angebracht erachten, im Laufe der letzten Jahre erheblich vermehrt und an Gewicht gewonnen. Es ist eine alte Beschwerde, daß zwischen dem Fünfzigpfennigstück und dem Zehnpfennigstück bei uns keine Münze besteht. Mit richtigem Gefühl hatte das die deutsche Reichswährung schaffende Münzgesetz von 1873 eine so weite Lücke nicht lassen wollen; es hatte die Ausgabe von Zwanzigpfennigstücken in Silber vorgesehen. Als diese Münzen sich für den Verkehr zu klein und unpraktisch erwiesen, gab man das Zwanzigpfennigstück als solches noch keineswegs auf, sondern setzte neben dem silbernen noch ein solches aus Nickel in Umlauf (durch Gesetz vom 1. April 1886). Erst nachdem auch diese Zwanzigpfennigstücke aus Nickel nicht vermocht hatten, im Verkehr beliebt zu werden, wurden durch das Gesetz vom 1. Juni 1900 alle Zwanzigpfennigstücke, mit der Frist bis 1. Januar 1903, außer Kurs gesetzt. Wir haben also seit der deutschen Reichsmünzordnung von 1873 dreißig Jahre lang eine Münze zwischen dem Fünfzig- und dem Zehnpfennigstück besessen; erst seit fünf Jahren herrscht hier eine Lücke, die, wie gesagt, in steigendem Maße als Unbequemlichkeit empfunden wird.

Schon bei der Beratung der Münznovelle von 1900 wurde ein Antrag auf Schaffung eines 25-Pfennigstücks im Reichstag eingebracht, aber von der für diesen Gesetzentwurf eingesetzten Kommission abgelehnt. Man fühlte sich allem Anschein nach durch die verunglückten Versuche mit den Zwanzigpfennigstücken abgeschreckt. Diese aber können, wenn einmal, was zweifellos der Fall, eine Münze zwischen dem Fünfzig- und dem Zehnpfennigstück wünschenswert ist, nur oder erst recht die Schaffung eines 25-Pfennigstücks veranlassen.

Eine solche Münze hat an sich eine größere Verwendbarkeit und Berechtigung, als die Zwanzigpfennigmünze. Ein gutes Münzsystem soll bei möglichster Einfachheit möglichst leichte Zahlungsweise ergeben. Jetzt braucht man zur Zahlung von 25 Pf. drei Münzen, wo künftig ein einziges Stück genügen würde; bei Zahlung von 35 oder 75 Pf.

oder 125 Pf. muß man vier Münzen haben statt zwei; und gerade Zahlungen von 25 Pf., auch solche von 75 Pf. und 1 M. 25 Pf. sind sehr häufig. Unzählig sind die Fälle, wo man zwei statt drei, drei statt fünf oder vier Münzen usw. brauchen wird, wenn ein 25-Pfennigstück existiert. Und nicht bloß im Kleinverkehr, im täglichen Leben des Publikums, sondern auch in der Großindustrie würde namentlich für Lohnzahlungen ein 25-Pfennigstück recht praktisch sein. Kundgebungen in dieser Richtung sind gerade aus industriell stark entwickelten Gebieten gekommen. So hat u. a. die Vereinigung von Handelskammern des niederrheinisch-westfälischen Industriegebiets ihren am 12. Dezember 1906 einstimmig zugunsten der Einführung einer 25-Pfennigmünze gefaßten Beschluß damit begründet, daß „eine solche Münze neben andren Vorzügen noch den besonders bei Lohnzahlungen überaus erheblichen Vorteil aufweisen würde, daß mit ihr drei der jetzigen Scheidemünzen ersetzt werden können". „Das würde", so sagen die niederrheinisch-westfälischen Handelskammern, „für das Lohnzahlungsgeschäft eine bedeutende Vereinfachung und für die großen Betriebe unsers Bezirks eine wesentliche Zeitersparnis bedeuten."

Seit dem Bestehen des Reichsmünzgesetzes haben sich die Lohnsätze auf den Kopf der Arbeiter um etwa die Hälfte gesteigert. Es werden also entsprechend mehr Münzen zu diesem Zwecke gebraucht.

Für Zahlungen, bei denen Kupfer mit zur Verwendung kommt, würde gleichfalls eine wesentliche Vereinfachung eintreten. Bei Lohnzahlungen könnten die durch Abzüge der Beträge für Krankenkassen häufig entstehenden Beträge von 26 Pf., 27 Pf. mit zwei statt jetzt mit vier Münzen usw. gezahlt werden. Allerdings ist der Gebrauch von Kupfergeld in verschiedenen Teilen Deutschlands nicht gleichmäßig; im Süden wird es mehr verwendet als im Norden, in Berlin verhältnismäßig wenig.

Auch betreffs der Nickel- und Silbermünzen, der Gewohnheiten und des Bedarfs im Zahlungswesen, herrschen ja nicht durch ganz Deutschland gleiche Verhältnisse. So kommt es, daß die Meinungen über Vermehrung des Münzumlaufs, über die Vorzüge der Fünfmarkstücke oder der Taler usw. und über die Wünschbarkeit eines 25-Pfennigstücks mehr oder weniger auseinandergehen. Doch ist, wie geschildert, das Bedürfnis immer deutlicher zutage getreten, immer mehr Vertretungskörperschaften von Handel und Industrie haben sich für ein 25 Pfennigstück ausgesprochen. Gewiß sollte eine wesentliche Aenderung in unsrem Münzsystem nicht ohne gründliche Prüfung, nicht auf einzelne Neigungen und Meinungen hin unternommen werden. Nachdem aber die vermehrte Ausprägung von Zehn- und

Fünfpfennigstücken den bestehenden Uebelständen nicht abhelfen konnte, und der Beweis in dem letzten halben Dutzend Jahren durch die wirklichen Erfordernisse des Verkehrs genügend geführt erscheint, daß zwischen dem Fünfzig- und dem Zehnpfennigstück eine Münze nützlich und notwendig ist — erachten wir die Zeit gekommen, wo zur Verwirklichung der betreffenden Wünsche und Pläne geschritten werden sollte.

Die Richtigkeit dieser Anschauung erhellt auch aus der Entwicklung der Stellung von Regierung und Parlament zur Sache. Bei der Beratung der Münznovelle 1900 lehnte, wie schon erwähnt, die Reichstagskommission einen Antrag auf Einführung eines 25-Pfennigstücks ab. Damals wurde regierungsseitig das Bedürfnis für diese Münzgattung verneint, in der Meinung und mit der Motivierung, daß die in vermehrter Zahl auszuprägenden Zehnpfennigstücke die einzuziehenden Zwanzigpfennigstücke vollständig ersetzen würden. Im vorigen Jahre empfahl die Reichstagskommission noch den Uebergang zur Tagesordnung über eine Petition zur Ausprägung von 25-Pfennigstücken. Der Herr Regierungsvertreter erklärte dabei, die verbündeten Regierungen hätten zu der Frage noch keine Stellung genommen. Im Reichstagsplenum kam eine günstigere Stimmung zur Geltung als in der Kommission; der Antrag von Strombeck, die in Rede stehende Petition dem Herrn Reichskanzler zur Erwägung zu überweisen, wurde angenommen. Euer Exzellenz hatten vorher kundgegeben, daß, wie das hohe Haus immer über die Petition beschließen möge, die betreffenden Anregungen regierungsseitig jedenfalls eine eingehende Prüfung und Würdigung finden würden; gewisse Erleichterungen im Zahlungsverkehr würden ohne Zweifel von der Einführung eines 25-Pfennigstücks zu erwarten sein. Die Schwierigkeiten, welche der Einführung einer solchen neuen Münze entgegenständen, lägen hauptsächlich in der Form, die wir ihr geben müßten. Unter dem 8. Februar 1907 haben dann Euer Exzellenz auf eine Eingabe erwidert, „daß die Erwägungen über die Schaffung eines 25-Pfennigstücks noch nicht zum Abschluß gelangt sind".

Vor sieben Jahren konnten die gesetzgebenden Faktoren noch nicht den außerordentlichen Aufschwung voraussehen, welchen Industrie und Handel und Landwirtschaft, das gesamte Wirtschaftsleben bei uns genommen hat. Ein solcher Aufschwung erfordert auch eine entsprechende Vermehrung der Verkehrsmittel, nicht bloß z. B. des Eisenbahnmaterials, in welchem außerordentliche Anschaffungen vorgenommen wurden, sondern auch des Geldumlaufs.

Die Doktorfrage, ob das 25-Pfennigstück in unser Dezimalsystem hineinpaßt — wir bejahen es —, kann füglich beiseite gelassen werden. Seitens des Reichsschatzamts ist schon erklärt worden, in Rücksichten auf das Dezimalsystem kein Hindernis zu sehen. Schließlich müssen sich die Einrichtungen für das Wirtschaftsleben mehr nach dem praktischen Bedürfnis als nach Prinzipien und Systemen richten. Das praktische Bedürfnis hatte das Bestehen einer Münze von 25 Pfennig schon längst vor unsrer deutschen Reichswährung in großen Teilen Deutschlands sanktioniert. Bis heute hat sich stellenweise das Andenken an die „Zweigutegroschen" erhalten, wir hatten Münzen zu 2½ Silbergroschen, gleich 25 Pfennige, und andre. Eine Reihe von Ländern, die meistens Münzen aus Nickel erst nach dem Vorgange Deutschlands bei sich eingeführt haben, sind uns dann mit der Schaffung eines Fünfundzwanzig-Einheitenstücks vorangegangen. So Frankreich, Italien, Dänemark, Norwegen, Schweden, Rußland, Finnland, Niederlande.

Aus diesen Ländern liegen also auch betreffs der Form und Art des Geldstücks schon reichlich Erfahrungen vor. Jedenfalls darf und muß man auf dem Standpunkt stehen, daß, wenn einmal das Bedürfnis genügend nachgewiesen und anerkannt ist, Schwierigkeiten der Ausführung die Sache nicht scheitern lassen dürfen, sondern auch eine entsprechende Form sich finden lassen wird. Man hat, um die wünschenswerte leichte Unterscheidung von andren Münzen zu gewährleisten, verschiedene Wege eingeschlagen und mannigfache Vorschläge gemacht, so Durchlochung, ovale Form, Münzen aus reinem oder plattiertem Nickel mit stärkerem Rand usw. Es wird schließlich auch bei uns auf die Probe im wirklichen Verkehrsleben ankommen müssen. Der jetzige Zeitpunkt erscheint um so mehr geeignet, als ohnedies eine das Münzwesen angehende Vorlage, betreffend die Vermehrung der Ausprägung von Silbermünzen, im Werke sein soll.

Wir gestatten uns demnach, an Euer Exzellenz die gehorsamste Bitte zu richten,

baldtunlichst die Schaffung einer Nickelmünze von 25 Pfennigen in die Wege zu leiten.

3.

Die Verhältnisse der Angestellten in Kontoren und sonstigen kaufmännischen Betrieben, die nicht mit offenen Verkaufsstellen verbunden sind.

Eingabe an den Herrn **Staatssekretär des Innern.**

Berlin, den 8. November 1907.

Seit der Novelle zur Gewerbeordnung für das Deutsche Reich vom Jahre 1900, die den Arbeiterschutz im Handelsgewerbe bezweckte und die §§ 139c bis 139m, betreffend Gehilfen, Lehrlinge und Arbeiter in offenen Verkaufsstellen, in die Gewerbeordnung einfügte, hat eine Bewegung zur erweiterten Anwendung dieser bezw. entsprechender Bestimmungen auf das nicht in offenen Verkaufsstellen beschäftigte kaufmännische Personal nicht nachgelassen. Der Beirat für Arbeiterstatistik bei dem Kaiserlich Statistischen Amt hat sich wiederholt mit der Angelegenheit beschäftigt. Schon vor etwa fünf Jahren sprach sich der Berichterstatter des Beirats, ohne Widerspruch zu finden, dahin aus, die gemachten Erhebungen ließen erkennen, daß zu einem gesetzgeberischen Einschreiten schwerlich eine hinreichende Veranlassung vorliege. Indes hat der Beirat weitere kontradiktorische Erhebungen über die Verhältnisse von Angestellten in Kontoren und sonstigen kaufmännischen Betrieben, die nicht mit offenen Verkaufsstellen verbunden sind, vorgenommen, die nachstehenden Beschlüsse gefaßt und deren Durchführung den Reichsbehörden empfohlen:

I. In Kontoren und sonstigen kaufmännischen Betrieben, die nicht mit offenen Verkaufsstellen verbunden sind, ist den Gehilfen, Lehrlingen und Arbeitern nach Beendigung der täglichen Arbeitszeit eine ununterbrochene Ruhezeit von mindestens 11 Stunden zu gewähren.

Innerhalb der Arbeitszeit muß den Gehilfen, Lehrlingen und Arbeitern eine Mtttagspause gewährt werden.

Für Gehilfen, Lehrlinge und Arbeiter, die ihre Hauptmahlzeit außerhalb des die Geschäftsstelle enthaltenden Gebäudes einnehmen, muß diese Pause mindestens $1^1/_2$ Stunden betragen.

Dauert die tägliche Beschäftigung höchstens 8 Stunden, so kann die Pause auf $1/2$ Stunde herabgesetzt werden.

II. Diese Bestimmungen finden keine Anwendung:

1. auf Arbeiten, die zur Verhütung des Verderbens von Waren unverzüglich vorgenommen werden müssen;
2. für die Aufnahme der gesetzlich vorgeschriebenen Inventur sowie bei Neueinrichtungen und Umzügen;
3. außerdem an jährlich höchstens 30 von dem Geschäftsinhaber unter entsprechenden Kontrollmaßregeln zu bestimmenden Tagen, jedoch mit der Maßgabe, daß in diesen Fällen die nach der Beendigung der täglichen Arbeitszeit den Gehilfen, Lehrlingen und Arbeitern zu gewährende ununterbrochene Ruhezeit auf mindestens 8 Stunden festgesetzt wird.

Dem Bundesrate bleibt vorbehalten, für einzelne Geschäftszweige noch weitere Ausnahmen zu gestatten.

III. Dem Gehilfen im Sinne der vorstehenden Bestimmungen sind Prokuristen und Handlungsreisende nicht zuzurechnen.

IV. Die Vorschriften der §§ 139g, 139h und 139i der Gewerbeordnung finden auf die Gehilfen, Lehrlinge und Arbeiter in Kontoren, die nicht mit offenen Verkaufsstellen verbunden sind, entsprechende Anwendung.

V. In Kontoren und kaufmännischen Betrieben, die nicht mit offenen Verkaufsstellen verbunden sind, dürfen Gehilfen, Lehrlinge und Arbeiter an Sonn- und Feiertagen nicht beschäftigt werden. Durch statutarische Bestimmung einer Gemeinde oder eines weiteren Kommunalverbandes (§ 142 GO.) kann diese Beschäftigung für alle oder einzelne Zweige dieser Betriebe bis zu 2 Stunden gestattet werden.

Die deutsche Industrie ist durchaus bereit, alles unter den gegebenen Bedingungen Angebrachte und Mögliche zum Wohle der Angestellten und Arbeiter zu tun, auch bei der sozialpolitischen Gesetzgebung nach wie vor in verständigen Grenzen mitzuwirken. Im vorliegenden Falle kann und muß sich die Industrie darauf berufen, daß das, was jetzt gesetzlich oder polizeilich auferlegt werden soll, im großen und ganzen von ihr bereits aus freien Stücken gewährt und durchgeführt worden ist. Ja, in der zur Sache bei unsern Mitgliedern veranstalteten Umfrage konstatiert ein großer Teil der zahlreich eingelaufenen Antworten, mit einer gewissen Verwunderung über die unnötigen Bemühungen, daß in den betreffenden Betrieben die Angestellten und Arbeiter in Kontoren in Wirklichkeit bereits allgemein günstiger gestellt sind, als der Beirat für Arbeiterstatistik nun für die Zukunft verlangt. Augenscheinlich unter diesem Gesichtspunkt hat eine

Reihe von Firmen und Körperschaften der Angelegenheit keine weitere Bedeutung beigelegt und ohne tieferes Eingehen einfach bemerkt, daß gegen die Adoption der Vorschläge nichts oder wenig einzuwenden sei, da tatsächlich die betreffenden Bestimmungen oder noch mehr Erleichterungen darüber hinaus bei ihnen bereits in Geltung seien. Andre Firmen würden sich unter von ihnen im einzelnen vorgeschlagenen Abänderungen einverstanden erklären. Eine Menge gewichtiger Stimmen aber spricht sich mit der größten Entschiedenheit gegen die gesetzliche Festlegung aus.

Das Deutsche Reich steht unbestritten weitaus an der Spitze aller Länder in der Menge und Intensität der staatlichen Reglementierung und Einmischung, der Einschränkung des freien Erwerbslebens durch Verbote und polizeiliche Ueberwachung usw. Wir bilden in dieser Beziehung für das Ausland nicht selten einen Gegenstand der Verwunderung und des Spottes. Zum Teil sind die Fesseln und die Schablonisierung geeignet, unsre Industrie im Wettbewerb auf dem Weltmarkt ernstlich zu gefährden. Und selbst wenn man ihren Druck mit aller Anstrengung leidlich überwunden hat, so bleibt zweifellos mannigfacher Unmut bestehen. Jedenfalls sind schon seit geraumer Zeit weite Kreise von Deutschlands Industrie und Handel der Ueberzeugung, es seien ihrer freien Betätigung eher zu viel als zu wenig Zwangsschranken und Kontrollen auferlegt, und man dürfe auf diesem Wege künftig nur sehr vorsichtig fortschreiten. Dieser Grundsatz ist ja auch von den maßgebenden Regierungsstellen wiederholt verkündet worden. Es ist gerade ein Jahrzehnt verflossen, seit im Dezember 1897 der damalige Herr Staatssekretär des Innern im Reichstag erklärte: „Wir können nicht alle Erwerbszweige polizeilich reglementieren. Schließlich fällt in der Tat ein Zuvielregieren in dieser Beziehung dem deutschen Volk auf die Nerven." Er wolle keinen „sozialistischen Polizeistaat" herbeiführen: „Wir können nicht dahin kommen, meine Herren, daß schließlich jeder Gewerbetreibende sich abends mit dem Polizisten zu Bett legen müsse und morgens mit dem Polizisten wieder aufstände."

Inzwischen ist im Deutschen Reich gewiß nicht wenig zur staatlichen Reglementierung des Erwerbslebens geschehen, und wir möchten gegen die schönen Ziele einer gerechten und maßvollen Sozialpolitik durchaus keinen Einspruch erheben. Es wird auch auf diesem einmal beschrittenen Wege, auf dem es kein Zurück und kein Halt gibt, in Zukunft dem Staate noch sehr reichlich zu tun bleiben.

Um so mehr muß beanstandet werden, wenn ohne Not, ja in einem Falle, wo ein sehr großer Teil der deutschen Industrie die

Ueberzeugung vertritt, daß durch lange und umfangreiche Nachforschungen der Beweis von dem Nichtvorliegen eines Bedürfnisses geliefert ist, neue staatliche Eingriffe und Zwangsvorschriften erfolgen sollen.

In Wirklichkeit haben die kontradiktorischen Erhebungen nach dem eigenen Urteil des Beirats für Arbeiterstatistik ergeben, daß nur in einzelnen Fällen Mißbräuche vorgekommen sind, daß aber in der großen Mehrzahl der Betriebe durchaus angemessene Zustände obwalten. Eine Reihe von Stimmen unsrer Mitglieder spricht denn auch geradezu Verwunderung aus, daß bei einem solchen Resultat vieljähriger Untersuchungen der Beirat zu dem Schluß gekommen ist, die obenstehenden Vorschriften zur Durchführung zu empfehlen. Es ist doch kaum einer gesunden Sozial- und Wirtschaftspolitik entsprechend, wegen weniger Ausnahmen die Gesamtheit in schablonenmäßige Fesseln zu schlagen und zu schädigen.

In Wirklichkeit ist eine schematische Regelung und Kontrolle der Arbeitsverhältnisse in geschlossenen Kontoren usw. noch erheblich weniger durchführbar und viel lästiger als in offenen Verkaufsläden. Die Verschiedenheit der Verhältnisse in den kaufmännischen Betrieben bietet für eine einheitliche gesetzliche Regelung der Arbeitszeit enorme Schwierigkeiten.

Sollen hier enge Grenzen gezogen werden, so wird vielfach die nötige Bewegungsfreiheit in der Verteilung und gedeihlichen Erledigung kaufmännischer Arbeit beeinträchtigt. Im Großhandel, in Saisonbetrieben, in Kleinbetrieben herrschen so verschiedene Verhältnisse betreffs der notwendigerweise zu leistenden Arbeit, und diese ist zu verschiedenen Zeiten wieder so verschieden, daß ein Gesetz mit seinen starren, nur für die Allgemeinheit zugeschnittenen Bestimmungen oder bei vielfältigen Ausnahmen wenig nützt und vielleicht mehr schadet.

Ferner ist das allgemeine Bedenken nicht von der Hand zu weisen, daß immerhin zwischen den Handlungsangestellten und den Prinzipalen ein gewisses Vertrauensverhältnis herrschen sollte und wirklich wohl noch mehr vorhanden ist, als zwischen den Arbeitgebern und der Menge der Handarbeiter. Werden nun auch für die kaufmännischen Angestellten durchweg die Arbeitsverhältnisse gesetzlich und polizeilich genau fixiert, so bleibt weniger oder nicht genug Raum zu freier und anständiger gegenseitiger Betätigung des Interesses an der Person und an der Sache.

Sind keine Zwangsbestimmungen vorhanden, so werden die nötigen Arbeiten von einsichtigen Angestellten nach Möglichkeit sofort erledigt. Gibt es aber gesetzlich einschränkende Vorschriften, so können noch so gerechtfertigte Ueberschreitungen eher Mißmut und Mißtrauen erwecken, das gute Einvernehmen zwischen Prinzipal und Angestellten stören, zur Verhetzung und Denunziation Anlaß geben. Die Beamten in der Industrie und im Kaufmannsstand, die doch auch sozial eine wesentlich andre Stellung für sich in Anspruch nehmen und haben sollen als die Arbeiter, vermögen zum Teil eine vermittelnde Wirksamkeit zwischen letzteren und den Arbeitgebern innezuhalten und somit gedeihlich zu einem friedlichen Zusammenarbeiten zu schaffen. Da sollte man ohne Not nicht alle Angestellten sozialgesetzgeberisch auf einem Fuße mit den Arbeitern behandeln und aus einer immerhin noch würdigeren und gedeihlicheren Vertrauens- und freieren Mittelsstellung herausschaffen.

Eine Firma aus unsrer Mitgliedschaft kleidet diesen Gedanken in die drastischen Worte: „Durch solche Beschlüsse sinkt das Ansehen der Handlungsangestellten, die den Maurern gleichgestellt werden und mit dem Glockenschlag die Kelle einfach hinwerfen." Eine andre sagt noch schärfer: „Es heißt das Ehrgefühl und das Geschäftsinteresse der Angestellten systematisch untergraben." Die Handelskammer Oppeln bemerkt: „Die Gefahr liegt vor, daß der Stand der Handlungsgehilfen und seine Leistungsfähigkeit zu der Stufe eines Lohnarbeiters mit mechanischer Beschäftigung herabgedrückt wird."

Unter den Handlungsangestellten wird noch mehr das Streben herrschen, sich durch eigenen Fleiß und persönliche Anstrengung weiter zu bringen als bei der großen Menge der Handarbeiter. Schließlich muß sich aber der Staat gegenwärtig halten, wie durch fortschreitende und systematische Einschränkung der Arbeitszeit die Arbeitslust und -leistung herabgedrückt werden kann oder herabgedrückt werden muß, wie das für ein Volk nachteilig gegenüber den Rivalen wirken oder überhaupt die Schaffenskraft und das moralische Selbstbestimmungsrecht erwachsener Menschen zu schädigen vermag. Wo soll schließlich ein Aufhören sein mit dem gesetzlichen Vorschreiben, wieviel der Mensch arbeiten darf und wieviel nicht? Was dem einen recht ist, ist dem andern billig. Nach oder neben den Handelsangestellten kommen die technischen Angestellten usw., dann muß wohl die Arbeitszeit aller Privatbeamten, weiter die der Staats- und Kommunalbeamten gesetzlich fixiert werden. Verbietet man dem einen die Sonntagsarbeit, wird man den andern nicht nach seinem Belieben Sonntags schaffen lassen dürfen. Nicht bloß nach den Verhältnissen im Gewerbe, sondern auch nach den persönlichen hat der eine mehr Arbeit nötig als der andre, um den Erfordernissen für sich und seine Familie gerecht zu werden. Und es ist ein Glück, ein S e g e n, daß es auch ohne irgendwelche zwingende oder treibende Rücksichten noch in allen Ständen reichlich Leute gibt, die den Segen und das Ziel der Arbeit sich nicht einschränken lassen mögen, und die mehr, teilweise sehr viel mehr arbeiten, als die allmählich überall bei uns eindringenden Vorschriften von Maximalarbeitszeiten oder Minimalruhezeiten wollen.

Es muß neben den grundsätzlichen Bedenken wiederholt hervorgehoben werden, daß die vom Beirat für Arbeiterstatistik aufgestellten Vorschriften tatsächlich bereits — abgesehen von der Sonntagsruhe — nicht nur im wesentlichen allgemein eingeführt sind, sondern daß die vorherrschende Praxis zugunsten der betreffenden Handelsangestellten noch bedeutend weiter geht. Während künftig eine ununterbrochene Ruhezeit von mindestens 11 Stunden gewährt werden soll, wobei also unter Anrechnung von $1^1/_2$ Stunden obligatorischer Mittagspause die Möglichkeit einer Arbeitszeit von $11^1/_2$ Stunden bleiben würde, beträgt in Wirklichkeit die Arbeitszeit für Gehilfen in Kontoren und kaufmännischen Betrieben zumeist nicht mehr als 8 bis 9 Stunden, stellenweise noch weniger als 8 Stunden und selten über 9 Stunden. Damit erscheint also schon die erste, die Hauptbestimmung, betreffs der elfstündigen Mindestruhezeit, völlig überflüssig, zumal noch Ausnahmen zugelassen werden sollen.

Alle die Betriebe, für welche jetzt ein einheitliches Zwangsschema aufgestellt werden soll, haben so manigfache und höchst verschiedene Lebensbedingungen, daß vielen selbst mit einer Menge von Ausnahmen vom Schema nicht geholfen wäre, sondern sie überhaupt nicht oder nur mit Schwierigkeiten und Nachteilen in regelmäßig vorgeschriebene Arbeitsstunden sich schicken könnten. Zunächst die sogenannten Saisonbetriebe. Eine große Zahl von gewerblichen und Handelsbetrieben ist mit ihrer Hauptarbeit an gewisse Jahreszeiten gebunden, in welchen das ganze Personal mehr arbeiten muß. Ein Ausgleich ergibt sich von selber dadurch, daß während des gewöhnlich längeren Zeitraums, wo weniger Beschäftigung vorliegt, auch die Angestellten nur entsprechend kürzere Zeit zu arbeiten haben. Aber da lassen sich nicht einfach bloß 30 Ausnahmetage bestimmen. Es bestehen hier stellenweise freiwillige Abmachungen zwischen den Unternehmern und Angestellten. Als drastisches Beispiel mögen erwähnt sein Verkehrsunternehmungen, Dampfergesellschaften usw., welche im Sommer mehrere Monate sehr starke Arbeit haben, dann einige Uebergangsmonate weniger und einige Monate gar keine. Gerade eine solche Firma, bei der für eine gewisse Zeit sich die Arbeiten in außerordentlich starker Weise häufen, um in einer andern Periode ebenso stark nachzulassen oder ganz aufzuhören, berichtet, daß die Angestellten mit einer diesem Wechsel entsprechenden Regelung ihrer Arbeitszeit ganz zufrieden seien.

Eine Fabrik für Oefen ersucht uns, dahin wirken zu wollen, daß es Ofenfabrikanten gestattet wird, in den Monaten September, Oktober und November die Arbeitszeit des Personals so einzurichten, daß eine Ruhezeit von nur 8 Stunden gewährt zu werden braucht, wenn dafür zum Ausgleich während einiger Monate eine Ruhezeit von mindestens 14 Stunden gegeben werde. Es sei eine derartige Bestimmung für den Ofenhandel unbedingt notwendig, da der Absatz der Oefen hauptsächlich in den Monaten September, Oktober und November stattfindet und hierdurch eine Arbeitshäufung zu dieser Zeit eintritt, die zur Folge hat, daß in diesen Monaten der fünf- bis zehnfache Umsatz erzielt wird gegen den normalen in ruhigen Monaten. Für diese enorme Arbeitshäufung in einigen Monaten könnte nicht ein entsprechend großes Personal das ganze Jahr gehalten werden, das dann in der übrigen Zeit vielleicht zur Hälfte nutzlos und untätig sein würde. Der betreffende Fabrikant sagt: „Ich habe daher seit Jahren mit meinen Angestellten das Uebereinkommen getroffen, daß in der ruhigen Zeit eine beschränktere Arbeitszeit eingerichtet und dafür mit Anspannung aller Kräfte das Tagesquantum in den Herbstmonaten, allerdings oft durch Arbeiten bis spät in die Nächte hinein, gern und freiwillig geschafft wird. Auf das ganze Jahr berechnet ist aber selbstverständlich die ununterbrochene Ruhezeit täglich weit höher als 11 Stunden, bei vollständig freiem Sonntag."

Fast überall treten auch in Betrieben, wo der Geschäftsgang gleichmäßiger durch das ganze Jahr abläuft, gelegentlich besondere Verhältnisse ein. Solange kein gesetzlicher Zwang da ist, kann die Arbeitszeit ohne weiteres solchen außergewöhnlichen Verhältnissen angepaßt werden, was nach Erlaß gesetzlicher Vorschriften nicht mehr in gleichem Maße möglich sein würde. Auch ist zu fürchten, daß, wenn einmal auf diesem Gebiet gesetzgeberisch eingegriffen ist, unter dem Drucke nicht ruhender Agitation der ersten milden und zumeist erträglichen Bestimmungen später schärfere und schädlichere Bestimmungen folgen werden. Und doch ist jetzt noch eine nicht geringe Zahl der Gehilfen mit den bestehenden Verhältnissen zufrieden. Folgende Konstatierung der Handels- und Gewerbekammer zu Augsburg dürfte auf weite Kreise zutreffen: „daß der bisherige Grad der Beschäftigung nach unsrer Erfahrung, nach dem einstimmigen Urteil der deutschen Handelskammern und sehr vieler Gehilfenvereine und Verbände, insbesondere süddeutscher Gehilfenvereine, weder für die Gesundheit, noch für das geistige und sittliche Leben und für das

Familienleben, sowohl beim männlichen wie beim weiblichen Personal, wie bei den Lehrlingen, nachteilige Folgen gezeitigt hat, und dieser erfreulichen Konstatierung mußten auch die von unsrer Kammer vernommenen Gehilfen beipflichten."

Am unerträglichsten würde sich faktisch die Durchführung des Vorschlags des Beirats für Arbeiterstatistik betreffs Abschaffung der Sonntagsarbeit gestalten. Die bisher geltende gesetzliche Vorschrift besagt: „Im Handelsgewerbe dürfen Gehilfen, Lehrlinge und Arbeiter am 1. Weihnachts-, Oster- und Pfingsttage überhaupt nicht, im übrigen an Sonn- und Festtagen nicht länger als 5 Stunden beschäftigt werden. Durch statutarische Bestimmung einer Gemeinde oder eines weiteren Kommunalverbandes kann diese Beschäftigung für alle oder einzelne Zweige des Handelsgewerbes auf kürzere Zeit eingeschränkt oder ganz untersagt werden usw." Man wird zugeben müssen, daß von der Zulässigkeit einer fünfstündigen Sonntagsbeschäftigung — die Bedeutung der Ausnahmen betreffs zweistündiger Sonntagsarbeit wird weiter unten zur Sprache kommen — bis zu der nun gewollten allgemeinen Abschaffung ein weiter Sprung ist. Wird nun die Sonntagsarbeit in dieser Weise für die Kontorangestellten verboten, so wird damit den Bestrebungen nach Einführung einer vollständigen Sonntagsruhe auch für die Ladenangestellten vorgearbeitet.

Wir können nach alledem, aus prinzipiellen und aus praktischen Gründen, in erster Linie nur befürworten, daß von einer gesetzlichen Regelung der Verhältnisse der Angestellten in Kontoren und sonstigen kaufmännischen Betrieben, die nicht mit offenen Verkaufsstellen verbunden sind, Abstand genommen werde.

Soll indes trotz des Abmahnens und des Widerstandes aus weiten Kreisen von Handel und Industrie doch zu einer solchen Reglementierung geschritten werden, so möchten wir im einzelnen zu den Vorschlägen des Beirats für Arbeiterstatistik folgendes bemerken:

Zu I. Gegen eine allgemeine ununterbrochene Ruhezeit von 11 Stunden haben wir — bei entsprechenden Ausnahmen — nichts einzuwenden.

Was die Pausen anlangt, so ergeben sich aus den Vorschlägen Unklarheiten und Unzuträglichkeiten. Es wird verlangt: „Innerhalb der Arbeitszeit muß den Gehilfen, Lehrlingen und Arbeitern eine Mittagspause gewährt werden.

Für Gehilfen, Lehrlinge und Arbeiter, die ihre Hauptmahlzeit, außerhalb des die Geschäftsstelle enthaltenden Gebäudes einnehmen muß diese Pause mindestens 1½ Stunde betragen.

Dauert die tägliche Beschäftigung höchstens 8 Stunden, so kann die Pause auf $1/2$ Stunde herabgesetzt werden."

Danach ist für Gehilfen, die ihre Hauptmahlzeit innerhalb des die Geschäftsstelle enthaltenden Gebäudes einnehmen, keine Mindestpause vorgeschrieben. Bei der Möglichkeit einer recht langen Arbeitszeit, die unter Einhaltung der elfstündigen Ruhezeit ohne Pause 13 Stunden betragen könnte, darf nach dem Wortlaut der Vorschläge die Pause beliebig kurz, sagen wir mit $1/4$ Stunde, bemessen werden, so daß $12\,3/4$ Stunden Arbeitszeit übrig bleiben könnten. Bei einer kurzen Arbeitszeit von höchstens 8 Stunden wird aber mindestens $1/2$ Stunde Pause vorgeschrieben, und wenn die Arbeit nur wenig über 8 Stunden dauert, muß sofort eine Pause von $1\,1/2$ Stunden eintreten. Es würde also der mit weniger Arbeitszeit bedachte Gehilfe vom Gesetz noch mehr offiziell geschützt und bevorzugt werden vor dem mit längerer Arbeitszeit belasteten. Dabei nehmen wir an, daß nach dem Willen des Verfassers der Vorschläge Absatz 3 „dauert die tägliche Beschäftigung höchstens 8 Stunden usw." sich ebenso wie Absatz 2 auf diejenigen Gehilfen beziehen soll, „die ihre Hauptmahlzeit außerhalb des die Geschäftsstelle enthaltenden Gebäudes einnehmen". Dann wäre aber angezeigt, um die Möglichkeit verschiedener Gesetzauslegung zu vermeiden, Absatz 3 mit Absatz 2 zu verbinden. Uebrigens kann es schon für einen regelmäßigen Betrieb Unzuträglichkeiten bringen, wenn betreffs der Länge der Mittagspausen ein Unterschied zwischen den Angestellten gemacht werden muß, welche ihre Mahlzeit innerhalb des Geschäftsgebäudes und welche sie außerhalb desselben einnehmen.

Die Fassung betreffs der Einnahme der Hauptmahlzeit „außerhalb des die Geschäftsstelle enthaltenden Gebäudes" erscheint auch zu eng, selbst gegenüber der wahrscheinlichen Absicht des Vorschlags. Eine genaue Auslegung würde zu falschen und unerträglichen Konsequenzen führen, z. B. hat eine Firma ein eigenes Beamtenkasino, in welchem alle oder die meisten ihrer unverheirateten Angestellten ihre Mahlzeit einnehmen. Das Kasino befindet sich aber nicht in dem die Geschäftsstelle enthaltenden Gebäude, sondern in einem dicht danebenliegenden, besonders für diese Zwecke eingerichteten oder gemieteten. Es müßte also etwa gesagt werden: „außerhalb der zur Geschäftsstelle gehörigen und in ihrer unmittelbaren Nähe gelegenen Gebäude." Auch dürfte es stellenweise im Interesse der Angestellten liegen, die einen weiten Weg von der Fabrik bezw. dem Kontor nach Hause haben — gerade industrielle Unternehmungen liegen vielfach nicht mitten in Städten oder Ortschaften, sondern in einiger Entfernung von denselben, und in Großstädten müssen die Angestellten oft weit vom Geschäft weg wohnen — und die demnach in einer nahe gelegenen Wirtschaft, Kantine usw. speisen, wenn sie mittags etwa nur eine Stunde Pause haben und abends entsprechend früher nach Hause kommen. Solche weit weg wohnende Angestellte würden eventuell auch bei $1^1/_2$ Stunden Pause nicht oder nur mit Schwierigkeiten nach Hause gehen können, um dort ihre Mahlzeit einzunehmen.

Ueberhaupt würde die in Deutschlands Industrie und Handel zunehmende Tendenz auf Einführung der auch seitens der Angestellten vorwiegend gern gesehenen sogenannten englischen Arbeitszeit durch die Pausenvorschriften gehemmt werden. Die Dauer der Beschäftigung unter der englischen Arbeitszeit beträgt gewöhnlich 8 Stunden. Geringe Ueberschreitungen lassen sich aber aus den verschiedensten Ursachen manchmal nicht vermeiden; z. B. wenn in einem Kontor ein Angestellter oder mehrere Angestellte krank, oder zu einer militärischen Uebung eingezogen sind, und die übrigen ihre Arbeit mit versehen müssen. Es kommt ferner vor, daß auf einem Kontor die Arbeit plötzlich vorübergehend größer wird, nicht bloß die Eigenarbeit des Unternehmens, sondern es müssen auch Nebenarbeiten für Behörden mit erledigt werden, z. B. die Aufstellung der Listen für die Steuerbehörden. In allen diesen Fällen wird die 8 stündige Arbeitszeit überschritten und müßte nach den Vorschlägen sofort eine $1^1/_2$ stündige Pause eintreten. Es würden also die Vorteile, welche die englische Arbeitszeit den Angestellten bietet, u. a. das Wohnen in Vororten, illusorisch gemacht, und diese selbst hinfällig. Dauert z. B. die Arbeitszeit von 8 Uhr vormittags bis $4^1/_2$ Uhr nachmittags, einschließlich $^1/_2$ Stunde Mittagspause, so müßte, wenn nur $^1/_2$ Stunde Mehrarbeit erforderlich ist, eine $1^1/_2$ stündige Mittagspause gemacht werden, und die Angestellten würden erst um 6 statt um 5 Uhr frei werden. Auch dauert bei einer Anzahl Firmen unter der englischen Arbeitszeit die Beschäftigung regelmäßig noch $8^1/_2$ oder 9 Stunden.

Da „Gehilfen, Lehrlinge und Arbeiter“ ganz gleich behandelt werden sollen, so erscheint weiter eine Pause von $1^1/_2$ Stunden für die Hauptmahlzeit bei der Gesamteinrichtung vieler Fabriken, namentlich in der Textilindustrie, zu lang. Diese sind mit den Appretur-, Verpackungs- und Expeditionsarbeiten und -Räumen so eng verbunden, daß — würde auch für Arbeiter eine Mittagspause von $1^1/_2$ Stunden eingeräumt — der ganze Betrieb, also auch die Fabrik, mittags $1^1/_2$ Stunden ruhen müßte.

Es wäre nach alledem auch im Interesse der Angestellten selbst zu wünschen, daß am Schlusse von I bestimmt würde: „Dauert die tägliche Beschäftigung höchstens 8½ Stunden (statt 8 Stunden der Vorschläge), so kann die Pause auf ½ Stunde herabgesetzt werden."

II. Daß die Bestimmungen unter I. keine Anwendung finden sollen auf Arbeiten, die zur Verhütung des Verderbens von Waren unverzüglich vorgenommen werden müssen, und für die Aufnahme der gesetzlich vorgeschriebenen Inventur sowie bei Neueinrichtungen und Umzügen, ist angemessen; indessen vermag die Ausnahme unter 3: „außerdem an jährlich höchstens 30 von dem Geschäftsinhaber unter entsprechenden Kontrollmaßregeln zu bestimmenden Tagen usw.", nicht überall zu genügen. Das Bedürfnis betreffs der Arbeitszeit ist eben, wie schon geschildert, in den verschiedenen Industrien und den verschiedenen Gegenden Deutschlands sehr abweichend. Es gehen uns Anregungen zu, welche 100 oder mindestens 50 sonstige Ausnahmstage verlangen. Wir würden anheimgeben, die Zahl 30 auf 50 zu erhöhen, wobei indes nicht zu verkennen ist, daß, je mehr Ausnahmen zugelassen werden, um so unnötiger und illusorischer die ganze Reglementierung erscheint. Auch können die „entsprechenden Kontrollmaßregeln" sich im Verhältnis zu dem gewährten Vorteil zu beschwerend gestalten. Und in vielen Fällen ist der Geschäftsinhaber beim besten Willen nicht in der Lage, die Ausnahmetage vorauszusehen. Zeitweilige Mehrarbeit kann durch elementare Ereignisse, durch Wind und Wetter, durch plötzliche Konjunkturveränderungen und Bestellungen aus mannigfachen Ursachen schnell nötig sein. Wir nehmen also an, daß, wenn die Ausnahmetage „unter entsprechenden Kontrollmaßregeln vom Geschäftsinhaber zu bestimmen" sind, darunter nicht zu verstehen ist, daß diese Tage im voraus festgelegt werden müssen. Das sollte aber bei einer Vorschrift möglichst klar zum Ausdruck kommen. Ausnahmen müßten für eine große Zahl von Betrieben und Beschäftigungsarten zugelassen werden. Der regelmäßigen Vermehrung der geschäftlichen Arbeiten zu gewissen Jahreszeiten und Tagen wäre Rechnung zu tragen, aber auch die Besonderheiten der einzelnen Geschäftszweige würden Berücksichtigung verlangen. Es wäre also eine Menge komplizierter Vorschriften erforderlich, und doch könnte eine allgemein gerechte Verteilung von Zwang und Ausnahmen nicht erreicht werden.

III. Betreffs der Vorschrift, daß den Gehilfen im Sinne der vorstehenden Bestimmungen Prokuristen und Handlungsreisende nicht zuzurechnen sind, erscheint eine weitere Fassung angebracht. In großen Betrieben kommen unvorhergesehene und unaufschiebbare Arbeiten vor, die nicht durch den Prokuristen, sondern durch andre sachverständige Vertrauenspersonen zu erledigen sind. Es wird also der Wunsch laut, daß die gestattete Ausnahme auf ältere erfahrene Angestellte zu erstrecken sei, die, ohne Prokura zu haben, wichtige Posten bekleiden. Wenigstens sollte die Ausnahme auf alle in leitender Stellung befindliche Beamten ausgedehnt werden. Hierzu gehören in erster Reihe Handlungsbevollmächtigte, welche hinsichtlich ihrer Stellung im Geschäft den Prokuristen gleich zu erachten sein dürften, wenn sie auch weniger weitgehende Befugnisse als diese haben.

Eine Unklarheit macht sich zudem dadurch fühlbar, daß die Nichteinbeziehung der Prokuristen an dritter Stelle gesetzt ist mit dem Hinweis auf die „vorstehenden" Bestimmungen. Danach könnte man denken, daß die „nachstehenden" unter IV. und V. auch auf Prokuristen und Handlungsreisende Anwendung finden sollen, was aller Wahrscheinlichkeit nach nicht in der Absicht der Verfasser der Vorschläge des Beirats für Arbeiterstatistik liegt. III. wäre also an letzte Stelle als V. zu stellen, IV. und V. in der vorliegenden Fassung müßten III. und IV. werden.

IV. Es ist kein Bedürfnis vorhanden, daß die Vorschriften der §§ 139g, h und i der Gewerbeordnung auf die Gehilfen, Lehrlinge und Arbeiter in Kontoren, die nicht mit offenen Verkaufsstellen verbunden sind, entsprechende Anwendung finden. Die Gefahren, die § 62 des Handelsgesetzbuches betreffs der „Vorrichtungen" und „Gerätschaften" im Geschäftsbetrieb usw. vermeiden will, liegen in geschlossenen Kontoren usw. bei weitem nicht in dem Maße vor wie in offenen Verkaufsläden. Um so weniger ist die vorgeschlagene polizeiliche Ueberwachung nötig, die als störend und peinlich empfunden werden dürfte. Es ist sogar zu bezweifeln, daß die Vorschrift des § 139g, welche für offene Verkaufsläden einschlägige polizeiliche Maßnahmen schon jetzt zuläßt, eine wesentliche praktische Bedeutung gewonnen hat. Will man aber einmal solche Maßnahmen, so fragt sich, ob die Polizei die geeignete Stelle ist, die betreffenden Verfügungen zu erlassen, und ob es denn nicht noch vorzuziehen wäre, auch hier einheitliche Vorschriften, gegebenenfalls durch den Bundesrat, zu erlassen. Wohin soll es führen, wenn etwa ein Schutzmann darüber befinden würde, ob sich die Geschäfts- und Kontorräume in angemessenem Zustande befinden, und welcher Spielraum ist hier trotz aller zu erlassenden Ausführungsbestimmungen dem Ermessen des einzelnen revidierenden Beamten überlassen!

Zu Ziffer IV. fehlt übrigens nach „Kontoren" der gleich anfangs in den Vorschlägen enthaltene Zusatz „und sonstigen kaufmännischen Betrieben". Es ist nicht ersichtlich, ob hier Absicht oder ein Versehen vorliegt. Auch diese Unklarheit müßte beseitigt werden.

V. Am meisten Widerstand findet das Verbot der Sonntagsarbeit, selbst bei solchen Stellen, welche sich im übrigen mit der vorgeschlagenen Regelung einverstanden erklären oder abfinden würden. Betreffs der Sonntagsarbeit gelten zunächst auch die allgemeinen Gesichtspunkte, die betreffs einer gesetzlichen Regelung der Arbeitsverhältnisse in Kontoren überhaupt und betreffs der Vorschläge des Beirats für Arbeiterstatistik gemacht wurden: Die Sonntagsarbeit ist tatsächlich nur noch bei einer Minderheit von Betrieben vorhanden, aber die Verhältnisse liegen so sehr verschieden in großen und kleinen Betrieben oder Städten, im Binnenlande und an der See, bei den verschiedenen Industrien usw., daß hier nicht wohl schematisiert werden kann; und es gibt mannigfache Unternehmungen und Fälle, wo die Sonntagsarbeit nicht zu entbehren ist. Dieser Tatsache wollen ja die Vorschläge selbst durch Gestattung von Ausnahmen Rechnung tragen; aber dadurch wird die Sache wieder bedenklich verwickelt und dem Bedürfnis nicht ausreichend genügt werden. Es erklärt z. B. das elsaß-lothringische industrielle Syndikat die Aufhebung der Sonntagsarbeit für wenig empfehlenswert und undurchführbar, obwohl im Lande grundsätzlich Beschäftigung der Angestellten an Sonntagen nur ausnahmsweise stattfinde. In den früheren Erhebungen des Statistischen Amts über die Arbeitszeit der Gehilfen und Lehrlinge in Kontoren usw. wird erwähnt (Drucksachen des Kaiserlichen Statistischen Amts 1904, Seite 69): Die Handels- und Gewerbekammer in Augsburg würde die Anordnung einer möglichst völligen Sonntagsruhe für die Geschäfte des Großhandels für durchführbar und wünschenswert erachten, vorausgesetzt, daß diese Anordnung nur für Sonntage und die wichtigsten kirchlichen Festtage Geltung erlangen würde, nicht für alle Feiertage, weil deren Zahl in den rein katholischen Orten des Kammerbezirks eine so große sei, daß sich bereits jetzt Unzuträglichkeiten daraus ergeben. Uns liegt eine neuere Stellungnahme dieser zu unsern Mitgliedern zählenden Handels- und Gewerbekammer vor (Sitzung vom 27. April 1906). Es dürfe, so da wird gesagt, als feststehend angenommen werden, daß in Augsburg 80 % der Großhandels- und Fabrikbetriebe ihre Kontore an Sonn- und Festtagen gänzlich geschlossen haben; weiterhin aber heißt es: „Ziffer V. erregt bei uns die meisten Bedenken in dieser allgemeinen Form, und es müßte eine ausdrückliche Ausnahme für den Speditionshandel, den Getreidegroßhandel, die Branchen, bei welchen die sogenannte Saison eine hervorragende Rolle spielt, bei der reichsgesetzlichen Regelung der Sonntagsruhe geschaffen werden. Wir erachten auch den Uebergang von der jetzt zulässigen fünfstündigen Sonntagsarbeit zur vollständigen Sonntagsruhe zu schroff, wenn auch durch statutarische Bestimmung einer Gemeinde oder eines weiteren Kommunalverbandes eine zweistündige Beschäftigung an Sonn- und Festtagen zugelassen bleiben soll."

Der Fabrikanten-Verein für Hannover, Linden und die benachbarten Kreise erklärte sich allgemein dagegen, daß eine gesetzliche mit Zwang verbundene Regelung dieser Arbeitsverhältnisse vorgenommen werde, weil dieselben einen sehr privaten Charakter haben. Besonders die Sonntagsbeschäftigung müsse wegen ihrer Vielseitigkeit der privaten, auf Freiwilligkeit beruhenden Vereinbarung unterliegen. Der Verein vertritt den Standpunkt, daß sonntäglich eine zweistündige Arbeitszeit freizugeben ist, daß aber keinesfalls diese Festsetzung von dem Wohlwollen der Gemeindebehörden abhängig zu machen ist. Der Verband der rheinisch-westfälischen Baumwollspinner betont, er müsse jeder gesetzlichen Beschränkung der Sonntagsarbeit entschieden widersprechen. Wenn auch in den Betrieben der Verbandsmitglieder Sonntagsarbeit in Kontoren usw. nicht üblich und als Regel auch nicht notwendig sei, so dürfte es doch eine große Anzahl andrer Geschäfte geben, in welchen Sonntagsarbeit nicht zu vermeiden sei, und in welchen auch die Gestaltung einer solchen von zwei Stunden keineswegs genüge. Sollte aber trotz der schwerwiegenden Bedenken dennoch die Bestimmung ad V. getroffen werden, so müßten auf alle Fälle die Ausnahmebestimmungen der Absätze 2 und 3 der Nr. II. der Vorschläge nicht nur auf Nr. I., sondern auch auf Nr. V. Bezug haben.

Wirklich erklärt eine große Reihe von Industrien und Einzelfirmen wenigstens eine kurze Sonntagsarbeit als für ihren Geschäftsbetrieb ganz unentbehrlich. Es sind das namentlich Betriebe, die für den Export und schleunige Versendung arbeiten und Sonntags mindestens die Post öffnen und die Ausführung der Aufträge vorbereiten müssen, so die Brauereiindustrie, die Margarineindustrie. Das Produkt Margarine z. B. muß seiner Natur nach stets frisch versandt werden; die Bestellungen lauten fast ausschließlich auf sofortige Verladung. Werden die am Sonntag einlaufenden Aufträge nicht sofort behandelt und in die Fabrik weitergegeben, sondern läßt man die Post vom ganzen Sonntag und Montag zusammenkommen, so würde durch deren Erledigung die Arbeit in der Fabrik eine wesentliche Unterbrechung erfahren. Auch der Bergbau bedarf verschiedentlich einer gewissen Sonntagsarbeit, ferner Verkehrsinstitute, die Papierfabrikation und andre Gewerbszweige. Ferner haben in manchen Orten viele Geschäfte auch ohne offenen Laden Besuche ihrer Kunden zu erwarten, die an Wochentagen nicht wohl von der Arbeit abkommen können; so namentlich Geschäfte, die mit Handwerkern arbeiten. Aber auch wo regelmäßig keine oder nur wenig Sonntagsarbeit zu leisten ist, muß man auf die Erledigung stellenweise vorkommender oder sich mehrender dringender Sonntagsarbeit gerüstet sein. So schreibt uns z. B. ein großes Unternehmen der Beleuchtungs- und Heizungs- usw. Branche: „In Betrieben unsrer Art wird eine allgemeine Beschäftigung an Sonn- und Festtagen im Prinzip wohl schon jetzt nicht vorkommen. Allein solche Betriebe bedingen anderseits mit Notwendigkeit, daß an Sonntagen stets einzelne Angestellte im Geschäftshause anwesend sind, um dringende Arbeiten, Telegramme usw. zu erledigen. Es wird ganz unmöglich sein, auch dort, wo zufolge statutarischer Bestimmung, die Sonn- und Festtagsarbeit bis zu zwei Stunden gestattet ist, diese Zeit einzuhalten. Wir haben z. B. die Einrichtung getroffen, daß an Sonn- und Festtagen stets einer unsrer Stenographen und Maschinenschreiber, sowie für die einzelnen Abteilungen ein Herr während des Vormittags auf drei bis vier Stunden anwesend ist, um für dringende Fälle die sich in unserm Betriebe alle Augenblick ereignen können (Beschädigungen an von uns gelieferten Maschinen oder Heizungsanlagen, die sofortige Dispositionen zum Zwecke unverzüglicher Absendung von Monteuren notwendig machen und ähnliches), die nötigen Anordnungen zu treffen und eventuell erforderliche Briefe zu schreiben oder telegraphische Nachrichten zu expedieren.“ Eine Margarinefabrik führt aus: „Auf unserm Kontor wird nur das Notwendigste erledigt, und die Regel ist, daß dieses Notwendigste von 11 bis 12 Uhr vormittags geschieht, während nur ganz ausnahmsweise die Erledigung eine halbe oder eine Stunde mehr in Anspruch nimmt. Anderseits aber ist diese kurze Zeit bei unserm Betriebe und auch wohl bei sämtlichen Konkurrenzbetrieben nicht zu entbehren. Auch geht es in einer Margarinefabrik, welche stets mit einem Meiereibetriebe verbunden ist, nicht an, daß an Sonn- und Festtagen keine Arbeiter beschäftigt werden, denn die Milch muß auch Sonntags empfangen und für die Fabrikation Montags entsprechend vorbereitet werden.“ Eine Firma aus der Elektrizitätsindustrie sagt: „Den Bureaus des Großhandels und der Industrie muß die Möglichkeit gewahrt werden, unaufschiebbare und solche Arbeiten, durch die der Verlust von in Frage stehenden Aufträgen vermieden werden kann, auch an Sonntagen vorzunehmen. Insbesondere gilt dies von der Oeffnung der eingehenden Post. Es würde, wenn Sonntags die Post nicht geöffnet werden könnte, durch deren Anhäufung die ganze Arbeit am Montag verzögert werden. Eine solche Störung aber wäre sehr nachteilig, auch schon aus dem Gesichtspunkte, daß die deutsche Industrie sich mit vielen ausländischen Werken in Wettbewerb befindet, denen über die Sonntagsarbeit in den Bureaus freiere Verfügung zusteht. . . . Die Bestimmung darüber, in welchen Stunden die Sonntagsarbeit ausgeübt werden soll, muß unbedingt dem Arbeitgeber überlassen bleiben, natürlich unter der Beobachtung etwaiger Vorschriften wegen der Gottesdienstzeit." Ein Bergbau- und Hüttenunternehmen schreibt uns: „Vor allem aber möchten wir uns gegen den Beschluß zu V. wenden, der u. E. für die Verhältnisse der Großindustrie wenig paßt. In einem so großen Betriebe, wie es der unsrige ist, gehen täglich, mithin auch Sonntags, Briefe ein, die der sofortigen Erledigung bedürfen, wenn nicht eine Störung des Geschäftsbetriebes und sonstige wirtschaftliche Nachteile die Folge sein sollen. Die Erledigung dieser Briefe lediglich durch Vorstandsmitglieder und Prokuristen ist bei einem so großen Werke, wie es z. B. das unsrige ist, nicht möglich, und es läßt sich daher nicht umgehen, zwecks ordnungsmäßiger Erledigung der Geschäfte auch an Sonn- und Festtagen einige Gehilfen und Lehrlinge zu beschäftigen. Selbstverständlich erstreckt sich die Beschäftigung nur auf wenige Stunden und wird auf das notwendigste Maß beschränkt." Eine Zuckerfabrik bemerkt, daß sie in ihrem auch mit der Fabrik verbundenen Kontor nicht davon absehen könne, des Sonntags wenigstens die dringendsten Arbeiten, wie sie die Beziehungen zum Fabrikbetriebe mit sich bringen, zu erledigen. Ein Eisen- und Stahlwerk führt aus, in vielen Geschäften lasse es sich gar nicht vermeiden, daß Sonntags die Posteingänge und auch sonstige schwebende Geschäftsangelegenheiten durch den Chef besprochen werden müssen, damit die Erledigung des Montags früh sofort erfolgen kann. Vielfach kommen der Chef oder der Angestellte erst am Sonntag von der Reise zurück, oder sie müssen am Montag früh eine Reise antreten, so daß zur Besprechung mit den Angestellten nur der Sonntag Vormittag bleibt. Das Verbot jeder geschäftlichen Tätigkeit auf kaufmännischen Bureaus würde sehr nachteilig für das gewerbliche Leben wirken.

Gegen die in den Vorschlägen des Beirats für Arbeiterstatistik zugelassenen Ausnahmen vom Verbot der Sonntagsarbeit — wonach durch statutarische Bestimmung einer Gemeinde oder eines weiteren Kommunalverbandes die Beschäftigung für alle oder einzelne Zweige bis zu zwei Stunden gestattet werden kann — ist einzuwenden, daß dadurch auch für wesentlich gleiche Verhältnisse verschiedene Regeln und damit Unbilligkeiten geschaffen und den Gemeindevorständen beim besten Willen nicht immer die nötige Objektivität und das nötige Sachverständnis beigemessen werden kann. Sind in einer Gemeinde zufällig sozial recht fortschrittliche Männer am Ruder, so werden sie jede Sonntagsarbeit perhorreszieren; in einer Nachbargemeinde aber mit zufällig konservativerem Regiment wird man die zulässige Sonntagsarbeit beibehalten, und so werden auch für die Konkurrenz ungerechte Vorteile und Nachteile herbeigeführt. Eine große und mannigfaltige Menge von Ausnahmen würde gestattet werden müssen. Es ist aber in den Verhandlungen des Beirats für Arbeiterstatistik betont worden, in betreff der Sonntagsruhe habe bisher schon die den Behörden zugewiesene Ermächtigung geradezu ein Chaos in den Vorschriften hervorgerufen.

Soll durchaus eine weitere Beschränkung der Sonntagsarbeit stattfinden, so wäre eine gesetzliche Regelung vorzuziehen dahin, daß allgemein zweistündige ununterbrochene Sonntagsarbeit in Kontoren usw. gestattet ist; daß aber die Gehilfen, Lehrlinge und Arbeiter jeden zweiten Sonntag ganz arbeitsfrei sein müssen. Aber auch eine solche Schematisierung würde für nicht wenige Betriebe noch erhebliche Nachteile mit sich bringen.

Zum Schluß möchten wir nochmals kurz auf den prinzipiellen und allgemeinen Gesichtspunkt zurückkommen. In den Verhandlungen des Beirats für Arbeiterstatistik hat am entscheidenden Tage, 5. Juli 1905, laut amtlichen Protokolls der württembergische Bundesratsbevollmächtigte Herr Geheimrat von Schicker folgendes erklärt und damit wohl der unter den Herren Regierungsvertretern vorherrschenden Ansicht Ausdruck gegeben: Er und ebenso Herr Dr. Fischer (der sächsische Bundesratsbevollmächtigte) hätten früher auf Grund der schriftlichen Erhebungen die Anschauung vertreten, daß kein Grund zu irgendwelchen gesetzlichen Maßnahmen vorhanden sei. Sie hätten indes weitere mündliche Erhebungen empfohlen. Diese hätten nun unumstößlich dargetan, daß zwar ein gesetzliches Einschreiten nach den Verhältnissen im größten Teil der Kontore nicht erforderlich werde, aber allerdings in einzelnen Betrieben ein schamloser Mißbrauch mit der Arbeitskraft der Angestellten betrieben werde. Deshalb sei ein gesetzlicher Schutz zu gewähren, aber nur ein solcher, der die hervorgetretenen Mißstände beseitige, und nicht darüber hinaus.

Wir glauben, daß sich gegen diese Schlußfolgerung erhebliche Einwendungen machen lassen. Es entspricht nicht dem allgemeinen Brauch und Recht und Nutzen, wegen einzelner Mißstände die Gesetzgebung in Bewegung zu setzen und Tausende durch Anlegung lästiger Fesseln in ihrem Erwerbsleben und in ihrer freien Tätigkeit zu beschränken und zu schädigen. Es sind fast ausschließlich kleine Betriebe, wo gefehlt wird. Um so eher müßte sich eine Abhilfe mit den Mitteln der freien sozialen Einwirkung ermöglichen lassen.

Demnach gestatten wir uns, an Euer Exzellenz die gehorsamste Bitte zu richten,

den Vorschlägen auf Regelung der Arbeitsverhältnisse in Kontoren und sonstigen kaufmännischen Betrieben, die nicht mit offenen Verkaufsstellen verbunden sind, keine Folge zu geben; falls aber doch zu gesetzgeberischem Eingreifen geschritten werden soll, die vorstehenden Ausführungen dabei geneigtest zu berücksichtigen.

4.

Beschäftigung jugendlicher Arbeiter in Glashütten.

Eingabe an den **Bundesrat** des Deutschen Reichs.

Berlin, den 13. Januar 1908.

Wie verschiedentlich in industriellen Kreisen, so ist besonders in der Glasindustrie Beunruhigung entstanden über die Gerüchte, wonach weitere staatliche Beschränkungen und Verbote der Beschäftigung jugendlicher Arbeiter in Fabriken usw. bevorstehen sollen. Es heißt, daß man das Alter, vor welchem jugendliche Arbeiter zu gewissen Betrieben nicht zugelassen werden, von 16 auf 18 Jahre erhöhen würde.

Anderseits wird regierungsseitig allgemein anerkannt, daß gerade in der letzten Zeit die Entwicklung jugendliche Arbeiter zu möglichst früher Beschäftigung und Selbständigkeit drängt. So wird in der Begründung des soeben vom Reichstag verhandelten, vom Bundesrat gebilligten Entwurfs eines Gesetzes, betreffend die Aenderung des Gesetzes über den Unterstützungswohnsitz, der die Herabsetzung der Altersgrenze für den Erwerb des Unterstützungswohnsitzes vom vollendeten 18. auf das vollendete 16. Lebensjahr bringen soll, wie folgt ausgeführt:

„Durch das Gesetz vom 12. März 1894 ist die Altersgrenze für den Erwerb und Verlust des Unterstützungswohnsitzes vom zurückgelegten 24. Lebensjahr auf das zurückgelegte 18. Lebensjahr herabgesetzt worden, weil mit dem vollendeten 18. Lebensjahr annähernd derjenige Zeitpunkt getroffen werde, wo der Arbeiter zur vollen Unabhängigkeit von seiner Familie und zur wirtschaftlichen Selbständigkeit zu gelangen pflege. Mochte diese Erwägung auch im Jahre 1894 im allgemeinen noch für zutreffend zu erachten sein, so ist dies doch gegenwärtig nicht mehr der Fall, weil die inzwischen eingetretene industrielle Entwicklung eine weitere Vorschiebung des Beginns der wirtschaftlichen Selbständigkeit und der freien Selbstbestimmung zur Folge gehabt hat. In den vorwiegend ländlichen Distrikten Preußens, so namentlich in den östlichen Provinzen, muß — wie die Erfahrung lehrt — sogar der Zeitpunkt der Konfirmation als derjenige bezeichnet werden, wo die jungen Leute nach Beendigung der Schulzeit ihre ersten Dienststellen antreten und in der Regel die Heimat verlassen. Aber auch in den ländlichen Bezirken der andern Bundesstaaten, wie ferner in den industriereichen Gegenden des Westens, pflegen die jugendlichen Arbeiter spätestens mit dem vollendeten 16. Lebensjahr selbständig ihrem Gewerbe nachzugehen."

Hier wird also die „eingetretene Vorschiebung des Beginns der wirtschaftlichen Selbständigkeit und der freien Wahl der Selbstbestimmung" nicht bloß als eine feststehende, sondern auch berechtigte Tatsache so sehr anerkannt, daß darauf nach andrer Richtung eine wirtschaftliche und sozial-politisch sehr bedeutsame gesetzgeberische Maßregel aufgebaut wird, nämlich die Herabsetzung der Altersgrenze für den Erwerb und Verlust des Unterstützungswohnsitzes vom 18. auf das 16. Lebensjahr. Ferner will gerade jetzt das Reichsvereinsgesetz von allen bisherigen Beschränkungen jugendlicher Personen hinsichtlich ihrer Beteiligung an Vereinen und Versammlungen absehen. Also auch in diesem Falle geht die gesetzgeberische Tendenz dahin, den jugendlichen Arbeiter selbständiger zu stellen, überall zuzulassen; er wird in höchst bedeutsamer, nach Ansicht nicht weniger Leute sogar bedenklicher Weise sozusagen politisch und gewerkschaftlich mündig erklärt.

Dieser Entwicklung und der darauf fußenden Gesetzgebung würde es widersprechen, wenn gleichzeitig im Erwerbsleben die Beschäftigungsmöglichkeit für jugendliche Arbeiter weiter eingeschränkt werden sollte. Bei aller Berechtigung der Bestrebungen, denen die Industrie ihrerseits gewiß gebührend Rechnung tragen will, die jugendliche Arbeitskraft nicht zu früh anzuspannen und für entsprechende körperliche und geistige Ausbildung der Jugend Sorge zu tragen, ist es schon vielfach als ein Uebelstand empfunden worden, wenn nach absolvierter Schulpflicht mit 14 Jahren junge Leute durch vielleicht allzu human gedachte sozialpolitische Vorschriften verhindert werden, regelmäßige Beschäftigung in Industrie und Gewerbe zu finden und damit nicht selten auf den Weg des Müßiggangs und der Verführung kommen. Es braucht kaum hervorgehoben zu werden, daß die wirtschaftlichen Verhältnisse es angebracht erscheinen lassen, daß auch junge Leute baldmöglichst zu eigenem Verdienst und zu einer tüchtigen Ausbildung gelangen. So liegt es im Interesse der Allgemeinheit und der Arbeiter selbst, wenn die Staatsgewalt in keinem Falle über Gebühr zurückhaltend eingreift.

In der deutschen Glasindustrie erleidet durch die jetzt für jugendliche Arbeiter bis zu 16 Jahren bestehende Beschränkung deren Ausbildung bereits erheblichen Nachteil, da diesen erst nach dem 16. Lebensjahre Gelegenheit gegeben werden kann, sich vor den Oefen an das Arbeiten im Feuer zu gewöhnen; das führt dazu, daß deutsche Glasarbeiter gegenüber den von früher Jugend an dazu gewöhnten und angelernten Arbeitern in Belgien usw. an Geschicklichkeit und Leistungsfähigkeit schon jetzt nachstehen. Dieser Uebelstand erführe zweifellos noch eine bedeutende Verschärfung, wenn die jugendlichen Arbeiter bis zum 18. Lebensjahre von den Arbeiten vor dem Feuer ausgeschlossen würden. Es ließe sich dann eine gründliche Ausbildung bei einem großen Teil der Arbeiter in den zwei Jahren vom 18. bis 20. Lebensjahre wegen der in das letztere fallenden Militärpflicht überhaupt nicht mehr durchführen; den Schaden hätte die deutsche Glasindustrie, ihre 75 000 Arbeiter und das deutsche Wirtschaftsleben. Die Exportfähigkeit der deutschen Glasindustrie ist zum Teil schon sehr empfindlich gesunken. Anderseits sind gerade in letzter Zeit verschiedentlich im Ausland zum weiteren Wettbewerb Glasfabriken mit noch vorhandenen tüchtigen deutschen Glasmachern entstanden.

In einzelnen Arten der Glasfabrikation sind jugendliche Arbeiter zur Verrichtung gewisser Arbeiten durchaus notwendig und allein brauchbar. So berichtet ein Hohlglaswerk: „Es kann kein Zweifel darüber bestehen, daß bei Festsetzung der unteren Altersgrenze auf 18 Jahre für die am Ofen beschäftigten Arbeiter überhaupt kein Glasmacher mehr herangezogen werden könne. Wir hier fabrizieren ausschließlich Versandgläser, also kleine Fläschchen bis hinunter zu Miniaturflaschen, und es ist gerade bei unsern Artikeln Beweglichkeit, wie sie nur die Jugend besitzt, Voraussetzung, um das nötige Tagesquantum zu erzielen, welches die Produktion lohnend macht. Es arbeitet immer ein älterer Glasmacher, welcher die Mundstücke auftreibt, mit zwei jugendlichen Arbeitern, welche die Fläschchen vorblasen." Dieses Unternehmen klagt, daß schon die bisherigen Einschränkungen und die Erhöhung der Herstellungskosten seine Leistungsfähigkeit wesentlich beeinträchtigten. Früher ging fast seine ganze Produktion nach England und Südamerika, heute liefert es nach England nur noch um einige hundert Mark, da französische und schwedische Hütten billiger auf dem englischen Markt auftreten können.

Trotz der daraus entstehenden wirtschaftlichen Nachteile für die deutsche Glasfabrikation und für den Lebensunterhalt der in ihr beschäftigten Arbeiter vermöchten besondere gesundheitliche Einschränkungsmaßregeln, wie die Heraufsetzung des Alters für die Zulassung jugendlicher Arbeiter, gerechtfertigt und notwendig erscheinen, wenn die Arbeit in der Glasindustrie eine besonders ungesunde wäre. Das ist sie aber tatsächlich nicht, wie die Statistik der Erkrankungen und Todesfälle beweist.

Die zum Vergleich herangezogenen Zahlen der Berliner Krankenversicherung — Berlin ist die größte Industriestadt Deutschlands und des europäischen Kontinents — führen zu folgendem Ergebnis hinsichtlich der Verhältnisse der in Glashütten beschäftigten Arbeiter:

Die Erkrankungshäufigkeit (64,39 pCt.) ist allerdings eine verhältnismäßig hohe. Bei sämtlichen Berliner Ortskrankenkassen, Betriebskrankenkassen, Innungskrankenkassen und eingeschriebenen Hilfskassen betrug die Zahl nur 41,1 pCt. Zieht man die relativ hohe Zahl der mechanischen Verletzungen in den Glasbetrieben (14,15 pCt.) ab, so kommt man für die Glasarbeit auf rund 50 pCt. Diese Zahl wird in Berlin bereits von einer Menge von Kassen überschritten bezw. beinahe erreicht. Und ein ganz andres Bild erhalten wir, wenn die Krankheitsdauer und damit die Schwere der Erkrankung ins Auge gefaßt wird. Bei den Glashüttenarbeitern dauerte jede Krankheit durchschnittlich nur 14,05 Tage gegenüber 25,62 Tage bei den Berliner Ortskrankenkassen, 19,40 bei den Betriebskrankenkassen, 27,08 bei den Innungskrankenkassen und 24,42 bei der Gesamtheit aller Kassen. Es gibt unter den 165 Berliner Kassen nur wenige, die günstiger stehen als die deutschen Glashüttenarbeiter. Aus der ungünstigen Erkrankungsziffer und der sehr günstigen Ziffer der Krankheitsdauer läßt sich vermuten, daß die Zahl der Krankheitstage in Beziehung gebracht zu der Zahl der vorhandenen Arbeiter ein Durchschnittsbild ergeben wird. Die Zahl der auf ein Mitglied entfallenden Krankheitstage beträgt nun bei den Glasarbeitern 9,05, bei den Berliner Ortskrankenkassen 10,03, bei den Berliner Betriebskrankenkassen 9,96, bei den Berliner Innungskassen 9,18, bei der Gesamtheit dieser Berliner Kassen rund 10 Tage. Die meisten Erkrankungen der Glasarbeiter sind Erkältungen oder stammen von solchen. Für das Endurteil muß noch die verhältnismäßig hohe, durch mechanische Verletzungen verursachte Zahl von Krankheitsfällen mit berücksichtigt werden, so daß die gesundheitlichen Verhältnisse in den Glashütten günstigere sind als in der Mehrzahl der andern Betriebe.

Das bezeugt auch die Statistik der Todesfälle und der Todesursachen. Es starben von den Glashüttenarbeitern im Jahre 1905: 0,51 gegenüber 0,94 bei der Gesamtheit aller Berliner Krankenkassen. Ein enormer Unterschied zu Gunsten der Glasindustrie! Dabei ist allerdings zu beachten, daß in den Glashütten ein relativ hoher Prozentsatz jugendlicher Arbeiter beschäftigt ist, bei denen die Sterbeziffer im Vergleich zu höheren Jahrgängen eine geringere bleibt. Aber selbst bei Berücksichtigung der Alterszusammensetzung der Glashüttenarbeiter, wenn man ihre einzelnen Altersgruppen den gleichen Altersgruppen der Arbeiterbevölkerung durch das Deutsche Reich gegenüberstellt, stehen die Glasarbeiter relativ günstig da. Nach den als allgemein für die Arbeiterbevölkerung berechneten Sterbeziffern verhält sich für 1905 die Zahl der wirklich gestorbenen Glasarbeiter unter 50 Jahren zu der Zahl der insgesamt statistisch als todesfällig anzusehenden Arbeiter wie 55 zu 68.

Nach alledem können wir uns der Eingaben aus der deutschen Glasindustrie nur dringlich anschließen und den hohen Bundesrat gehorsamst bitten:

> sich gegen alle weiteren Beschränkungen der Beschäftigung jugendlicher Arbeiter in Glashütten auszusprechen.

5.

Zur Abänderung des Gesetzes, betreffend die Abwehr und Unterdrückung von Viehseuchen.

Eingabe an den **Reichstag**, Berlin.

Berlin, den 25. Februar 1908.

Der von den verbündeten Regierungen dem Reichstage unterbreitete Entwurf eines Gesetzes zur Abänderung des Gesetzes, betreffend die Abwehr und Unterdrückung von Viehseuchen, enthält eine Reihe von Bestimmungen, die, wenn sie Gesetzeskraft erlangen sollten, eine Anzahl deutscher Industrien, insbesondere die Lederindustrie, schwer schädigen, die von ihr hergestellten Artikel erheblich verteuern und dadurch den Absatz namentlich im Inlande erschweren würden. Durch die bisherigen Erfahrungen auf dem Gebiet des Viehseuchenschutzes ist der Beweis nicht erbracht, daß die hier vorgeschlagenen Maßnahmen zur Verhütung der Einschleppung von Viehseuchen notwendig sind.

In § 6 des Gesetzentwurfs ist auch die Einfuhr von Teilen von Tieren, d. h. also von Häuten, Fellen, Haaren, Wolle, Federn, Knochen, Hufen u. dgl. m. verboten, wenn die Tiere an einer übertragbaren Seuche gefallen sind, oder zur Zeit des Todes an einer solchen gelitten haben oder seuchenverdächtig gewesen sind, endlich auch in allen Fällen, in denen nach den Umständen anzunehmen ist, daß diese Gegenstände Träger des Ansteckungsstoffes sind. Nach § 6a kann in den Grenzbezirken der Verkehr mit Häuten, Fellen usw. den bisher schon zugelassenen Beschränkungen dauernd unterworfen werden.

Weiter kann nach § 7 für den Fall, daß im Auslande eine übertragbare Seuche herrscht oder ausbricht, noch besonders die Einfuhr von Häuten, Fellen usw. für das betreffende Ausland allgemein oder für bestimmte Grenzbezirke verboten werden, während sie bisher nur Beschränkungen unterworfen ist. Außerdem waren bisher nur die Häute, Felle usw. von Haustieren Einfuhrbeschränkungen zu unterwerfen. Nach § 7 sollen die Häute von Tieren überhaupt, d. h. auch von Wild, dem Verbot bezw. der Beschränkung unterworfen werden können.

Der Bedarf zahlreicher Gewerbe an den im Gesetz bezeichneten Abgängen und Abfällen von Tieren aller Art und insbesondere der deutschen Lederindustrie an Häuten und Fellen kann durch die inländische Viehzucht, wenn sie auch noch so sehr gesteigert würde, in absehbarer Zeit nicht gedeckt werden. Von den im Jahre 1906 in der deutschen Lederindustrie verarbeiteten Häuten und Fellen waren nur 40 pCt. deutschen Ursprungs, 60 pCt. mußten aus dem Auslande eingeführt werden; die letzteren repräsentieren einen Wert von 360 Millionen Mark.

Bekanntlich werden Häute und Felle nur in gesalzenem oder getrocknetem Zustande aus dem Auslande eingeführt. Frische Häute kommen (wegen der eintretenden Fäulnis) fast gar nicht oder höchstens im Grenzverkehr aus dem Auslande herein. Durch die Einfuhr von ausländischen Häuten und Fellen ist bisher nachweislich noch keine Viehseuche eingeschleppt, d. h. auf inländische Tiere übertragen worden. Auch in der Begründung zu diesem Gesetzentwurf und in der dieser Begründung beigefügten Denkschrift des Reichsgesundheitsamts wird kein einziger Fall einer solchen Seuchenübertragung erwähnt. Wenn aber wirklich Seuchenübertragungen auf inländische Tiere durch ausländische Felle in auch nur nennenswerter Weise vorgekommen sein sollten, so müßte das irgendwie bekannt geworden sein. Tatsächlich kommen die aus dem Auslande eingeführten Häute und Felle mit den Tieren gar nicht in Berührung. Werden die Häute aus dem Auslande mit der Eisenbahn transportiert, so sollen die Eisenbahnwagen nach § 17, Ziffer 11 dieses Entwurfs gründlich desinfiziert werden. Die betreffenden Eisenbahnladungen gehen dann entweder direkt an eine Lederfabrik oder in Häutehandlungen, auch dort ist eine Berührung mit Tieren ausgeschlossen und ebenso bei der Weiterversendung. Bei der Einfuhr der Häute in Schiffsladungen gelangen sie entweder gleich in eine Lederfabrik oder werden ihr durch die Eisenbahn zugeführt, oder gehen in die Läger von Häutehandlungen.

Die Verfasser dieses Gesetzentwurfs scheinen lediglich von der Annahme ausgegangen zu sein, weil seuchenbehaftete Tiere, z. B. rotzkranke Pferde, durch das Berühren mit anderen Tieren ansteckend gewirkt haben, so müsse das gleich auch bei den Häuten der Fall sein, obgleich bei den letzteren eine Berührung mit Tieren ausgeschlossen ist.

Durch die Berührung der Menschen mit Häuten ist bisher nur eine Krankheit, der Milzbrand, auf Menschen übertragen worden. Nach den Erhebungen der Berufsgenossenschaft für die Lederindustrie sind im Jahre 1903: 19, 1904: 34 und 1905: 26 Fälle von Uebertragung von Milzbrand auf Menschen vorgekommen. Bei dieser Statistik konnte nicht festgestellt werden, wieviel von diesen Fällen durch die im Inland gewonnenen Häute veranlaßt worden sind.

In der Begründung zu diesem Entwurf (Seite 57) wird zugegeben, daß auf dem Lande Häute namentlich von gefallenen oder notgeschlachteten Tieren, an denen die Seuchen nicht erkannt worden sind, ohne weiteres in den Verkehr gelangen. Am häufigsten bestehe diese Gefahr für die Häute von milzbrandkranken Schafen, sogenannten „Sterblingsfellen", weil für solche Schafe, im Gegensatz zu Pferden und Rindern, Entschädigungen aus öffentlichen Mitteln nur vereinzelt gezahlt werden und daher kein Anreiz zur sorgfältigen Anzeigepflicht bestehe.

Daher bitten die unterzeichneten, zur Interessengemeinschaft vereinten Verbände, Centralverband Deutscher Industrieller, Centralstelle für Vorbereitung von Handelsverträgen, Bund der Industriellen, den Hohen Reichstag, § 57, Ziffer 4 des Entwurfs dahin abzuändern, daß auch für Schafe, die an Milzbrand oder Rauschenbrand gefallen sind, eine Entschädigung zu gewähren ist. Die deutsche Industrie ist ebenfalls daran interessiert, daß Milzbrandhäute aus den Gerbereien verschwinden. Wenn das bisher nicht geschehen sei, so entfällt ein großer Teil der Schuld auf die inländische Landwirtschaft.

Obwohl die Milzbrandgefahr beim Menschen infolge der neueren ärztlichen Behandlungsmethoden ihren furchtbaren Charakter verloren hat, so ist es doch wünschenswert, daß Schutzmaßregeln für Menschen, Verhütungsvorschriften betreffs Milzbranderkrankung erlassen werden, wie sie von der hier in Betracht kommenden Berufsgenossenschaft der Lederindustrie vorgeschlagen werden.

Würden aber die in den §§ 6, 6a, 7 und 8 aufgeführten Bestimmungen Gesetzeskraft erlangen, dann würde jede Sendung von Häuten aus dem Auslande von den Beamten an der Grenze angehalten und untersucht werden. Würden sich nur bei einem Fell Seuchensporen von Milzbrand vorfinden, so würde die ganze Sendung beschlagnahmt werden können. Dadurch würde eine höchst störende Unsicherheit im Handel mit ausländischen Häuten eintreten. Da das Ausland derartige rigorose Vorschriften nicht kennt, so würde der ausländische Händler es wohl vorziehen, die Häute billiger an die Lederindustrien anderer Länder als an die deutsche abzugeben. Die Folge davon würde sein, daß die Preise für Häute im Inlande ganz erheblich steigen würden. Man würde in Deutschland dazu übergehen müssen, an Stelle von Häuten Leder aus dem Auslande einzuführen.

Die deutsche bisher in sehr erheblichem Umfange exportierende Lederindustrie würde dadurch in ihrem Wettbewerbe sehr geschwächt werden, die höheren Preise für Lederartikel würden ferner die inländischen Verbraucher schädigen. Man müßte sogar befürchten, daß die deutsche Lederindustrie selbst den großen Bedarf unserer Militärverwaltung an Leder, besonders im Falle einer Mobilmachung, nicht würde befriedigen können.

Obwohl also kein Fall von Seuchenübertragung auf Tiere durch ausländische Häute festgestellt ist, obwohl auch in der Begründung kein Beweis dafür angeführt wird, so soll dennoch durch die Novelle ein Einfuhrverbot für Häute und Felle erlassen werden, lediglich auf Grund von hypothetischen Annahmen. Auf Grund von solchen Annahmen und Vermutungen, denen unter Umständen jede sichere Grundlage fehlen dürfte, sollten gesetzliche Bestimmungen von so einschneidender Wirkung für ganze Industriezweige nicht erlassen werden.

Nicht nur die Lederindustrie, sondern auch alle anderen, Teile von Tieren gewerblich verarbeitenden Zweige, wie Horndrechslereien, Knopffabriken, Roßhaarspinnereien, Haar- und Bürstenzurichtereien, Bürsten- und Pinselmachereien, Leimfabriken, Gelatinefabriken usw. müßten aus Mangel an genügendem und ausreichendem Material ganz erheblich leiden und verkümmern zugunsten des ausländischen Wettbewerbs auf dem inländischen Markt.

Die unterzeichneten, zur Interessengemeinschaft vereinten Verbände halten nach reiflicher Erwägung auch das in § 6 des Entwurfs ausgesprochene Verbot der Einfuhr von seuchenverdächtigen Tieren für zu weitgehend, weil dadurch die erforderliche Fleischzufuhr aus dem Auslande für die Volksernährung in einzelnen Teilen des Reiches, z. B. in Oberschlesien, zu sehr beeinträchtigt werden könnte.

Wir bitten daher den Hohen Reichstag, die neuen Bestimmungen des §§ 6, 6a, 7 und 8 des Gesetzentwurfs abzulehnen und an deren Stelle die bisherigen §§ 6 und 7 des bestehenden Gesetzes zu belassen.

In § 17a, Ziffer 15 des Entwurfs wird vorgeschrieben: „Regelung der Beseitigung oder der Reinigung von Abwässern und Abfällen in Gerbereien, Fell- und Häutehandlungen." Gegenüber dieser Bestimmung müssen wir daran erinnern, daß heute die Abwässer in Gerbereien infolge gesundheitspolizeilicher Maßnahmen so gereinigt werden, daß ihre Beseitigung gar nicht notwendig ist. Tatsache ist, daß durch Abwässer der Gerbereien, welche infolge der Verwendung von Kalkmilch, Gerbsäuren, Chromsäuren usw. desinfiziert sind, eine Viehseuche nachweislich noch nicht verschleppt worden ist.

In der der Begründung zu dem Gesetzentwurf beigefügten Denkschrift des Reichsgesundheitsamts wird auf Seite 29 die Vermutung ausgesprochen, daß die Abwässer der Gerbereien (nach dem Verfahren in früheren Jahren) Seuchensporen mit sich führten, welche die Wiesen und Felder zu verseuchen geeignet wären. Irgend ein Beweis für diese Behauptung wird aber nicht angetreten. In der Denkschrift wird dort nur angeführt, daß man bei den ausländischen Futtermitteln in einigen Fällen die Krankheitserreger bakteriologisch nachgewiesen hätte. Daß man aber tatsächlich eine Seuchenverschleppung durch Abwässer festgestellt oder die Krankheitserreger in den Abwässern gefunden hätte, wird in der Denkschrift nicht erwähnt. Man kann also amtlicherseits den Beweis nicht erbringen, es handelt sich hier wieder nur um eine hypothetische Annahme der Verfasser des Entwurfs, auf Grund deren man gesetzliche Maßnahmen treffen will, durch welche die Industrie geschädigt wird. Dieses Vorgehen ist um so mehr zu bedauern, als in der Denkschrift des Reichsgesundheitsamts auf derselben Seite zugegeben wird, daß in der Landwirtschaft durch die Schafkadaver usw. die Felder und Wiesen verseucht werden.

Ohne zureichenden Grund wird ferner in der hier in Rede stehenden Bestimmung der Ziffer 15 des § 17a des Entwurfs die Beseitigung oder Reinigung der Abfälle der Gerbereien vorgeschrieben.

In der Gerberei handelt es sich um folgende Abfallarten: Leimleder, Haare (darunter Wolle), Hörner und Lederschnitzel. Leimleder wird durch Behandlung mit Kalkmilch zugleich desinfiziert und geht aus der Gerberei direkt in die Leimfabriken, Gelatinefabriken usw. Die Haare werden von den Gerbereien direkt an Pinselfabriken, Roßhaarspinnereien, Teppichfabriken, Spinnereien usw. abgegeben. Die Wolle wird an Wollkämmereien abgesetzt.

Auf Grund der §§ 120c und 139a der Gewerbeordnung sind, wie in der Denkschrift des Reichsgesundheitsamts besonders hervorgehoben wird, Bestimmungen zum Schutz der Arbeiter in den Roßhaarspinnereien, Haar- und Bürstenzurichtereien, Bürsten- und Pinselmachereien am 1. Juli 1899 erlassen. Die Hörner finden auch nur Verwendung in gewerblichen Betrieben und kommen mit Tieren nicht in Berührung. Lederschnitzel werden als Dünger von der Landwirtschaft gern verwendet. Eine Uebertragung von Seuchen durch letztere ist ausgeschlossen, denn sonst müßte auch das zu Geschirren für Tiere verarbeitete Leder seuchengefährlich sein. Für eine weitere Reinigung oder Beseitigung der Abfälle, wie sie in dem Entwurf vorgeschrieben ist, liegt daher keine Veranlassung vor. Nicht unerwähnt darf hierbei bleiben, daß viele Gerbereien nur durch den Ertrag aus den Abfällen leistungsfähig bleiben.

Wir erkennen das Streben, den Viehstand unseres deutschen Vaterlandes vor den Gefahren der Einschleppung von Seuchen zu schützen, als vollkommen berechtigt an. Wir meinen aber, daß bei der Einführung schützender Maßregeln auch der Schaden berücksichtigt werden sollte, der anderen in unserem Wirtschaftsleben gleichberechtigten Interessen zugefügt wird, und daß demgemäß in gerechter Abwägung auf den Ausgleich Bedacht genommen werden sollte.

Die gehorsamst unterzeichneten zur Interessengemeinschaft vereinten Verbände bitten daher den Hohen Reichstag, daß die Ziffer 15 des § 17a gestrichen oder aber folgendermaßen abgeändert wird: „Regelung der Reinigung der Abwässer in Gerbereien sowie Häute- und Fellhandlungen.“

6.

Der Tarifvertrag im Buchdruckgewerbe.

Rundschreiben
an die **Mitglieder des Centralverbandes Deutscher Industrieller.**

Berlin, den 4. Januar 1908.

Wie Ihnen erinnerlich sein wird, hat der Deutsche Buchdruckerverein, die Organisation des größten Teiles der deutschen Buchdruckereibesitzer, mit dem Verbande der Deutschen Buchdrucker, einer der sozialdemokratischen Generalkommission der Gewerkschaften Deutschlands angehörigen Arbeitnehmerorganisation, im Jahre 1906 den bereits seit längerer Zeit bestehenden Tarifvertrag auf mehrere Jahre erneuert. Der Centralverband Deutscher Industrieller hält die Tarifverträge für kein geeignetes Mittel, den gewerblichen Frieden, unter Wahrung der notwendigen Leitungs- und Dispositionsbefugnisse der Unternehmer, für die Industrie zu gewährleisten; wir sind vielmehr der Ansicht, daß durch Tarifverträge die Macht der Arbeiterorganisationen ungebührlich erhöht wird, so daß diesen entweder die Entscheidung über die Gestaltung der Arbeits- und Betriebsverhältnisse des unter dem Tarif stehenden Gewerbes mehr und mehr zufällt oder aber daß die Fesseln des Tarifvertrages doch schließlich in hartem Kampfe von den Unternehmern wieder gesprengt werden müssen. Wir mißbilligen also im allgemeinen den Abschluß solcher Tarifverträge. Trotzdem haben wir niemals gegen den Tarifvertrag im Buchdruckgewerbe Stellung genommen, da wir natürlich den beteiligten Industriellen die Art, wie sie ihre Interessen am besten zu wahren glauben, selbst zu finden überlassen müssen. Wir haben gegen die Tarifgemeinschaft im Buchdruckgewerbe selbst dann keinen Einspruch erhoben, als die Buchdruckereibesitzer eine Förderung der „tariftreuen

Buchdruckereien" durch die staatlichen und kommunalen Behörden erstrebten, obwohl gegen diese Bevorzugung einer bestimmten sozialpolitischen Richtung in einem Gewerbe Einspruch zu erheben wohl Anlaß vorgelegen hätte. Als aber bekannt wurde, daß der Deutsche Buchdruckerverein im Jahre 1906 mit der Gewerkschaft des Verbandes der Deutschen Buchdrucker einen weiteren Vertrag abgeschlossen hatte, den sogenannten Organisationsvertrag, durch dessen § 4 dem Verbande das Monopol auf die Arbeit bei den Mitgliedern des Deutschen Buchdruckervereins für seine eigenen Mitglieder gewahrt wurde, da schien es uns an der Zeit, uns gegen diesen die Koalitionsfreiheit zu einem Koalitionszwange, der nur der Sozialdemokratie Vorteile bringen konnte, umfälschenden Vertrag zu wenden und die Regierungen wie die Industrie auf die Gefahren, die aus dieser Entwickelung drohten, hinzuweisen.

Das ist in unserer Denkschrift vom 4. Juli 1907 geschehen. Gleichzeitig hatten wir dem neugebildeten Arbeitgeberverband für das Buchdruckgewerbe unsere Unterstützung gewährt, weil sich dieser von der Mehrheit der Buchdrucker schwer und nicht immer würdig angefeindete Verband als der letzte Hort gegen das heraufziehende Arbeitsmonopol der sozialdemokratischen Gewerkschaft im Buchdruckgewerbe erwies.

Unsere Denkschrift ist von dem Deutschen Buchdruckerverein heftig bekämpft worden, unsere Auffassung, daß der berüchtigte § 4 des Organisationsvertrages unter allen Umständen fallen müsse, hat aber schließlich auch von unseren Gegnern als richtig anerkannt werden müssen. Durch eine Bekanntmachung der beiden Kontrahenten vom 10. Dezember 1907 wird, wie Ihnen inzwischen bereits durch die Tagespresse bekannt geworden ist, diese Bestimmung mit ihrer Anordnung des Beschäftigungsmonopols für die Mitglieder der sozialdemokratischen Gewerkschaft wieder aufgehoben.

Freilich wehren sich sowohl der Prinzipalverein wie die Buchdruckergewerkschaft heftig dagegen, daß sie jemals versucht hätten, in Deutschland den Koalitionszwang einzuführen, der § 4 des Organisationsvertrages sei durchaus harmlos zu deuten, es habe niemandem das Recht auf Arbeit oder auf Arbeitskräfte verkümmert werden sollen, und der Buchdruckerverband versichert sogar, nichts habe ihm überhaupt je ferner gelegen, als mit Mitteln des Zwanges seine Reihen verstärken zu wollen.

Leider beweisen die Tatsachen aber das Gegenteil. Der Kampf gegen den Arbeitgeberverband des Buchdruckgewerbes zeugt deutlich, daß sogar der Prinzipalverein den Buchdruckereibesitzern eine Freiheit in der Auswahl der ihnen genehmen Arbeitskräfte nicht mehr zugestehen wollte. Im übrigen sprechen dafür, daß unsere Auffassung des § 4 des Organisationsvertrages als der Einleitung zu einem Beschäftigungsmonopol richtig gewesen ist, außerordentlich klar die Erklärungen der Gewerkschaftler, die vor einem Jahre gerade diese Bestimmung als eine bedeutsame Errungenschaft der letzten Verhandlungen priesen, dafür spricht noch entscheidender die einstimmige Ansicht der Oeffentlichkeit, daß die Aufhebung des § 4 des Organisationsvertrages eine ganz wesentliche Wandlung des Vertrages bedeute. Gegenüber der Ueberzeugung weiter Kreise der Behörden und des Publikums, daß hier der Anfang einer für unsere Sozialpolitik verhängnisvollen Entwickelung gemacht werde, haben die Führer des Prinzipalvereins den Organisationsvertrag aufgeben müssen; dieses Ergebnis mit in erster Reihe herbeigeführt zu haben, rechnen wir uns als Verdienst an; wir hoffen der Zustimmung aller unserer Mitglieder sicher zu sein, wenn wir auch in Zukunft jedem Versuch, in unser deutsches Wirtschaftsleben den Koalitionszwang der Arbeiter einzuführen, energisch entgegentreten.

Druck: Deutscher Verlag (Ges. m. b. H.), Berlin SW 11
Königgrätzer Straße 40/42. 81845

Kolibri 360 GmbH
Ferdinand-Jühlke-Straße 7
99095 Erfurt, Deutschland
produktsicherheit@kolibri360.de